"十四五"精品课程规划教材·土建类
互联网+工学结合创新教材

建筑工程资料管理

JIANZHU GONGCHENG ZILIAO GUANLI

主编 田卫明 王 威 徐 涛

天津大学出版社
TIANJIN UNIVERSITY PRESS

图书在版编目（CIP）数据

建筑工程资料管理 / 田卫明，王威，徐涛主编. --
天津：天津大学出版社，2021.6
“十四五”精品课程规划教材. 土建类 互联网+工学
结合创新教材
ISBN 978-7-5618-6943-7

Ⅰ. ①建… Ⅱ. ①田… ②王… ③徐… Ⅲ. ①建筑工
程－技术档案－档案管理－高等职业教育－教材 Ⅳ.
①G275.3

中国版本图书馆CIP数据核字（2021）第098750号

出版发行 天津大学出版社
地　　址 天津市卫津路92号天津大学内（邮编：300072）
电　　话 发行部：022-27403647
网　　址 www.tjupress.com.cn
印　　刷 廊坊市海涛印刷有限公司
经　　销 全国各地新华书店
开　　本 185mm×260mm
印　　张 21
字　　数 525千
版　　次 2021年6月第1版
印　　次 2021年6月第1次
定　　价 58.00元

本书编委会

主　编：田卫明　王　威　徐　涛

副主编：于方艳　张妍青　马　维

　　　　刘　芳　郭启臣　白　春

参　编：陈　功　罗永平　陈　冲

前　言

建筑工程资料管理是建筑施工企业在工程建设活动中进行工程项目管理的一项重要内容。随着我国建筑行业的发展，目前建筑市场中的施工单位、监理单位和建设单位都急需具备资料管理能力的人才。

本书在编写过程中，根据高等职业教育的特点和建筑工程专业的人才培养目标，结合多年的教学经验和工程实践经验，注重学校教学过程的实践性和实用性，知识全面，重点突出，简明易懂，方便教师授课和学生学习。

全书共分为九个模块，包括岗位基础知识，工程准备阶段资料管理，建设监理资料管理，建筑工程施工资料管理，竣工图资料及其组成，建筑工程资料组卷、归档与利用，建筑工程资料验收、移交与备案，建筑工程资料管理软件及其应用，建筑工程资料管理规范等内容，通过大量的图表、实例对建筑工程资料的编制、整理、组卷、移交、归档等过程进行了解析。

本书由重庆电讯职业学院的田卫明、宣城职业技术学院的王威、邢台职业技术学院的徐涛主编，全书由田卫明统稿和定稿。

本书既可作为高等职业教育建筑工程技术及相关专业的教材，亦可作为建筑工程档案技术人员学习的资料。

由于编者水平有限，经验不足，书中难免存在疏漏和错误，敬请读者批评指正。

编　者

目　录

模块一　岗位基础知识

项目 1　建筑工程资料的基本知识

一、建筑工程资料管理的意义

建筑工程资料是建筑工程进行竣工验收和竣工核定的必备条件，是城建档案的重要组成部分，也是对工程进行检查、维修、管理、使用和改造的重要依据。《中华人民共和国建筑法》《建设工程质量管理条例》等法律、法规和《建筑工程施工质量验收统一标准》等规范均对建筑工程资料提出了明确的要求，把建筑工程资料放在了重要位置。

建筑工程资料管理是建筑工程资料的填写、编制、审核、审批、收集、整理、组卷、移交、归档等工作的统称，简称工程资料管理。

对任何新建、改建、扩建的建筑工程，参与工程建设的建设、勘察、设计、监理和施工等单位均不能忽视工程资料的管理。在工程实践中，工程资料验收应与工程竣工验收同步进行，同时工程资料归档、整理应遵循《建设工程文件归档规范（2019 年版）》（GB/T 50328—2014）的规定。为了提高建筑工程的管理水平，规范建筑工程的资料管理，住房和城乡建设部还特别制定了《建筑工程资料管理规程》（JGJ/T 185—2009），该规程从 2010 年 7 月 1 日起实施，这充分说明了工程资料管理的重要性，工程资料不符合要求将导致无法进行工程竣工验收。

在现实中，如果由于某种原因遗失、毁损了未验收的工程的工程资料，工程验收便不能正常进行，必须通过有资质的检测单位进行的质量检测方可证明工程合格。已经投入使用的工程，如果没有妥善保存工程资料，则工程的维修、改造都将因缺少依据而难以进行。

在当前全面贯彻执行的 ISO 9000 质量管理体系系列标准中，资料是一项重要的内容，是证明管理有效性的重要依据，也是质量管理体系的重要组成部分，是评价管理水平的重要见证材料。由于建筑产品结构和制造工艺复杂，因此必须在产品的形成过程中加强管理和监督，要求企业在生产过程中建立相应的质量管理体系，提供能充分证明质量符合要求的客观证据。为了保证建筑工程的安全和使用功能，必须重视工程资料的真实性、可靠性。因此，应当规范工程资料的管理，将工程资料视为工程质量验收的重要依据，甚至工程质量的组成部分。

二、建筑工程文件的概念与分类

建筑工程文件是指在工程建设过程中形成的各种形式的信息记录，根据《建筑工程资料管理规程》（JGJ/T 185—2009），建筑工程文件包括工程准备阶段文件、监理资料、施工资料、竣工图和竣工验收文件，也可简称为工程文件。其中，工程准备阶段文件是指在工程开工以前的立项、审批、征地、勘察、设计、招投标等工程准备阶段形成的文件。这一阶段的文件主要由建设单位完成，因此也称为建设单位文件。监理资料是指监理单位在工程设计、施工等监理过程中形成的资料，在我国现阶段主要指在施工阶段形成的资料。施工资料是指施工单位在工程施工过程中编制的资料，其信息量大，涉及面广，是工程实体的主要证明资料。竣工图是指在工程竣工验收后真实反映建设工程项目施工结果的图样。竣工验收文件是指在建设工程项目竣工验收活动中形成的文件，包括竣工决算文件、竣工交档文件、竣工总结文件。

三、建筑工程档案与资料的概念

1. 建筑工程档案的概念

建筑工程档案是指在工程建设活动中直接形成的具有归档保存价值的文字、图表、声像等各种形式的历史记录，也可简称为工程档案。

建筑工程档案的记载形式是多种多样的，除了纸质材料之外，还存在大量其他形式的载体，包括磁性材料、感光材料和其他合成材料等。

建筑工程的特殊载体档案包括声像档案和电子档案。

声像档案是竣工档案中不可缺少的重要组成部分，是反映建筑工程现场原地物、地貌，工程施工主要过程和建成后的建（构）筑物的照片和录音、录像档案。其中，照片档案是指采用感光材料，利用摄影的方法记录形象的历史记录；录音、录像档案是指用专门的器械和材料，用录音、录像的方法记录声音和图像的特殊载体的档案，分为机械录音档案（片档案）、磁带录音档案和磁带录像档案等。

电子档案是指利用计算机技术编制的以代码形式存储于特定介质（如磁盘、磁带、光盘等）上的档案。

2. 建筑工程资料的概念

建筑工程资料是指将在工程建设过程中形成的各种形式的记录按一定的原则分类、组卷后移交城建档案部门归档的整个建设过程的历史记录。建筑工程资料主要包括在工程基建过程中形成的资料、在监理过程中形成的资料和在工程施工过程中形成的资料等，其作用是为工程建设管理者的决策提供真实、直接的工程信息，为现有工程的新建、扩建、维修、管理提供翔实的依据，为各参建主体明确建筑工程质量责任提供准确、直接的信息等。

建筑工程资料具有以下特征：真实性和全面性、分散性和复杂性、继承性和时效性、随机性、多专业性和综合性。

3. 资料与档案的区别与联系

资料是一个具有相对性的概念，只要对人们研究解决某一问题有信息支持的价值，无论其具体内容是什么，均可视为资料。档案是保存备查的历史文件，在工作活动中总要产生和使用许多文件，由于工作的持续进行和事业发展的客观需要，人们要把日后仍需查考的文件有意识地留存下来，这就形成了档案。档案不具有资料那样的相对性，档案可作为资料使用，资料却不能作为档案看待或使用。

文件转化为档案的条件主要有以下几点：①办理完毕（或处理完毕）的文件才能作为档案；②对日后的实际工作和科学研究等活动具有一定查考利用价值的文件才有必要作为档案保存；③按照一定的规律保存的文件才能成为档案。

项目2　资料员岗位的规范、标准

一、标准、规范的分类

建筑工程资料管理工作在遵守《中华人民共和国建筑法》《建设工程质量管理条例》《中华人民共和国民法典》《中华人民共和国招标投标法》《中华人民共和国产品质量法》等国家法律、法规和工程所在地建设主管部门规章文件的前提下，严格执行各项标准。

标准是为了在一定的范围内获得最佳秩序，经协商一致制定并由公认机构批准，共同使用和重复使用的规范性文件。

1. 按标准的约束性分类

（1）强制性标准。保障人体健康、人身财产安全的标准和法律、行政法规规定强制执行的国家和行业标准是强制性标准，省、自治区、直辖市标准化行政主管部门制定的有关工业产品的安全、卫生要求的地方标准在本行政区域内是强制性标准。对工程建设业来说，下列标准属于强制性标准：工程建设勘察、规划、设计、施工（包括安装）和验收等通用的综合标准和重要的通用的质量标准；工程建设通用的有关安全、卫生和环境保护的标准；工程建设重要的术语、符号、代号、量与单位、建筑模数和制图方法的标准；工程建设重要的通用的试验、检验和评定等的标准；工程建设重要的通用的信息技术标准；国家需要控制的其他工程建设通用的标准。

（2）推荐性标准。非强制性的国家和行业标准是推荐性标准。国家鼓励企业自愿采用推荐性标准。

2. 按标准的内容分类

（1）设计标准：是指从事工程设计所依据的技术文件。

(2)施工和验收标准:施工标准是指施工操作程序及其技术要求的标准;验收标准是指检验、接收竣工工程项目的规程、办法与标准。

(3)建设定额:是指国家规定的消耗在单位建筑产品上的活劳动、物化劳动的数量标准和用货币表现的某些必要费用的额度。

3. 按标准的属性分类

(1)技术标准:是指针对标准化领域中需要协调统一的技术事项制定的标准。

(2)管理标准:是指针对标准化领域中需要协调统一的管理事项制定的标准。

(3)工作标准:是指针对标准化领域中需要协调统一的工作事项制定的标准。

4. 按标准的权限范围分类

1)国家标准

国家标准是针对需要在全国范围内统一的技术要求制定的标准,由国务院标准化行政主管部门制定。国家标准在全国范围内适用,其他各级别标准不得与国家标准相抵触。国家标准包括强制性国家标准(GB)、推荐性国家标准(GB/T)、国家标准指导性技术文件(GB/Z)等。

建筑工程资料管理涉及的国家标准较多,其中强制性国家标准有《建筑工程施工质量验收统一标准》(GB 50300)、《建筑地基基础工程施工质量验收标准》(GB 50202)、《混凝土结构工程施工质量验收规范》(GB 50204)、《建筑装饰装修工程质量验收标准》(GB 50210)、《建筑给水排水及采暖工程施工质量验收规范》(GB 50242)、《民用建筑工程室内环境污染控制标准》(GB 50325)等。

推荐性国家标准有《建设工程文件归档规范(2019 年版)》(GB/T 50328)、《混凝土强度检验评定标准》(GB/T 50107)、《绿色建筑评价标准》(GB/T 50378)、《建筑工程施工质量评价标准》(GB/T 50375)等。

国家标准指导性技术文件在建筑工程资料管理工作中涉及不多。

2)行业标准

行业标准是针对没有国家标准而又需要在全国某个行业范围内统一的技术要求制定的标准。行业标准由我国各主管部、委(局)批准发布,在该部门范围内统一使用。机械、电子、建筑、化工、冶金、轻工、纺织、交通、能源、农业、林业、水利等行业都制定有行业标准。在同一内容的国家标准公布后,该内容的行业标准即行废止。行业标准分为强制性行业标准和推荐性行业标准,涉及的代号有 JG(建筑工业行业标准)、JGJ(建工行业建设标准)、JC(建材行业标准)等。

强制性行业标准有《玻璃幕墙工程技术规范》(JGJ 102)、《钢筋焊接及验收规程》(JGJ 18)、《古建筑修建工程施工与质量验收规范》(JGJ 159)等,推荐性行业标准有《建筑工程饰面砖粘结强度检验标准》(JGJ/T 110)、《玻璃幕墙工程质量检验标准》、(JGJ/T 139)、《采暖通风与空气调节工程检测技术规程》(JGJ/T 260)、《建筑工程冬期施工规程》(JGJ/T 104)、《先张法预应力混凝土空心板梁》(JC/T 2088)、《天然石材装饰工程技术规程》(JCG/T 60001)等。

3)地方标准

地方标准是针对没有国家标准和行业标准而又需要在该地区范围内统一的技术要求制定的标准,又称区域标准。没有国家标准和行业标准而又需要在省、自治区、直辖市范围内有统一的工业产品的安全、卫生要求时,可以制定地方标准。地方标准由省、自治区、直辖市标准化行政主管部门制定,并报国务院标准化行政主管部门和国务院有关行政主管部门备案。在公布同一内容的国家标准或者行业标准之后,该内容的地方标准即行废止。

4)企业标准

企业标准是针对在企业范围内需要协调、统一的技术要求、管理事项和工作事项制定的标准。没有国家标准、行业标准和地方标准的产品,企业应当制定相应的企业标准,企业标准应报当地政府标准化行政主管部门和有关行政主管部门备案。企业标准在企业内部适用。企业标准由企业制定,由企业法人代表或法人代表授权的主管领导批准、发布。企业标准一般以代号"Q"开头。

二、编制、整理工程资料的必备标准、规范

现行国家、行业有关质量管理的法律、法规,现行常用的质量管理规范、标准,部分相关文件见表1-1。

表1-1　编制、整理工程资料的必备标准、规范

序号	名称	编号
1	建设工程文件归档规范(2019年版)	GB/T 50328—2014
2	城市建设档案著录规范	GB/T 50323—2001
3	建设工程项目管理规范	GB/T 50326—2017
4	建设工程监理规范	GB/T 50319—2013
5	建筑工程施工质量验收统一标准	GB 50300—2013
6	建筑工程资料管理规程	JGJ/T 185—2009
7	建筑地基基础工程施工质量验收标准	GB 50202—2018
8	砌体结构工程施工质量验收规范	GB 50203—2011
9	混凝土结构工程施工质量验收规范	GB 50204—2015
10	钢结构工程施工质量验收标准	GB 50205—2020
11	木结构工程施工质量验收规范	GB 50206—2012
12	屋面工程质量验收规范	GB 50207—2012
13	地下防水工程质量验收规范	GB 50208—2011
14	建筑地面工程施工质量验收规范	GB 50209—2010
15	建筑装饰装修工程质量验收标准	GB 50210—2018

续表

序号	名称	编号
16	建筑防腐蚀工程施工规范	GB 50212—2014
17	建筑给水排水及采暖工程施工质量验收规范	GB 50242—2002
18	通风与空调工程施工质量验收规范	GB 50243—2016
19	气体灭火系统施工及验收规范	GB 50263—2007
20	泡沫灭火系统施工及验收规范	GB 50281—2006
21	建筑电气工程施工质量验收规范	GB 50303—2015
22	电梯工程施工质量验收规范	GB 50310—2002
23	综合布线系统工程验收规范	GB/T 50312—2016
24	智能建筑工程质量验收规范	GB 50339—2013
25	砌体工程现场检测技术标准	GB/T 50315—2011
26	民用建筑工程室内环境污染控制标准	GB 50325—2020
27	钢筋焊接及验收规程	JGJ 18—2012
28	回弹法检测混凝土抗压强度技术规程	JGJ/T 23—2011
29	建筑工程饰面砖粘结强度检验标准	JGJ/T 110—2017
30	外墙饰面砖工程施工及验收规程	JGJ 126—2015
31	烟囱工程施工及验收规范	GB 50078—2008
32	混凝土强度检验评定标准	GB/T 50107—2010
33	混凝土质量控制标准	GB 50164—2011
34	火灾自动报警系统施工及验收标准	GB 50166—2019
35	贯入法检测砌筑砂浆抗压强度技术规程	JGJ/T 136—2017
36	玻璃幕墙工程质量检验标准	JGJ/T 139—2020
37	预拌混凝土	GB/T 14902—2012
38	工程建设标准强制性条文及应用示例（房屋建筑部分—电气专业）	04DX002
39	岩土锚杆与喷射混凝土支护工程技术规范	GB 50086—2015
40	城镇污水处理厂工程质量验收规范	GB 50334—2017
41	建设项目工程总承包管理规范	GB/T 50358—2017
42	工程建设施工企业质量管理规范	GB/T 50430—2017
43	建筑施工组织设计规范	GB/T 50502—2009
44	工程网络计划技术规程	JGJ/T 121—2015
45	建设电子文件与电子档案管理规范	CJJ/T 117—2017
46	房屋建筑工程和市政基础设施工程竣工验收备案管理暂行办法	中华人民共和国建设部令第 78 号
47	住宅工程初装饰竣工验收办法	建监〔1994〕392 号

项目3　资料员岗位的能力要求

一、资料员岗位的能力目标

建筑工程资料管理工作是一项复杂、艰巨的任务，要顺利、圆满地完成所有的资料管理工作，就要求施工单位项目经理部的资料员在日常管理工作中多思考、勤交流、敢协调，同时要热忱、细致地去做、去检查、去落实，不放过任何一个细节。建筑工程资料员是联系项目部内部、施工企业各管理职能部门，乃至各参建单位的纽带，从一份资料的盖章直至全部资料的移交、归档，都是资料员辛苦劳动的结果。

做好一名资料员，不仅仅要求身体健康、思想作风正派、对工作热情，还要求具备一定的岗位能力。建筑工程资料管理是一项集建设管理、施工管理、档案管理、计算机操作等于一体的复合型工作，所以资料员必须具备一定的建筑专业知识、档案专业知识、计算机应用软件操作知识等，具体要求有：熟知现行的国家、省、市级城市建筑工程和档案工作的法律、法规、政策、标准、规定等；能读懂一般工业与民用建筑施工图纸；能正确运用和填写各种施工记录表格；熟悉工程档案归档的要求、内容、时限等规定；掌握资料的编制、收集、整理方法；了解文秘基础知识，会撰写工程活动的报告、通知、纪要等常用公文；能熟练运用相关的计算机管理软件等。

二、资料员岗位的职责

资料员岗位是建筑业的关键岗位之一，负责工程资料的编制、收集、整理、装订、归档等工作，其职责如下。

(1)严格贯彻执行国家法律、法规，工程技术规程、规范、标准、管理制度和项目合同，了解工程进度。

(2)负责收发建设、监理、管理部门等相关单位下发的各种图纸、变更、文件等资料，并登记造册，妥善保管。

(3)负责工程技术资料的收集、整理、保存与归档，及时标注并清理作废的资料，确保不被误用。

(4)按工程实际情况填写工程技术资料，推进各部门技术资料的完成。

(5)按照资料管理规程的要求，在规定的时间内对竣工技术资料进行组卷、移交，为竣工备案和项目结算创造条件。

(6)完成上级公司和项目领导下达的各项任务。

三、资料员岗位的要求

资料员的职业性质决定了其必须具备以下几个方面的职业素质。

(1)要有良好的思想素质和道德风范。这是职业素质中排在第一位的重要要求。只有诚信守纪,作风正派,具有良好的人格、性格、心理素质和积极的劳动态度,才能在实际管理工作中做到务实求真,同时不断地提高自身的业务水平。

(2)要有合理的知识结构和较强的学习能力。资料管理工作要用到各相关专业的知识,有大量的图表和数据需要统计、处理,故资料员既要有建筑管理的一般知识结构,如土木工程建筑识图、建筑学、建筑材料、建筑安装工程、计算机等基础知识,还要有档案管理、公共关系学等方面的专业理论基础和专业知识技能。此外,资料员要不断提高学习能力,不断获取新知识,以更好地为项目建设服务。

(3)要有较强的表达与沟通能力。在项目部内部,资料员要清晰、明确地向项目部成员表达工程档案的编制要求,同时通过与项目部成员交流沟通,获取工程项目的实时状况,并与收集工程资料的进度作核查对比。在项目部以外,面对建设单位、监理单位、设计单位、建设管理部门等时,资料员也要积极沟通,准确获取对方的要求、目标,并将其及时传达到项目部内部。总之,资料员要与他人、社会、自我建立和谐、融洽的关系。

(4)要有良好的身体素质。

四、资料员岗位的职业发展

作为建筑业的关键岗位之一的资料员岗位工作性质特殊,其职业发展路径有以下三条。一是往管理方向发展,成为项目经理、单位主管或建筑行政管理部门的领导干部等。具体发展与其在岗位历练中讲政治的能力、做群众工作的能力、组织协调的能力、做意识形态工作的能力等有直接的关系。二是成为业务骨干。不少资料员在做好本职工作的同时,专心学习,刻苦研究,成长为专业带头人。三是成为专业技术顾问,特别是整个项目的策划人员。无论是建设单位、施工单位,还是项目策划咨询单位,都需要一些积累了丰富的理论知识和实践经验,精通工程资料管理的专家,有扎实的现场管理经验的资料员可以成为优秀的技术专家。

在参与建设的各单位中,一般都设置有资料员岗位。作为最基础、最全面地掌握工程建设情况的施工企业资料员,通过最直接的方式在工程现场参与施工全过程,获取第一手资料,积累全面、丰富的工程资料管理经验,可为其今后在各种工作岗位上工作打下坚实的基础。

模块二　工程准备阶段资料管理

项目 1　工程准备阶段资料

一、工程准备阶段资料形成过程

工程准备阶段资料形成过程如图 2-1 所示。

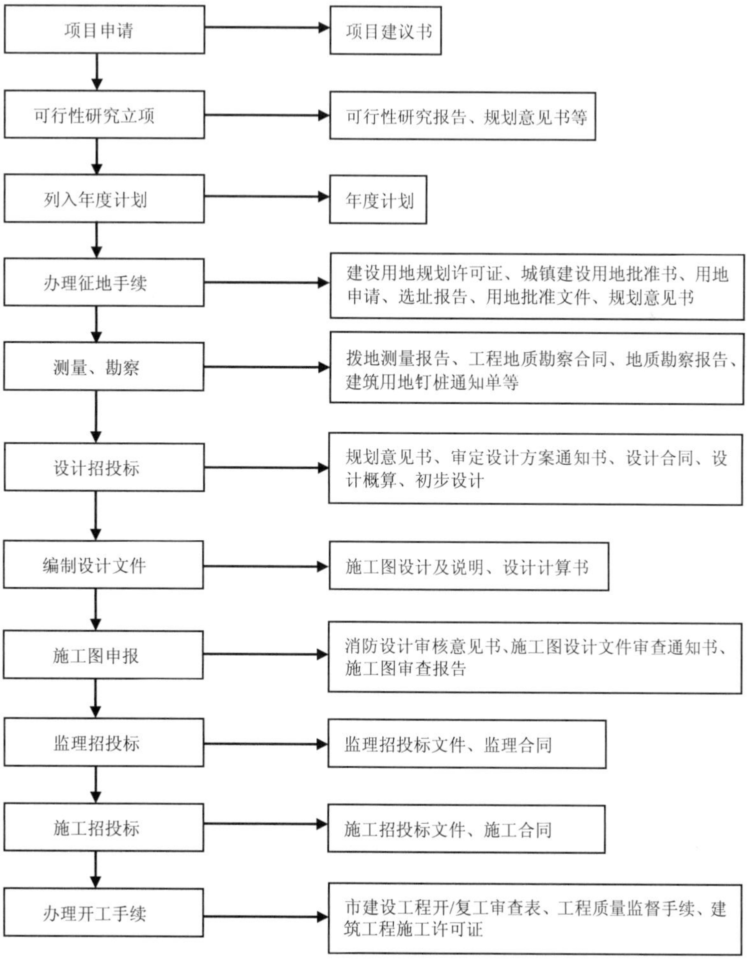

图 2-1　工程准备阶段资料形成过程

二、工程准备阶段资料内容

1. 立项文件

(1)由发展和改革部门批准的立项文件:由发展和改革部门批准的项目立项文件,由建设单位收集、提供。

(2)项目建议书:由建设单位自行编制或委托具有相应资质的咨询或设计单位编制并申报的文件,由建设单位收集、提供。

(3)立项会议纪要:由建设单位或其上级主管部门就项目召开立项研究会议所形成的纪要文件,由组织会议的单位提供。

(4)项目建议书的批复文件:建设单位的上级主管单位和国家有关主管部门(一般是发展和改革部门)批复项目建议书的文件,由负责批复的主管部门提供。

(5)可行性研究报告及其附件:由建设单位自行编制或委托具有相应资质的工程咨询设计单位编制的报告,由编制单位提供。

(6)项目评估研究资料:建设单位或主管部门(一般是发展和改革部门)组织会议,对项目的可行性研究报告进行评估论证之后形成的资料,由组织评估的单位提供,由建设单位收集。

(7)可行性研究报告的批复文件:发展和改革部门批复项目的可行性研究报告的文件。

(8)初步设计审批文件:由发展和改革部门组织对项目的初步设计进行审查之后形成的批复文件。

(9)专家对项目的有关建议文件:建设单位和有关部门组织专家会议形成的有关建议文件,由组织单位提供,由建设单位收集。

(10)年度计划审批文件或年度计划备案材料:由建设单位自行组织编制或由其有关主管部门批准的计划文件。

2. 建设规划用地文件

(1)建设项目选址意见书:由建设单位提出申请、由规划部门批准的文件。

(2)规划线测图(航测图):建设单位到规划部门办理,由规划部门提供的相关图样文件。

(3)建设项目用地定位通知书:建设单位到规划部门办理的用地定位通知书,由规划部门提供。

(4)建设用地规划许可证和附图:建设单位到规划部门办理,由规划部门提供。

(5)建设项目用地预审意见:建设单位到国土资源部门办理,由国土资源部门提供。

(6)征(占)用土地的批准文件和使用国有土地的批准意见:由具有相应批准权限的

政府批准形成、由国土资源部门批准的文件。

(7)建设用地批准书:建设单位到国土资源部门办理,由国土资源部门提供。

(8)土地使用证:建设单位到有相应权限的国土资源部门办理,由批准部门提供。

(9)拆迁安置方案和有关协议:由相关部门提供。

3. 勘察、设计文件

(1)工程地质(水文)勘察报告:建设单位委托勘察单位进行勘察,由勘察单位编制并提供。

(2)设计方案(报批图):由设计单位编制,经规划部门审查后确定。

(3)审定设计方案(报批图)的审查意见:分别由人防、环保、交通、园林、市政、电力、电信、卫生、消防等部门提出审查意见,由负责审查的部门提供。

(4)建设工程规划许可证、附图和附件:建设单位到规划部门办理,由规划部门提供。

(5)初步设计及说明:由设计单位编制并提供。

(6)施工图设计及说明:由设计单位编制并提供。

(7)设计计算书:由设计单位编制并提供。

(8)施工图审查合格证书:施工图审查机构对设计的施工图进行审查,合格后发给合格证书,由施工图审查机构提供。

4. 工程招投标文件和合同

(1)勘察、设计、施工、监理招投标文件和中标通知书:招标文件由建设单位自行编制或委托具有相应资质的招标代理机构编制;投标文件分别由勘察、设计、施工、监理单位编制;中标通知书由建设单位或招标代理机构编制而成,并到监管部门备案。以上文书均由编制单位提供。

(2)勘察、设计、施工、监理合同:由建设单位分别与勘察、设计、监理、施工单位协商签订而成,并到建设主管部门备案。以上文书均由参与签订的单位提供。

5. 工程开工文件

(1)验线合格文件:由规划部门进行验线审查后形成的文件,由规划部门提供。

(2)建筑工程竣工档案责任书:由城建档案馆与建设单位签订,由当地城建档案馆提供统一格式的责任书。

(3)工程质量监督手续:建设单位到质量监督机构办理,由质量监督机构提供。

(4)建筑工程施工许可证:建设单位到建设行政主管部门办理,由建设行政主管部门提供。

项目2　决策立项阶段文件资料

一、项目建议书

项目建议书是建设单位向主管部门提出要求建设某一项目的建议性文件，是对拟建项目的轮廓设想，是对拟建项目的必要性、可行性和获利、获益的可能性加以考虑的文件。

项目建议书经批准后才能进行可行性研究，也就是说项目建议书并不是项目的最终决策，而仅仅为可行性研究提供依据和基础。

1. 项目建议书的内容

项目建议书大多由项目法人委托有资质的咨询单位、设计单位编制。基本建设项目的项目建议书应包括以下内容：

(1)建设项目提出的必要性和依据；

(2)对拟建工程规模和建设地点的初步设想；

(3)对资源情况、建设条件、协作关系等的初步分析；

(4)对投资估算和资金筹措的初步设想；

(5)项目的进度安排；

(6)对经济效益和社会效益的评估。

2. 项目建议书的审查

对编制完成的项目建议书，建设单位应组织有关部门和专家参与审查，经审查符合要求的项目建议书才能报请有关部门审批。

3. 项目建议书的报批

大中型基本建设项目、限额以上更新改造项目的项目建议书，按隶属关系由国务院主管部门或省、区、市计划委员会(以下简称计委)提出审查意见，报国家计委审批，其中重大项目由国家计委审查后报国务院主管部门审批；小型基本建设项目、限额以下更新改造项目的项目建议书，按隶属关系由国务院主管部门或省、区、市计委审批。

二、可行性研究报告及其附件

项目建议书经批准后，应紧接着进行可行性研究工作。可行性研究是项目决策的核心，是对建设项目在技术上是否先进、在经济上是否可行进行的全面、科学的分析论证工作，是技术经济的深入论证阶段，能为项目决策提供可靠的技术经济依据。

1. 可行性研究的主要内容

（1）建设项目提出的背景、必要性、经济意义和依据；

（2）拟建项目规模、产品方案、市场预测；

（3）技术工艺、主要设备、建设标准；

（4）资源、材料、燃料供应和运输，水、电条件；

（5）建设地点、场地布置、项目设计方案；

（6）环境保护、防洪、防震等要求与相应的措施；

（7）劳动定员和人员培训；

（8）建设工期和进度建议；

（9）投资估算和资金筹措方式；

（10）经济效益和社会效益分析。

可行性研究的主要任务是对多种方案进行比较、分析，提出科学的评价意见，推荐最佳方案。

2. 可行性研究报告

可行性研究报告是根据可行性研究成果编制的综合报告。它是根据国家国民经济发展的长远规划和地区布局的要求，按照建设项目的隶属关系，由主管部门组织计划、经济、设计等部门，在可行性研究的基础上选择经济效益最好的方案的文件，其主要内容如下：

（1）概述；

（2）需求预测和拟建规模；

（3）资源、原材料、辅助材料、燃料和公用设施落实情况；

（4）建设条件和建设方案；

（5）设计方案；

（6）环境保护；

（7）生产组织、劳动定员和人员培训；

（8）实施进度建议；

（9）投资估算和资金筹措；

（10）社会、经济效益评价。

3. 可行性研究报告附件

可行性研究报告除正文外，还须具备以下几个附件：

（1）选址意向书；

（2）选址意见书；

（3）外协意向性协议。

4. 可行性研究报告的报批

建设单位完成可行性研究报告的编制后，应向有关主管部门或行业主管部门申报审

批。可行性研究报告审批意见书须对可行性研究报告进行客观、全面、准确的评价和认定,其主要内容如下:

(1)项目建设的必要性;

(2)建设规模与产品方案;

(3)工艺、技术和设备的先进性、实用性和可靠性;

(4)路线方案;

(5)项目的建设方案和标准;

(6)外部协作和配套工程;

(7)环境保护;

(8)投资结算和投资来源;

(9)财务评价与国民经济评价;

(10)不确定性分析;

(11)社会效益评价;

(12)项目总评价。

可行性研究报告经正式批准后,建设项目即正式立项。正式立项的建设项目应当严格按审批意见执行,任何部门、单位和个人都不得随意修改和变更,如因建设条件变化、建设内容变化或建设投资变化,确实需要变更或调整可行性研究报告的指标和内容,要经过原批准单位同意,并办理正式变更手续。

5. 可行性研究工作程序

从接到建设项目前期工作通知书到建设项目正式立项,可行性研究工作程序见图2-2。

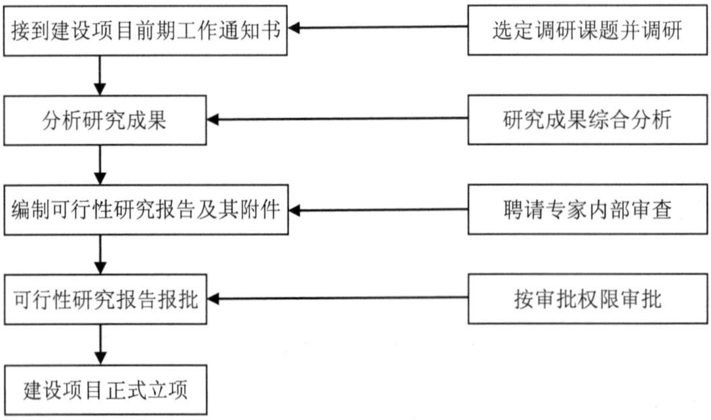

图 2-2　可行性研究工作程序

6. 项目评估研究资料

项目评估是对可行性研究报告的客观性、全面性、准确性进行评价与选择,并出具评估报告。经批准后审批立项,颁发批准文件。项目评估研究资料的基本内容如下:

（1）项目建设的必要性；

（2）建设规模和产品方案；

（3）工艺、技术和设备的先进性、实用性和可靠性；

（4）厂址（地址或路线规划方案）；

（5）建设工程的方案和标准；

（6）外部协作配备项目和配合条件；

（7）环境保护；

（8）投资结算和投资来源；

（9）财务评价；

（10）国民经济评价。

7. 建设项目立项文件

建设单位根据批复的可行性研究报告召开立项会议，组织关于立项的事宜。立项会议以纪要的形式对立项进行全面的概括阐述，对专家们的立项建议进行组织和整理，形成文件，并对项目进行评估。其归档文件有项目建议书、项目建议书的批复文件、可行性研究报告、可行性研究报告的批复文件、立项会议纪要、领导批示、专家对项目的有关建议文件、项目评估研究资料、由发展和改革部门批准的立项文件、由计划部门批准的设计任务书等。

项目3　建设规划用地文件资料

一、规划用地审批

1. 工程项目选址申请和选址规划意见通知书

（1）工程项目选址申请。在城市规划区内进行建设的建设项目，申请人根据申请条件、依据向城市规划行政主管部门提出选址申请，填写建设项目规划审批及其他事项申报表。

（2）选址规划意见通知书。城市规划行政主管部门对建设单位的工程项目选址申请进行审查，符合有关法规、标准的，及时收取申请人的申请材料，填写选址规划意见通知书两份。将其中一份选址规划意见通知书加盖收件专用印章后交申请人；将申请材料和另一份选址规划意见通知书装袋，填写移交单，移交有关管理部门。选址规划意见通知书由城市规划行政主管部门下发，并有附图。

2. 规划用地申请和建设用地规划许可证

（1）规划用地申请。建设单位持按国家基本建设程序批准的建设项目立项的有关证明文件,向城市规划行政主管部门提出用地申请,填写规划审批申报表并准备好有关文件。建设用地规划许可证申报表的主要内容为建设单位、申报单位、工程名称、建设内容、地址、规模等概况。需要准备的有关文件主要有计划主管部门批准的征用土地计划,土地管理部门的拆迁安置意见、地形图,规划管理部门的选址意见书,要求取得的有关协议、意向书等文件和图样。填写的申报表要加盖建设单位和申报单位公章。经审查符合申报要求的用地申请,发给建设单位或申报单位建设用地规划许可证立案表,作为取件凭证。

(2)建设用地规划许可证。征用土地是工程项目建设的最基本条件,要在工程设计时办理完成建设用地规划许可证和拆迁安置协议等有关事宜。规划管理部门根据城市总体规划的要求,建设项目的性质、内容和选址定点时初步确定的用地范围界限提出规划设计条件,核发建设用地规划许可证。建设用地规划许可证是确定建设用地的位置、面积、界限的法定凭证。

3. 建设用地申请和建设用地批准书

征用土地应严格按照国家规定的基本建设程序和审批权限办理,办理程序如下。

(1)建设用地申请。建设单位和个人在取得建设用地规划许可证后,方可向县级以上地方人民政府土地管理部门申请用地,编制申请用地报告。经县级以上地方人民政府批准后,由土地管理部门填发建设用地批准书。

(2)协商征地数量和补偿安置方案。县级以上地方人民政府土地管理部门对建设用地申请进行审核,划定用地范围,并组织建设单位、被征用土地单位和有关单位依法商定征用土地协议和补偿安置方案,报县级以上地方人民政府批准。

(3)划拨土地。建设用地申请经县级以上地方人民政府批准后,由土地管理部门根据建设进度的需要一次或者几次分期划拨建设用地。

(4)核发国有土地使用证。建设项目竣工后,由城市规划管理部门会同土地管理部门、房地产管理部门核查实际用地,由县级以上地方人民政府办理土地登记手续,核发国有土地使用证。

二、工程建设项目报建资料

为有效掌握建设规模,规范工程建设实施阶段程序管理,统一工程项目报建的有关规定,达到加强建筑市场管理的目的,《工程建设项目报建管理办法》(建建字〔1994〕482号)规定,凡在我国境内投资兴建的工程建设项目,都必须实行报建制度,接受当地建设行政主管部门或其授权机构的监督管理。工程建设项目的报建内容主要包括:①工程名称;②建设地点;③投资规模;④资金来源;⑤当年投资额;⑥工程规模;⑦开工、竣工日期;⑧发包方式;⑨工程筹建情况。建设单位到建设行政主管部门或其授权机构领取工程建设项目报建表,认真填写后向建设行政主管部门或其授权机构报送,并按要求进行招标准备。

项目4　勘察、设计文件资料

一、工程地质勘察报告

勘察工作是基本建设的基础工作之一,勘察成果是工程设计的基本依据。

工程地质勘察报告是为查明建筑地区的工程地质条件,根据综合性的地质勘察工作所获得的成果编写的报告。通过工程地质勘察,对建筑地区的工程地质情况和存在的问题作出评价,能为工程建设的规划、设计、施工提供必需的参考依据。工程地质勘察报告的内容分为文字和图表两部分。文字部分包括前言、地形地貌、地层结构、含水层构造、不良地质现象、土的最大冻结深度、地震基本烈度、环境工程地质变化和不良影响的预测、工程地质建议等。图表部分包括工程地质分区图、平面图、剖面图、勘探点平面位置图、钻孔柱状图,不良地质现象的平剖面图、物探剖面图和地层的物理力学性质、试验成果资料等。

二、工程测量与规划设计条件审批

1. 工程测量

工程测量是工程建设中各种测量工作的总称。工程设计阶段的工程测量按工作程序和作业性质分主要有地形测量和拨地测量。

(1)地形测量。工程建设的地形测量指建设用地范围内的地形测量,反映地貌、水文、植被、建筑物和居民点的情况。地形测量大都采用实地测量,测量结果直接,内容较详尽。基建项目地形测量所绘地形图的比例尺一般为1∶1 000或1∶500,根据测绘地点的水平位置、高程、地面形态和建筑物、构筑物等实测结果绘制。

(2)拨地测量。征用建设用地要进行的位置测量、形状测量和四至确定,一般称为拨地测量。拨地测量一般采用解析实钉法,根据规划部门批准的建设用地钉桩通知单中规定的条件,选定测量控制点,进行拨地导线测量、距离测量、测量成果计算等一系列工作,编制出征用土地的测量报告。测量报告的内容包括拨地条件、成果表、工作说明、略图、条件坐标、内外作业计算记录手簿等资料,拨地资料和定线成果须展绘在1∶1 000或1∶500的地形图上,建立图档。测量成果报告是征用土地的依据性文件,也是工程设计的基础资料。

规划行政主管部门在核发规划许可证时,应当向建设单位一并发放建设用地钉桩(验线)通知单。建设单位应当在施工前向规划行政主管部门提交编写完整的建设用地钉桩(验线)通知单。规划行政主管部门应当在收到验线申请后3个工作日内组织验线,经验线合格方可施工。

2. 规划设计条件审批

(1)建设单位申报规划设计条件。建设项目立项后,建设单位应向规划行政主管部门申报规划设计条件,并准备好下列相关文件和图样:

①计划部门批准的可行性研究报告;

②建设单位对拟建项目的说明;

③拟建方案示意图;

④地形图和用地范围;

⑤其他。

(2)规划行政主管部门签发规划设计条件通知书。规划行政主管部门对建设单位申报的规划设计条件进行审查和研究,同意进行设计的签发规划设计条件通知书,作为方案设计的依据。规划设计条件通知书的主要内容如下:

①用地情况;

②用地使用性质;

③用地使用强度;

④建筑设计要求;

⑤城市设计要求;

⑥市政要求;

⑦配套要求;

⑧其他需遵守的事项。

三、设计文件

所有新建、扩建、改建和技术改造项目在计划任务被批准后,应当及时委托设计单位根据规划行政主管部门签发的规划设计条件通知书及其附图进行工程设计,编制设计文件。委托设计指建设项目主管部门向有设计能力的设计单位或者经过招投标的中标单位提出委托设计的委托,建设单位和设计单位签订委托设计合同。

一般建设项目实行两阶段设计,即初步设计和施工图设计。技术比较复杂或有特殊要求的建设项目,采用新工艺、新技术而又缺乏设计经验的重大项目通常采用三阶段设计,即初步设计、技术设计和施工图设计。

1. 初步设计及其说明

初步设计主要包括总平面图、建筑图、结构图、给水排水图、电气图、弱电图、采暖通风与空气调节图、动力图、技术与经济概算等。初步设计说明书由设计总说明和各专业的设计说明书组成。

2. 技术设计

技术设计是对初步设计的补充和深化,一些技术比较复杂或有特殊要求的建设项目，采用新工艺、新技术而又缺乏设计经验的重大项目，通常增加技术设计。

3. 施工图设计及其说明

施工图设计主要包括总平面图、建筑图、结构图、给水排水图、电气图、弱电图、采暖通风与空气调节图、动力图、预算等。

在图样目录中先列新绘制图样，后列选用的标准图、通用图和重复利用图。施工图设计说明书由设计总说明和各专业的设计说明书组成。

一般工程的设计说明可写在有关的图样上。如果重复利用某一专门的施工图样及其说明，应详细注明其编制单位、资料名称和编制日期。如果施工图设计对初步设计有改变，应重新计算并列出主要技术经济指标表，可列在总平面图上。

各专业的施工图设计说明书的内容详见《建筑工程设计文件编制深度规定》。

4. 施工图设计文件审查

建设工程施工图设计文件审查是为了加强工程项目设计质量监督和管理，保护国家和人民生命财产安全，保证建设工程设计质量而实施的行政管理。

国务院《建设工程质量管理条例》规定，"建设单位应当将施工图设计文件报县级以上人民政府建设行政主管部门或者其他有关部门审查"，"施工图设计文件未经审查批准的，不得使用"。目前实施的是对各类新建、扩建、改建的建筑工程项目的施工图设计文件的审查。

（1）管理部门和审查机构。各级（县级以上）建设委员会负责本地施工图审查的管理工作，并委托施工图审查机构审查，建筑业管理办公室负责对施工图审查机构的考核管理和工程施工图审查的备案等监督管理工作，并委托质量监督总站实施备案。

（2）审查范围。审查范围是行政地域范围内符合建筑工程设计等级分级标准的各类新建、扩建、改建的建筑工程项目。

（3）审查内容：

①建筑物的稳定性、安全性，包括地基基础和主体结构体系是否安全、可靠；

②是否符合消防、节能、环保、抗震、卫生、人防等有关强制标准和规范；

③施工图是否达到规定的深度要求；

④是否损害公众利益。

（4）建设单位应提供以下资料：

①批准的立项文件或初步设计的批准文件；

②主要的初步设计文件；

③工程勘察成果报告；

④结构计算书和计算软件名称。

项目5 招投标文件资料

一、勘察、设计招投标文件

1. 勘察、设计招投标的概念

勘察、设计招标是招标人在实施工程勘察、设计工作之前，以公开或邀请的方式提出招标项目的指标要求、投资限额和实施条件等，愿意承担勘察、设计任务的投标人按照招标文件的要求和条件报出工程项目的构思方案和实施计划，然后招标人通过开标、评标、定标确定中标人的过程。

勘察、设计投标是勘察、设计单位根据招标文件的要求编制投标书和报价单，争取获得承包权的活动。凡具有国家批准的勘察、设计许可证，并具有经有关部门核准的资质等级证书的勘察、设计单位，都可以按照批准的业务范围参加投标。

2. 勘察、设计招标应具备的条件

①具有经过审批机关批准的设计任务书或项目建议书；②具有国家规划部门划定的项目建设地点、平面布置图和用地红线图；③具有开展设计必需的可靠的基础资料；④成立了专门的招标工作机构，并有指定的负责人。

3. 勘察、设计招标文件的主要内容

①投标须知；②设计依据文件；③项目说明书；④合同的主要条件和要求；⑤设计基础资料；⑥现场勘察和标前会议的时间和地点；⑦投标截止时间；⑧文件编制要求和评标原则；⑨招标可能涉及的其他内容。

4. 勘察、设计投标书的主要内容

设计单位应严格按照招标文件的规定编制投标书，并在规定的时间内送达。勘察、设计投标书的主要内容一般包括：①方案设计综合说明书；②方案设计内容和图样；③工程投资估算和经济分析；④项目建设工期；⑤主要的施工技术要求和施工组织设计方案；⑥设计进度计划；⑦设计费报价。

二、勘察、设计承包合同

发包人通过招标的方式与选择的中标人就委托的勘察、设计任务签订合同。

1. 勘察承包合同

依据范本订立建设工程勘察承包合同时，双方应根据工程项目的特点，通过协商在合同的相应条款中明确以下具体内容。

（1）发包人应提供的勘察依据文件和资料。

（2）委托任务的工作范围：①勘察内容；②技术要求；③预计的勘察工作量；④提供勘察成果资料的份数。

（3）合同工期：勘察工作的开始时间和终止时间。

（4）勘察费用：①勘察费用的预算金额；②勘察费用的支付程序和每次支付的百分比。

（5）发包人应为勘察人提供的现场工作条件。根据工程项目的具体情况，合同双方当事人可以在合同中约定由发包人负责提供保证勘察工作顺利开展的条件。

（6）违约责任：①承担违约责任的条件和处理办法；②违约金的计算方法等。

（7）合同争议的最终解决方式。合同中应明确约定合同争议的最终解决方式是仲裁还是诉讼。采用仲裁方式时，应约定仲裁委员会的名称。

2. 设计承包合同

依据范本订立建设工程设计承包合同时，双方应根据工程项目的特点，通过协商在合同的相应条款中明确以下具体内容。

（1）发包人应提供的文件和资料：

①设计依据文件和资料；

②项目设计的要求。

（2）委托任务的工作范围：

①设计范围，合同中应明确建设规模，详细列出工程分项的名称、层数和建筑面积；

②建筑物的合理使用年限要求；

③委托的设计阶段和内容；

④设计深度的要求；

⑤设计人配合施工的要求。

（3）设计人交付设计资料的时间：方案设计、初步设计和施工图设计的交付时间。

（4）设计费用。

（5）发包人应为设计人提供的现场服务，包括工作条件、生活条件和交通等内容。

（6）违约责任。

（7）合同争议的最终解决方式。

三、施工招投标文件

建设工程施工招标是建设单位对拟建的工程项目通过法定的程序和方式吸引建设

项目的承包单位竞争，并从中选择条件优越者来完成工程建设任务的法律行为。建设工程施工招标的必备条件如下：①招标人已经依法成立；②初步设计和概算应当履行审批手续的已经批准；③招标范围、招标方式和招标组织形式等应当履行核准手续的已经核准；④有相应的资金或资金来源已经落实；⑤有招标所需的设计图样和技术资料。

1. 招投标程序

建设工程施工招投标程序与设计招投标程序基本相同，一般按下述程序进行。

(1)招标准备阶段。

招标准备阶段的工作由招标人完成，投标人不参与。此阶段的主要工作包括选择招标方式，办理招标备案手续，组织招标班子和编制招标有关文件。

(2)招投标阶段。

在招投标阶段，招标人应做好招标的组织工作，投标人则按照招标有关文件规定的程序和具体要求进行投标报价的竞争。此阶段的工作包括发布招标公告，资格预审，确定投标单位，分发招标文件、图样和技术资料，组织现场踏勘和招标文件答疑，接收投标文件，建立评标组织，制定评标、决标的办法。

(3)决标阶段。

从开标到签订合同的时期称为决标阶段，是对各投标书进行评审比较，最终确定中标人的过程。此阶段的工作包括召开开标会议，审查投标书，组织评标，公开标底，组织决标前的谈判，决定中标单位，发布中标通知书，签订施工承发包合同。

2. 招投标流程

现行法律法规对工程项目招投标程序有严格的规定，招投标流程如图 2-3 所示。

(1)发布招标公告或发送投标邀请书。

在网上发布招标公告；实行邀请招标的，应向 3 个以上符合资质条件的投标人发送投标邀请书。招标公告和投标邀请书应当载明招标人的名称和地址，招标项目的性质、数量、实施地点和时间，获取招标文件的办法等事项。

(2)编制资格预审文件。

为使招标人全面而详细地对潜在的投标人进行资格预审，招标人应编制投标申请人资格预审文件，包括投标申请人资格预审须知、投标申请人资格预审申请书、投标申请人资格预审合格通知书等内容。投标申请人资格预审须知中应明确参加投标的单位应知的事项和申请人应具备的资历、有关证明文件。投标申请人资格预审申请书按照招标单位对投标申请人的要求而编写。

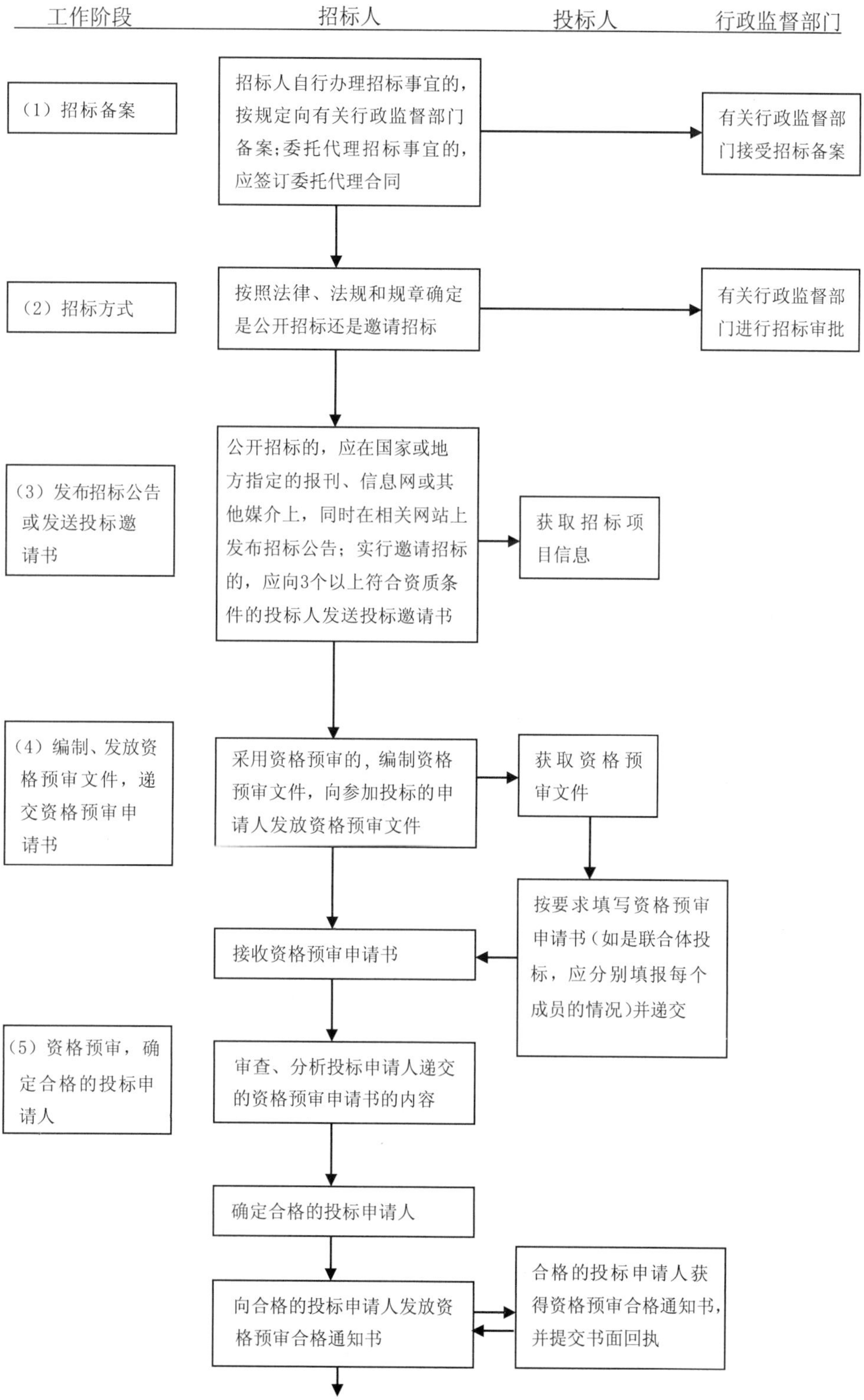
工作阶段
招标人
投标人
行政监督部门
（1）招标备案
招标人自行办理招标事宜的，按规定向有关行政监督部门备案；委托代理招标事宜的，应签订委托代理合同
有关行政监督部门接受招标备案
（2）招标方式
按照法律、法规和规章确定是公开招标还是邀请招标
有关行政监督部门进行招标审批
（3）发布招标公告或发送投标邀请书
公开招标的，应在国家或地方指定的报刊、信息网或其他媒介上，同时在相关网站上发布招标公告；实行邀请招标的，应向3个以上符合资质条件的投标人发送投标邀请书
获取招标项目信息
（4）编制、发放资格预审文件，递交资格预审申请书
采用资格预审的，编制资格预审文件，向参加投标的申请人发放资格预审文件
获取资格预审文件
按要求填写资格预审申请书（如是联合体投标，应分别填报每个成员的情况）并递交
接收资格预审申请书
（5）资格预审，确定合格的投标申请人
审查、分析投标申请人递交的资格预审申请书的内容
确定合格的投标申请人
向合格的投标申请人发放资格预审合格通知书
合格的投标申请人获得资格预审合格通知书，并提交书面回执

图 2-3　招投标流程

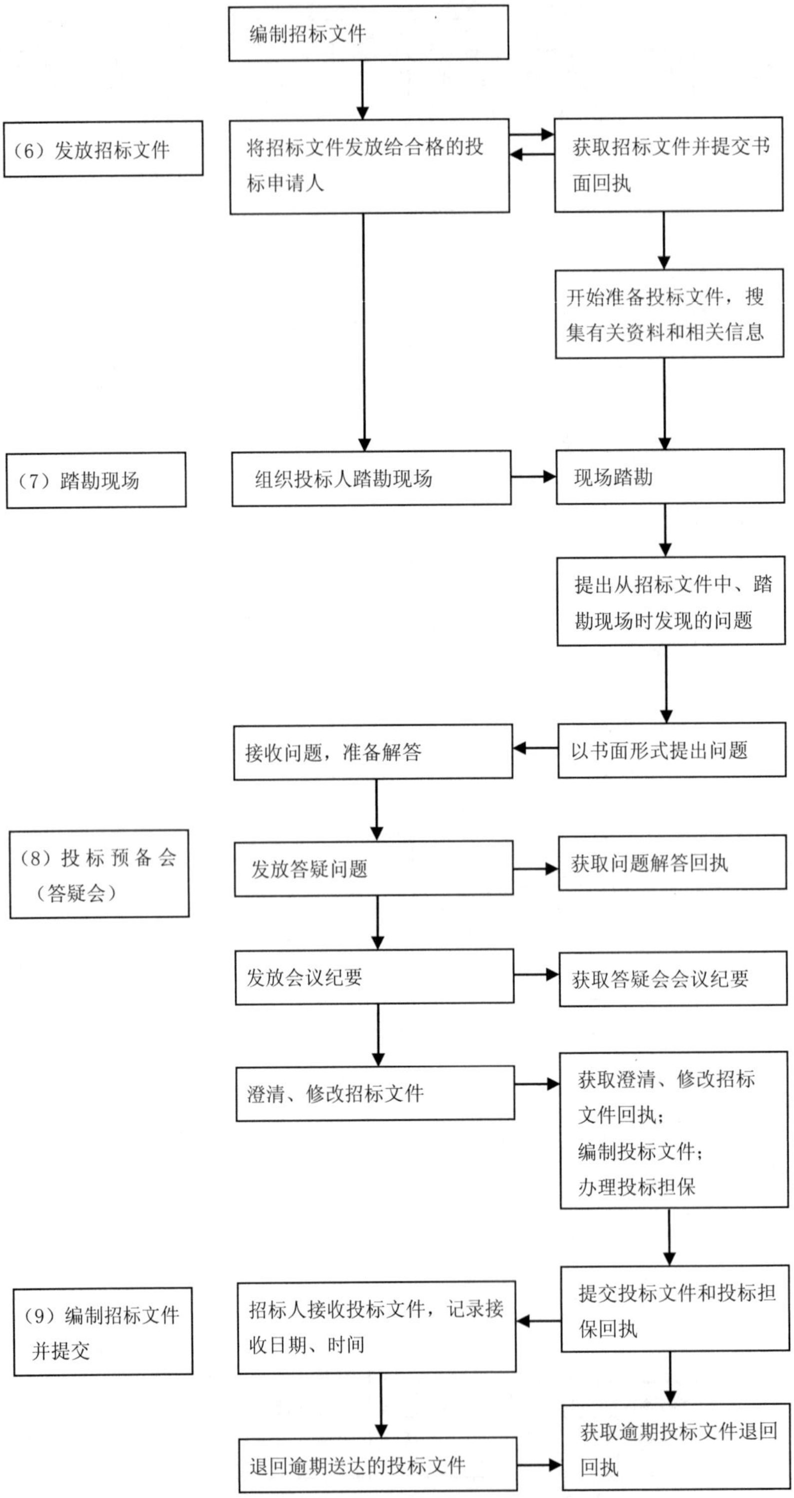
编制招标文件
（6）发放招标文件
将招标文件发放给合格的投标申请人
获取招标文件并提交书面回执
开始准备投标文件，搜集有关资料和相关信息
（7）踏勘现场
组织投标人踏勘现场
现场踏勘
提出从招标文件中、踏勘现场时发现的问题
接收问题，准备解答
以书面形式提出问题
（8）投标预备会（答疑会）
发放答疑问题
获取问题解答回执
发放会议纪要
获取答疑会会议纪要
澄清、修改招标文件
获取澄清、修改招标文件回执；
编制投标文件；
办理投标担保
（9）编制招标文件并提交
招标人接收投标文件，记录接收日期、时间
提交投标文件和投标担保回执
退回逾期送达的投标文件
获取逾期投标文件退回回执

图 2-3　招投标流程(续)

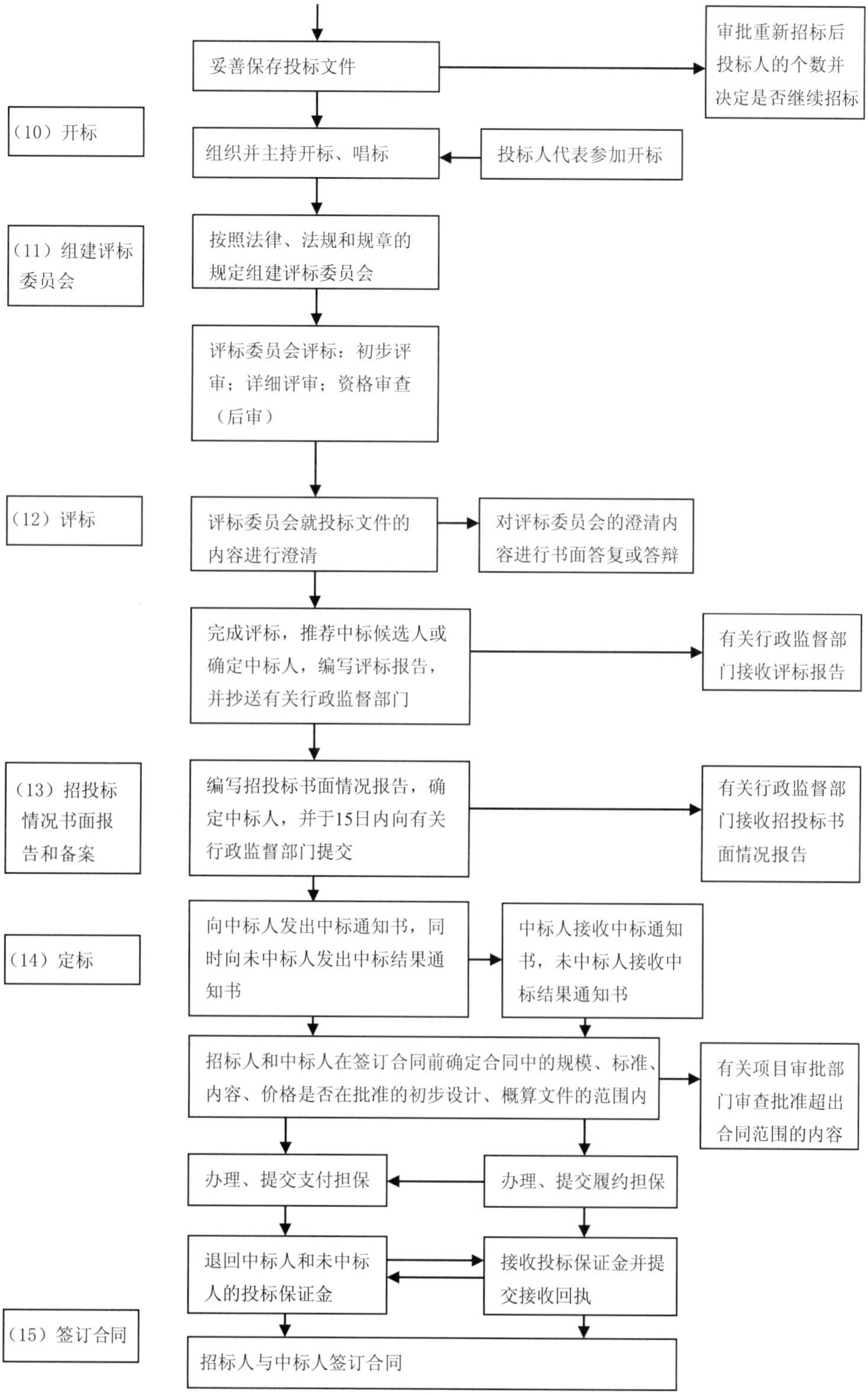
妥善保存投标文件
审批重新招标后投标人的个数并决定是否继续招标
（10）开标
组织并主持开标、唱标
投标人代表参加开标
（11）组建评标委员会
按照法律、法规和规章的规定组建评标委员会
评标委员会评标：初步评审；详细评审；资格审查（后审）
（12）评标
评标委员会就投标文件的内容进行澄清
对评标委员会的澄清内容进行书面答复或答辩
完成评标，推荐中标候选人或确定中标人，编写评标报告，并抄送有关行政监督部门
有关行政监督部门接收评标报告
（13）招投标情况书面报告和备案
编写招投标书面情况报告，确定中标人，并于15日内向有关行政监督部门提交
有关行政监督部门接收招投标书面情况报告
（14）定标
向中标人发出中标通知书，同时向未中标人发出中标结果通知书
中标人接收中标通知书，未中标人接收中标结果通知书
招标人和中标人在签订合同前确定合同中的规模、标准、内容、价格是否在批准的初步设计、概算文件的范围内
有关项目审批部门审查批准超出合同范围的内容
办理、提交支付担保
办理、提交履约担保
退回中标人和未中标人的投标保证金
接收投标保证金并提交接收回执
（15）签订合同
招标人与中标人签订合同

图 2-3 招投标流程(续)

(3)编制招标文件。

建设项目施工招标文件一般包括下列内容:投标邀请书;投标人须知;合同主要条款;投标文件格式;采用工程量清单招标的,应当提供工程量清单;技术条款;设计图样;评标标准和方法;投标辅助材料。

(4)编制标底。

工程施工招投标通常要编制标底,一般委托工程造价单位编制。

3. 编制投标文件

投标单位在正式投标前要接受投标资格预审,填写资格预审文件,申请投标。招标单位要对申请投标的单位进行资格审查,确定合格的投标单位并将审查结果通知各投标申请人。

(1)投标单位应向招标单位提供如下文件材料:

①企业的营业执照和资质证书;

②企业概况;

③自有资金情况和财务状况;

④目前的剩余劳动力和施工机具、设备情况;

⑤近三年承建的主要工程及其质量;

⑥现有的主要施工任务。

(2)编写投标文件。

投标文件是由一系列有关投标的书面资料组成的。一般来说,投标文件由投标函部分、商务部分和技术部分三部分组成,采用资格后审的还应包括资格审查文件。

4. 开标、评标和中标

(1)开标。

①开标由招标人主持,邀请所有投标人参加;

②由投标人或其推选的代表检查投标文件的密封情况,也可以由招标人委托的公证机构检查并公证;

③当众宣读投标人名称、投标价格和投标文件的其他主要内容。

(2)评标。

①评标由招标人依法组建的评标委员会负责,在严格保密的情况下进行;

②评标委员会应当客观、公正地履行职责,遵守职业道德,对所提的评审意见承担个人责任。

(3)中标。

确定中标单位后,招标单位向中标单位发出通知书,然后招标单位与中标单位签订施工合同。

四、建设工程施工合同

建设工程施工合同是建设单位（招标单位）与施工单位根据有关法律、法规，遵循平等、自愿、公平和诚实守信的原则，以完成某一建设工程施工任务，明确双方的权利、义务为目的签订的有法律效力的协议。建设工程施工合同示范文本分为协议书、通用条款、专用条款三个部分，并附有三个附件。

1. 协议书

协议书是建设工程施工合同的总纲性法律文件，经当事人双方签字、盖章后合同即成立。协议书虽然文字量并不大，但它规定了合同当事人双方最主要的权利、义务，规定了组成合同的文件和合同当事人对履行合同义务的承诺，并且合同当事人双方要在这份文件上签字、盖章，因此具有很强的法律效力。标准化的协议书需要填写的主要内容包括工程概况、工程承包范围、合同工期、质量标准、合同价款、组成合同的文件和合同的生效时间等。

2. 通用条款

通用条款是根据《中华人民共和国民法典》（以下简称《民法典》）、《中华人民共和国建筑法》《建设工程施工合同管理办法》等法律、法规，对承发包双方的权利、义务作出的规定，除双方协商一致对其中的某些条款进行修改、补充、删除外，其余条款双方都必须履行。通用条款具有很强的通用性，基本适用于各类建设工程。通用条款包括词语定义及合同文件，双方一般的权利和义务，施工组织设计和工期，质量与检验，安全施工，合同价款与支付，材料设备供应，工程变更，竣工验收与结算，违约、索赔和争议，其他，共 11 个部分、47 个条款。

3. 专用条款

由于建设工程的内容各不相同，工期、造价也随之变动，承包人、发包人各自的能力，施工现场的环境也不相同，通用条款不能完全适用于各个具体工程，因此配以专用条款对其进行必要的修改和补充，使通用条款和专用条款共同成为双方统一意愿的体现。专用条款的条款号与通用条款一致，当事人可根据工程的具体情况对通用条款进行修改。

4. 附件

建设工程施工合同的附件是对合同当事人的权利、义务的进一步明确，使得合同当事人的有关工作一目了然，便于执行和管理。建设工程施工合同示范文本的三个附件为承包人承揽工程项目一览表、发包人供应材料设备一览表和房屋建筑工程质量保修书。

五、监理招投标文件

监理招投标文件是建设单位在选择工程项目的监理单位的过程中形成的招标、投标活动的文件资料。

1. 监理招标文件

监理招标文件应包括以下几方面的内容。

(1)投标须知。

①工程项目综合说明,包括主要建设内容、规模、工程等级、地点、总投资、现场条件;

②开工和竣工日期;

③委托的监理范围和监理业务;

④投标文件的格式、编制、递交;

⑤无效投标文件的规定;

⑥投标起止时间,开标、评标、定标的时间和地点;

⑦招标文件、投标文件的澄清与修改;

⑧评标的原则等。

(2)合同条件。

(3)业主提供的现场办公条件(包括交通、通信、住宿、办公用房等)。

(4)对监理单位的要求(包括现场监理人员、检测手段、工程技术难点等)。

(5)有关技术规定。

(6)必要的设计文件、图样、有关资料。

(7)其他事宜。

2. 监理投标文件

投标人根据招标文件编制投标文件,投标文件应包括以下几方面的内容。

(1)投标人的资质(包括资质等级、批准的监理业务范围、主管部门或股东单位、人员综合情况等)。

(2)监理大纲的合理性。

(3)拟派驻的主要监理人员(总监理工程师和主要专业监理工程师)。

(4)人员派驻计划和监理人员的素质(学历证书、职称证书、上岗证书等)。

(5)监理单位提供的用于工程的检测设备和仪器,或委托有关单位检测的协议。

(6)近几年监理单位的业绩和奖惩情况。

(7)监理费报价和费用的组成。

(8)招标文件要求的其他内容。

六、建设工程委托监理合同

建设工程委托监理合同是委托人与监理人就委托的工程项目管理内容签订的明确双方的权利、义务的有法律效力的协议。建设工程委托监理合同示范文本分为建设工程委托监理合同、建设工程委托监理合同标准条件、建设工程委托监理合同专用条件三个部分。

1. 建设工程委托监理合同

建设工程委托监理合同是总的协议，是纲领性的法律文件，经当事人双方签字、盖章后即成立。合同中需要明确和填写的主要内容包括工程概况（工程名称、地点、工程规模、工程等级、总投资、现场条件、开竣工日期），委托人向监理人支付报酬的期限和方式，合同签订、生效、终止的时间，双方愿意履行约定的各项义务。

2. 建设工程委托监理合同标准条件

建设工程委托监理合同标准条件是通用性文件，适用于各类建设工程项目监理，委托人和监理人都必须遵守。其内容包括词语定义及合同文件，双方的责任、权利和义务，合同的生效、变更与终止，监理报酬，争议的解决，其他。

3. 建设工程委托监理合同专用条件

对某些建设工程项目监理，建设工程委托监理合同标准条件中的某些条款不适用，在签订建设工程委托监理合同时，需要根据建设工程项目的具体情况和实际要求，对标准条件中的某些条款进行补充和修正。

项目6　开工审批文件资料

一、建设工程规划许可证

新开工的项目应列入年度计划，建设单位应向建设行政主管部门和工程规划部门申请开工许可，申请开工的建设工程需办理建设工程规划许可证和建筑工程施工许可证。

1. 开工应具备的条件

（1）有经过审批的可行性研究报告和初步设计文件。

（2）已列入国家和地方的年度基本建设计划。

（3）完成了征用土地、拆迁安置工作。

（4）落实了三通（或四通、五通、六通、七通）一平工作。

（5）施工图样和原材料物资准备能满足工程施工进度的要求。

（6）办理了施工招标手续，与施工单位签订了施工合同。

（7）选定了监理部门，并与监理单位签订了工程施工监理合同。

（8）资金到位，并取得了审计机关出具的开工前审计意见书。

（9）建设单位与市政有关部门协调，落实了配套工程设计并签订了合同。

（10）办理了建设工程规划许可证。

（11）办理了建筑工程施工许可证。

建设单位基本落实了前 9 项开工应具备的条件,即可申请办理建设工程规划许可证和建筑工程施工许可证。

2. 建设工程规划许可证及其附图、附件

建设单位在城市规划区内新建、改建、扩建建筑物、构筑物、道路、管线和其他工程设施,必须持相关批准文件向城市规划行政管理部门提出申请,城市规划行政管理部门提出规划要求,并审查设计施工图等有关文件,核发建设工程规划许可证。

申报建设工程规划许可证的程序如下:

(1)建设单位领取并填写规划审批申请表,加盖建设单位和申报单位公章;

(2)建设单位提交申报建设工程规划许可证要求报送的文件和图样;

(3)城市规划行政管理部门填发建设工程规划许可证立案表,作为申报建设工程规划许可证的回执;

(4)城市规划行政管理部门对建设工程进行审查,对不符合规划要求的初步设计提出修改意见,发出修改工程图样通知书,建设单位修改后重新申报;

(5)经审查合格的建设工程,建设单位在取件日期内到城市规划管理单位领取建设工程规划许可证。

申报建设工程规划许可证要求报送的文件和图样如下:

(1)年度施工任务批准文件;

(2)人防、消防、环保、园林、市政、文物、通信、教育、卫生等有关行政主管部门的审批意见、要求和取得的协议书;

(3)工程竣工档案登记表;

(4)工程设计图,包括总平面图,各层平、立、剖面图,基础平面图和设计图样目录;

(5)其他。

建设工程规划许可证还有附图与附件,附图与附件由发证机关确定,与建设工程规划许可证具有同等的法律效力。

建设工程规划许可证除正文外,还规定了如下应注意的事项:

(1)建设工程放线后,由测绘院、规划行政管理部门验线,合格后方可施工;

(2)与消防、交通、环保、市政等部门的未尽事宜,由建设单位负责与有关行政主管部门联系,妥善解决;

(3)建设工程规划许可证发出后两年内工程未动工,许可证自动失效,需要建设时应向审批机关重新申报,经审核批准后方可动工;

(4)建设工程竣工后应按规定编制工程竣工档案,报送城市建设档案馆。

二、建筑工程施工许可证

建设单位在取得建设工程规划许可证和其他有关行政主管部门的批准文件，并具备了开工条件后，向建设行政主管部门提出开工申请，填报建设工程开工审批表，由建设行政主管部门审查批准，核发建筑工程施工许可证。建设工程开工审批表一般由建设单位会同施工单位共同填报，其基本内容如下。

（1）建设工程概况。

（2）可行性研究报告和初步设计的批准文件。

（3）列入年度建设计划。

（4）完成了施工现场准备，完成了三通一平、测量放线等工作。

（5）施工材料、物资准备基本就绪，建筑材料、施工机具等已做好准备，开工必备的物资已进场。

（6）施工技术准备，完成了施工图设计和施工组织设计。

（7）组织准备，建立了项目组织机构并完成了项目管理规划。

（8）资金准备齐全并已出具银行证明文件，审计部门出具了审计证明。

（9）与施工单位签订了施工合同。

（10）与监理单位签订了监理合同。

（11）其他。

建设工程开工前，建设单位应当按照国家有关规定向工程所在地的建设行政主管部门申请办理建筑工程施工许可证。申请办理建筑工程施工许可证的程序如下。

（1）建设单位到工程所在地的建设行政主管部门领取建筑工程施工许可证申请表。

（2）建设单位持加盖单位和法定代表人印鉴的建筑工程施工许可证申请表，并附相关证明文件，向工程所在地的建设行政主管部门提出申请。

（3）工程所在地的建设行政主管部门在收到建设单位报送的建筑工程施工许可证申请表和所附的证明文件后，对符合条件的，应当在自收到申请之日起十五日内颁发建筑工程施工许可证；对证明文件不齐全或者失效的，应当限期要求建设单位补正，审批时间可以自证明文件补正齐全后相应地顺延；对不符合条件的，应当在自收到申请之日起十五日内书面通知建设单位，并说明理由。

建筑工程施工许可证是新建、改建、扩建工程开工必备的依据性文件，开工的建设项目经审查具备开工条件后，由具有审批权限的建设行政主管部门核发建筑工程施工许可证，如图 2-4 所示。

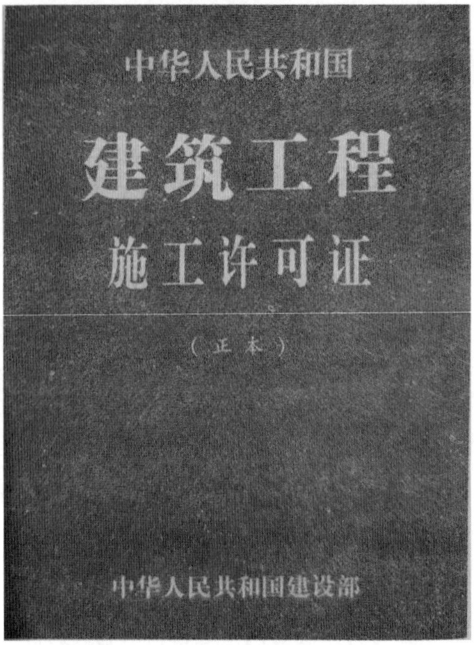

图 2-4　建筑工程施工许可证

建设单位申请办理建筑工程施工许可证,应当具备如下建筑工程条件:

(1)已经办理建筑工程用地批准手续;

(2)在城市规划区内的建筑工程,已经取得建设工程规划许可证;

(3)需要拆迁的,拆迁进度符合施工要求;

(4)已经确定建筑施工企业;

(5)有满足施工需要的施工图纸和技术资料;

(6)有保证工程质量和安全的具体措施;

(7)建设资金已经落实;

(8)法律、行政法规规定的其他条件。

三、工程质量监督手续

根据国务院《建设工程质量管理条例》和建设部《关于建设工程质量监督机构深化改革的指导意见》,政府质量监督机构必须建立和遵循严格的工程质量监督程序,加大建设工程质量监督的力度,保证建设工程质量。质量监督机构进行建设工程质量监督的依据是国家的法律、法规和强制性标准;主要目的是保证建设工程使用安全和环境质量合格;主要内容是监督工程建设各方主体的质量行为和地基、基础、主体结构的使用功能;主要方式是巡回抽查,对建设单位组织的竣工验收实施监督,工程竣工后出具工程质量监督报告。

1. 建设工程质量监督注册登记表

凡新建、改建、扩建的建设工程，在工程项目施工招投标工作完成后，申请办理建筑工程施工许可证前，建设单位应携有关资料到所在地的建设工程质量监督机构办理建设工程质量监督注册登记手续。办理建设工程质量监督注册登记手续时，建设单位应提供下列文件资料：

（1）建设工程规划许可证；

（2）施工、监理中标通知书；

（3）施工、监理合同和单位资质证书（复印件）；

（4）施工图设计文件审查意见；

（5）其他需要的文件资料。

建设单位在提交上述文件后，填写建设工程质量监督注册登记表，经监督注册登记部门审查符合要求后，方可办理建设工程质量监督注册登记手续，指定监督机构并发出建设工程质量监督通知书和建设工程质量监督计划。

2. 见证取样和送检见证人授权备案书

为了加强建设工程质量管理和监督，每个单位工程必须有 1~2 名取样和送检见证人，由施工现场监理人员或建设单位委派具有一定的试验知识的专业技术人员担任。见证人选定后，建设单位根据建设工程质量监督的有关规定到建设工程质量监督机构办理见证取样和送检见证人授权备案书，一式四份（质量监督机构、质量检测实验室、施工单位、见证人各一份），工程竣工后存入工程档案。见证人和送检单位对送检试验样品的真实性和代表性负法定责任。

项目 7　财务文件资料

财务文件资料由工程投资估算、工程设计概算、工程施工图预算等构成。

一、工程投资估算

工程投资估算是投资决策阶段拟建项目编制项目建议书、可行性研究报告的重要内容，是项目决策的重要依据之一。它包括工程项目从筹建到竣工验收、交付使用所需要的全部费用，具体包括建筑安装工程费用，设备、工器具购置费用，工程建设其他费用，预备费，建设期利息等。

投资估算由建设单位编制或委托设计单位（或咨询单位）编制，主要依据相应建设项目投资估算，参照以往类似工程的造价资料编制。它对初步设计概算和工程造价起控制作用。

1. 建筑安装工程费用

建筑安装工程费用指建设单位为建筑安装工程所支付的全部生产费用，包括直接用于各单位工程的人工、材料、机械使用费用，其他直接费用，分摊到各单位工程的管理费、利润和税金。

2. 设备、工器具购置费用

设备、工器具购置费用指建设单位按照建设项目设计文件的要求购置或自备设备、工器具所需的全部费用，包括需要安装与不需要安装的设备和未构成固定资产的各种工具、器具、仪器、生产家具的购置费用。

3. 工程建设其他费用

工程建设其他费用指除建筑安装工程费用和设备、工器具费用外的根据相关规定从固定资产投资中支付，并列入建设项目总概算或单项工程综合概算的费用。

4. 预备费

预备费指初步设计和概算中难以预料的工程费用，包括按施工图概算加系数包干的概算包干费用。

5. 建设期利息

建设期利息指工程项目在建设期间发生并计入固定资产的利息。

二、工程设计概算和工程施工图预算

1. 工程设计概算

在初步设计阶段，设计单位根据初步设计规定的总体布置、单项工程的主要建筑结构和设备清单来编制建设项目总概算。工程设计概算一般包括建筑安装费用，设备、工器具购置费用，工程建设其他费用，预备费等。

经批准的工程设计概算是确定建设项目总造价、编制固定资产投资计划、签订建设项目贷款总合同的依据，也是控制建设项目拨款、考核设计经济合理性的依据。

2. 工程施工图预算

在招投标阶段，各单位根据施工图设计确定的工程量编制工程施工图预算。招标单位（或委托单位）编制的工程施工图预算是确定标底的依据；投标单位编制的工程施工图预算是确定报价的依据。标底、报价是评标、决标的重要依据。经审核的工程施工图预算是确定工程造价、签订工程承包合同、实行建筑安装工程造价包干的依据。

模块三　建设监理资料管理

项目1　监理单位文件资料的内容

建设工程监理文件档案资料管理是建设工程信息管理的一项重要工作。它是监理工程师实施工程建设监理、进行目标控制的基础性工作。监理单位文件资料是监理单位在设计、施工等阶段监理工程编制的文件，在我国主要在施工阶段形成，包括以下内容。

（1）监理规划。由监理单位的项目监理部在建设工程施工前期形成并收集、汇编。

（2）监理实施细则。对技术较复杂、专业性较强的工程建设项目，还应由专业监理工程师负责编制监理实施细则，并经总监理工程师审核批准。

（3）监理月报中的有关质量问题。在建设全过程监理中形成，为监理月报中的相关内容。

（4）监理会议纪要中的有关质量问题。在建设全过程监理中形成，为有关的例会和专题会议记录中的内容。

（5）进度控制。在建设全过程监理中形成，包括工程开工/复工报审表、工程延期申请与审批表、工程暂停令。

（6）质量控制。在建设全过程监理中形成，包括施工组织设计（专项施工方案）报审表、工程报验申请表、工程材料/构配件/设备报审表、工程竣工报验单、不合格项处置记录、工程质量/安全（事故）报告单。

（7）造价控制。在建设全过程监理中形成，包括工程款支付申请表、工程款支付证书、工程变更费用报审表。

（8）分包资质。在工程施工期间形成，包括分包单位资格报审表、供货单位资质材料、实验室资格报审表等。

（9）监理通知和回复。在建设全过程监理中形成，包括有关进度控制、质量控制、造价控制的监理工程师通知单及其回复单等。

（10）合同其他事项管理。在建设全过程监理中形成，包括费用索赔申请和审批表、工程变更单、合同变更材料、合同争议和处理意见、违约报告和处理意见。

（11）监理工作总结。在建设全过程监理中形成，包括专题总结、月报总结、工程竣工总结质量评估报告。

项目2　监理文件档案资料的管理

一、监理文件档案资料管理的基本概念

建设工程监理文件档案资料的管理是监理工程师受建设单位的委托，对建设工程实施过程中形成的与监理相关的文件和档案进行的收集积累、加工整理、立卷归档和检索利用等一系列管理工作。建设工程监理文件档案资料管理的对象是监理文件档案资料，它们是工程建设监理信息的主要载体之一。

二、监理文件档案资料管理的意义

（1）对监理文件档案资料进行科学的管理，可以为建设工程监理工作的顺利开展创造良好的前提条件。建设工程监理的主要任务是进行建设工程的目标控制，而控制的基础是信息。在建设工程实施过程中产生的各种信息经过收集、加工和传递，以监理文件档案资料的形式管理和保存，会成为有价值的监理信息资源，是监理工程师进行建设工程目标控制的客观依据。

（2）对监理文件档案资料进行科学的管理，可以极大地提高监理工作效率。对监理文件档案资料进行系统、科学的整理归类，形成监理文件档案资料库，当监理工程师需要时，就能从监理文件档案资料库中及时地、有针对性地找到完整的资料，从而迅速解决监理工作中产生的问题。反之，如果监理文件档案资料分散，就会导致混乱，甚至散失，最终影响监理工程师的正确决策。

（3）对监理文件档案资料进行科学的管理，可以为建设工程档案的归档提供可靠的保证。监理文件档案资料的管理是对监理过程中各项工作形成的全部文字、声像、图纸、报表等资料进行统一的管理和保存，从而确保文件档案资料的完整性。一方面，在项目建成竣工以后，监理工程师可将完整的监理文件档案资料移交建设单位，作为建设项目的工程监理档案；另一方面，完整的监理文件档案资料是具有重要历史价值的资料，监理工程师可从中获得宝贵的监理经验，有利于不断提高建设工程监理工作的水平。

三、监理文件档案资料管理的流程

监理文件档案资料管理的流程如图3-1所示。

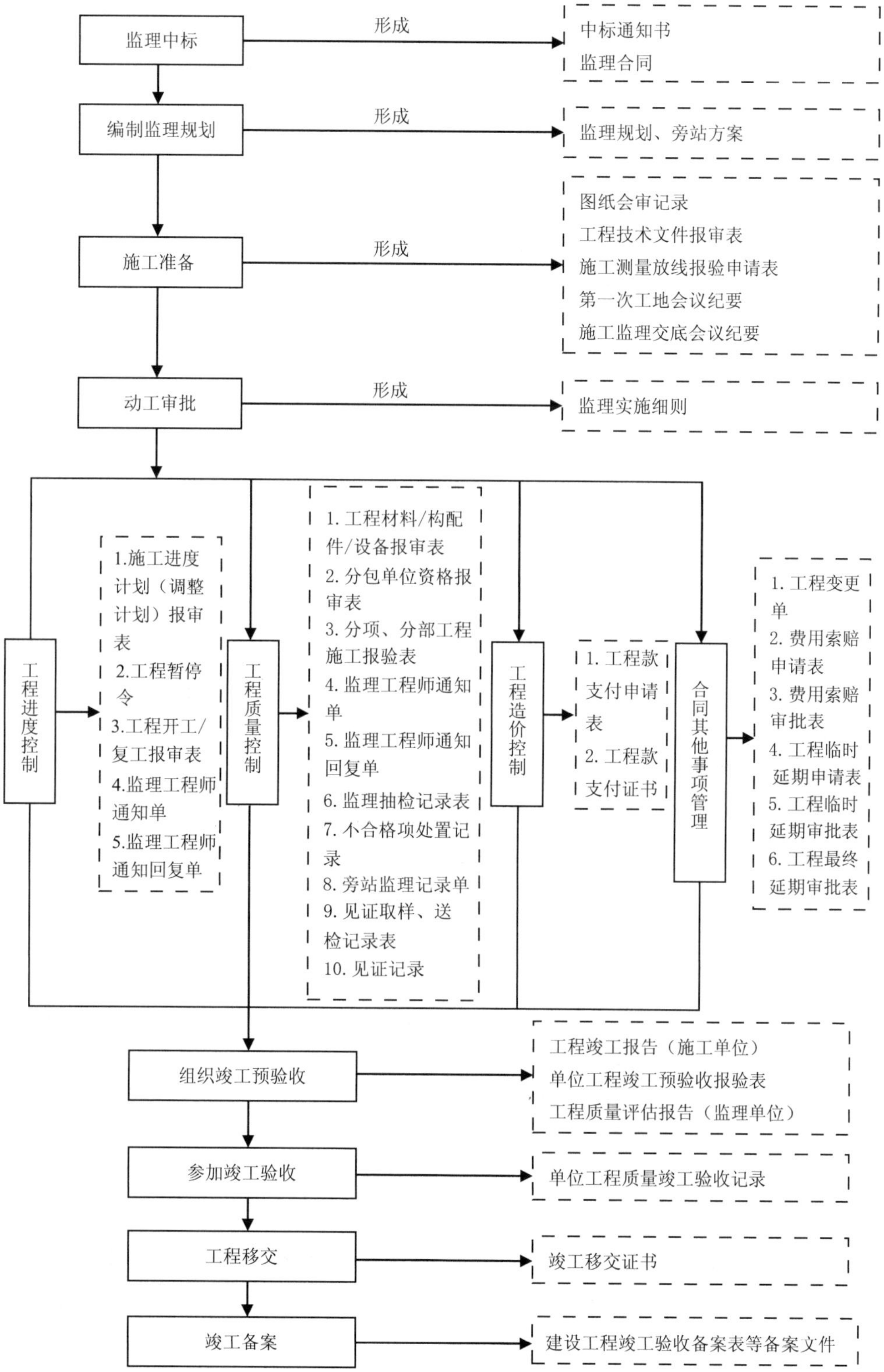

图 3-1　监理文件档案资料管理的流程

四、监理文件档案资料管理的内容

建设工程监理文件档案资料管理的主要内容包括监理文件档案资料的收、发文与登记，监理文件档案资料的传阅与登记，监理文件档案资料的分类存放，监理文件档案资料的归档、借阅、更改与作废。

（1）监理文件档案资料的收、发文与登记。

项目监理部应制定项目监理部收文处理程序，并明确相关人员的职责。通常收文可以参考下面的运转流程：签收→文件登记→贴文件处理签→分办和负责人批办→相关人员承办→文件处理完毕装盒（待整理）。所有收文都应在收文登记表上登记，应记录文件名称、文件摘要信息、文件发放单位、文件编号和收文日期，必要时应注明接收文件的具体时间，最后由项目监理部负责收文的人员签字。所有文件档案都要用碳素墨水笔填写或打印生成，责任人员不得以盖章和打印代替手写签认。收文登记后应交给项目总监或其授权的监理工程师进行处理，重要文件的收文内容应在监理日志中予以记录。

项目监理部应制定项目监理部发文处理程序，并明确相关人员的职责。通常发文可以参考下面的运转流程：拟稿→核稿→签发→校对签名用印→文件编号登记→发文（对方签收）→文件装盒（待整理）。发文由总监理工程师或其授权的监理工程师签名，并加盖项目监理部图章，对盖章工作应进行专项登记。所有发文都应按监理信息资料分类和编码要求进行分类、编码，并在发文登记表上登记，重要文件的发文内容应在监理日志中予以记录。

（2）监理文件档案资料的传阅与登记。

文件传阅也是收文处理中的一个过程，但传阅的范围更大。由总监理工程师或其授权的监理工程师确定文件、记录是否需传阅，如需传阅，应确定传阅人员的名单和范围，并在文件传阅纸上注明，随同文件、记录传阅，每位传阅人员阅后应在文件传阅纸上签名，并注明日期。文件、记录的传阅期限不应超过其处理期限。

（3）监理文件档案资料的分类存放。

经收文、发文、登记和传阅工作程序后，档案资料必须按照科学的分类方式存放。大中型项目应使用计算机对监理信息进行辅助管理，档案资料应清晰，不得随意涂改、标记，在保存过程中应保持记录介质清洁和不破损。可以根据工程的实际情况对要收集的资料进行分类，以便积累资料。

（4）监理文件档案资料的归档、借阅、更改与作废。

监理文件档案资料的归档内容、组卷方法应根据现行的《建设工程监理规范》《建设工程文件归档规范》的要求，并参考工程项目所在地区建设工程行政主管部门、建设监理行业主管部门、地方城市建设档案管理部门的规定执行。应严格按照保存原件为主、保存复印件为辅和有序归档的原则归档保存。项目监理部存放的文件档案原则上不得外借，如政府部门、建设单位或施工单位确有需要，应经过总监理工程师或其授权的监理工程师同意，并在信息管理部门办理借阅手续。监理文件档案的更改应由原制定部门相应的责任人执行，涉及审批程序的，由原审批责任人执行。若指定其他责任人进行更改和审批，新责任人必须获得所依据的背景资料。监理文件档案更改后，由信息管理部门填写监理文件档案更改通知单，并负责发放新版本的文件。必须保证项目参建单位的所有相关部门都得到相应文件的有效版本，并由信息管理部门负责将原版本的文件收回作废。考虑到日后有可能出现追溯的需求，信息管理部门可以保存作废文件的样本以备查阅。

项目3　监理管理资料

一、监理规划

1. 监理规划的编制原则

（1）监理规划应在签订委托监理合同、收到设计文件后开始编制，完成后必须经监理单位的技术负责人审核批准，并应在召开第一次工地会议前报送建设单位。

（2）监理规划应由总监理工程师主持、专业监理工程师参加编制。

（3）监理规划的内容应有针对性，做到控制目标明确，控制措施有效，工作程序合理，工作制度健全，职责分工清楚，对监理实施工作有指导作用。

（4）监理规划应有时效性，在项目实施过程中，视情况变化进行必要的调整。调整时应由总监理工程师组织监理工程师研究修改，按原报审程序经过批准后报建设单位。

2. 监理规划的编制依据

编制监理规划时，必须详细了解有关项目的下列资料。

（1）建设工程的相关法律、法规和项目审批文件。

（2）与建设工程项目有关的标准、设计文件、技术资料。

（3）监理大纲、委托监理合同文件和与建设工程项目相关的合同文件。

3. 监理规划的主要内容

监理规划的主要内容包括工程项目概况、监理工作的范围、监理工作的内容、监理工作的目标、监理工作的依据、项目监理机构的组织形式、项目监理机构的人员配备计划、项目监理机构的人员岗位职责、监理工作的程序、监理工作的方法和措施、监理工作的制度、监理设施。

4. 监理规划的封面

监理规划的封面如图3-2所示。

________________工程

监理规划

总监理工程师（编制）：__________

公司技术负责人（审核）：________

监理单位（章）：______________

编制日期：______年____月____日

图 3-2　监理规划的封面

二、监理实施细则

对技术较复杂、专业性较强的工程建设项目，还应由专业监理工程师负责编制监理实施细则，并经总监理工程师审核批准。

1. 监理实施细则的编制原则

（1）对中型及以上或专业性较强的工程项目，项目监理机构应编制监理实施细则。监理实施细则应符合监理规划的要求，并应结合工程项目的专业特点，做到详细具体，具有可操作性。

（2）监理实施细则应在工程开始施工前编制完成，并经总监理工程师批准。

（3）监理实施细则应由专业监理工程师编制。

2. 监理实施细则的编制依据

（1）已批准的监理规划。

（2）与专业工程相关的标准、设计文件和技术资料。

（3）施工组织设计。

3. 监理实施细则的主要内容

监理实施细则的主要内容包括专业工程的特点、监理工作的流程、监理工作的控制要点和目标、监理工作的方法和措施。

在监理工作实施过程中，监理实施细则应根据实际情况进行补充、修改和完善。

4. 监理实施细则的封面

监理实施细则的封面如图 3-3 所示。

________________工程

监理实施细则

专业监理工程师（编制）：________

总监理工程师（审核）：__________

项目监理机构（章）：____________

编制日期：______年____月____日

图 3-3　监理实施细则的封面

三、监理月报

1. 监理月报的编制原则

（1）监理月报由项目总监理工程师组织编制，签署后报送建设单位和监理单位。

（2）监理月报必须全面、客观、及时，并具有前瞻性和评判性。

2. 监理月报的编制依据

（1）《建设工程监理规范》（GB/T 50319—2013）。

（2）工程质量验收系列规范、规程和技术标准。

（3）监理单位的有关规定。

3. 监理月报的主要内容

（1）本月工程概况。

（2）本月工程形象进度。

（3）工程进度，主要指本月实际完成情况与计划进度的比较，并对进度完成情况和所采取措施的效果进行分析。

（4）工程质量，主要指本月工程质量情况分析、本月采取的保证工程质量的措施和效果。

（5）工程计量与工程款支付，主要包括工程量审核情况、工程款审批情况和本月支付情况、工程款支付情况分析、本月采取的措施和效果。

（6）合同其他事项的处理情况，如工程变更、工程延期、费用索赔。

（7）本月监理工作小结，主要包括：①对本月进度、质量、工程款支付等方面情况的综合评价；②本月监理工作情况；③有关本工程的意见和建议；④下月监理工作的重点。

4. 监理月报的封面

监理月报的封面如图 3-4 所示。

监理月报

（第　期）

起止日期：____月____日至____月____日

编制人：____________

项目总监：____________

编制日期：_____年____月____日

监理机构：______________

图 3-4　监理月报的封面

四、监理会议纪要

在施工过程中，总监理工程师应定期主持召开工地会议，会议纪要应由项目监理机构负责起草,并与各方代表会签。

监理例会是参建各方为了和谐相处,交流信息,协调处理、研究问题,解决在合同履约过程中存在的诸多问题而采取的行之有效的协调方式。

总监理工程师或专业监理工程师应根据需要及时组织专题会议,解决施工过程中的各种专项问题。

监理会议纪要的主要内容如下。

(1)会议地点与时间。

(2)会议主持人。

(3)与会人员的姓名、单位、职务。

(4)上次会议议定事项的落实情况,未落实事项未完的原因分析。

(5)分析工程项目进度计划的完成情况,提出下一阶段的进度目标和落实措施。

(6)分析工程项目的质量情况,针对存在的质量问题提出解决措施。

(7)工程量核定和工程款支付情况。

(8)解决需要协调的有关事项。

(9)其他有关事宜。

监理会议纪要可为工地会议、监理例会、专题会议和项目监理机构内部会议的纪要。其形式和内容见表 3-1。

表 3-1　监理会议纪要

工程名称:__________　　　　　　　　　　　　　　　　　　编号:__________

会议名称		总监理工程师	
会议时间		会议地点	
签到栏			
会议纪要内容:			

五、监理工作日志

监理工作日志也称监理日志,其以项目监理工作为记载对象,自项目监理工作开始起至项目监理工作结束止。监理日志是一项重要的文件,应由专人负责逐日如实记载,不允许两个或两个以上工程合用一本监理日志,也不允许一个工程用两本监理日志交叉记录。监理日志的推荐格式见表 3-2,其填写说明如下。

(1)准确记录时间、气象。监理人员在书写监理日志时,往往只重视时间记录,而忽视了气象记录,其实气象记录的准确性和工程质量有直接的关系。

①混凝土强度、砂浆强度在不同气温下的变化明显不同,监理人员可以根据混凝土浇捣时的温度和日后几天的气温变化准确计算出强度的理论计算值,从而判断是否具备

拆模条件、是否具备承载能力、承载能力有多少等。

②在地基与基础工程、主体工程、装饰工程、屋面工程等分部工程施工过程中，气象的变化直接影响工程的施工质量。有些工程在单位工程结束后出现一系列质量问题，调查人员可根据出现问题部位的监理日志进行分析，有的质量问题与气象有直接的关系。比如在雨期施工时，基槽遭雨水浸泡引起土壤的变化，进而影响基础工程的质量。

（2）做好现场巡查工作，真实、准确、全面地记录工程的相关问题。

①监理人员在书写监理日志之前，必须做好现场巡查工作，增加巡查次数，提高巡查质量。巡查结束后按不同专业、不同施工部位进行分类整理，最后工整地书写监理日志，并由记录人签名确认。

②监理人员在书写监理日志时，往往只记录工程进度，而忽视了施工中存在的问题，或者认为问题较小，没有必要写在监理日志中；或者认为问题已经解决，没有必要记录。这样就无法体现监理日志的价值。如果监理人员没有记录监理发现的问题，没有记录监理的监督工作，就无法让业主方更多地了解监理的工作内容和服务宗旨。所以在书写监理日志时，要真实、准确、全面地反映与工程相关的一切问题，包括"三控制""二管理"和"一协调"。

（3）书写工整、用语规范、内容严谨是对监理日志的要求。监理日志充分展现了记录人对各项活动、问题及其影响的表达。文字处理不当，比如错别字多、涂改明显、语句不通、不合逻辑、用词不当、用语不规范、采用俗语等，都会产生不良后果。语言表达能力弱的监理人员在日常工作中要多熟悉图纸、规范，提高技术素质，积累经验，掌握写作要领，严肃、认真地记录好监理日志。

（4）书写好监理日志后，要及时交给总监理工程师审查，以便及时沟通和了解，从而促进监理工作正常、有序地开展。

表 3-2　监理日志

工程名称：________　　　　日期：________　　　　编号：________

气象情况：	最高温度：	最低温度：	风力：　　级
主要事项记载：			

六、旁站监理记录单

旁站是监理人员在建设工程施工阶段对关键部位、关键工序的施工质量实施全过程现场跟班的监督活动。

旁站监理记录是针对单项工程而言的，按照《建设工程监理规范》（GB/T 50319—2013）对单项工程进行现场监督指导，并记录施工全过程的情况。

旁站监理是监理工作的一个重要环节，必须认真切实地完成并做好记录。旁站监理的工作要点包括：①旁站监理的范围；②旁站监理的主要任务；③旁站监理的主要操作程序；④旁站监理必须考核的内容。

旁站监理记录单的形式见表3-3。

表3-3　旁站监理记录单

工程名称：__________　　　　编号：__________

日期和气候：	
旁站监理的部位或工序：	
旁站监理开始时间：	旁站监理结束时间：
施工情况：	
监理情况：	
处理意见：	
备注：	
施工单位： 项目经理部（章）： 质检员（签字）： 年　月　日	监理单位： 项目监理机构（章）： 旁站监理人员（签字）： 年　月　日

七、监理工作联系单

监理工作联系单用于工程有关各方之间传递意见、决定、通知、要求与信息。监理工作联系单的形式见表3-4，其填写说明如下。

（1）监理工作联系单是在施工过程中与监理有关各方的工作联系用表，与监理有关的某一方需向另一方或几方告知某一事项、督促某项工作或提出某项建议等，但不需要对方书面回复执行情况时均用此表。

（2）事由。它指需联系事项的主题。

（3）内容。它指需联系事项的详细说明，要求内容完整、齐全，技术用语规范，文字简练、明了。

（4）单位。它指提出监理工作联系事项的单位，填写本工程现场管理机构的全称并加盖公章。

（5）联系事项主要包括以下内容。

①工地会议时间、地点的安排。

②建设单位向监理机构提供的设施、物品和监理机构在监理工作完成后向建设单位移交的设施、剩余物品。

③建设单位、承包单位就本工程、本合同需要向监理机构提出保密要求的有关事项。

④建设单位向监理机构提供的与本工程合作的原材料、构配件、机械设备生产厂家的名录和与本工程有关的协作单位、配合单位的名录。

⑤委托监理合同的监理单位权利中规定的需向委托人书面报告的事项。

⑥监理单位调整监理人员，建设单位要求监理单位更换监理人员。

⑦监理费用支付通知。

⑧监理机构提出的合理化建议。

⑨建设单位派驻、变更施工场地履行合同的代表的姓名、职务、职权。

⑩在要实施旁站监理的关键工序或关键部位施工前 24 h，施工单位应通知项目监理部。

⑪因情况紧急而无法与专业监理工程师取得联系时，项目经理应在采取保证人员生命和财产安全的紧急措施后 48 h 内向专业监理工程师提交报告。

⑫对不能按时开工提出延期开工理由和要求的报告。

⑬实施爆破作业，在放射、毒害环境中施工，使用毒害性、腐蚀性物品施工，承包单位应在施工前 14 d 内向专业监理工程师提交书面通知。

⑭可调价合同发生实体调价的情况时，承包单位向专业监理工程师发出的调整原因、金额、意向通知。

⑮索赔意向通知。

⑯发生不可抗力事件时，承包单位向专业监理工程师通报受损失的情况。

⑰对施工中发现的文物、地下障碍物向专业监理工程师提交的书面汇报。

⑱其他各方需要联系的事宜。

（6）重要的监理工作联系单应加盖单位公章。

表 3-4　监理工作联系单

工程名称：__________　　　　编号：__________

致 _______（单位）： 事由： 内容： （附件共___页）	项目监理机构（章）：__________	
专业监理工程师：_______	总监理工程师：_______	日期：_______

八、监理工程师通知单

监理工程师通知单是监理工程师对施工过程中存在的安全质量问题，要求施工单位按设计文件、强制性标准、规范的要求进行整改的指令性文件，具有指令性和强制性。

监理工程师在签发监理工程师通知单时，对存在的问题的描述一定要详细、准确，对要求整改的范围、内容的阐述一定要清晰、完整。

监理工程师通知单见表 3-5，其填写说明如下。

（1）在监理工作中，项目监理机构按委托监理合同授予的权限对承包单位发出指令、提出要求时，除另有规定外，均应采用此表。监理工程师现场发出的口头指令、要求也应采用此表予以确认。

（2）承包单位应签收和执行监理工程师通知单，并将执行结果用监理工程师通知回复单报监理机构复核。

（3）事由。事由是通知事项的主题，相当于标题。

（4）内容。在监理工作中，项目监理机构按委托监理合同授予的权限对承包单位发出的指令、提出的要求。针对工程施工中出现的不符合设计要求、施工技术标准、合同约定，偷工减料，使用不合格的材料、构配件和设备等情况，纠正承包单位在工程质量、进度、造价等方面的违规违章行为。

（5）承包单位对监理工程师签发的监理工程师通知单中的要求有异议时，应在收到通知单后 24 h 内向项目监理机构提出修改申请，要求总监理工程师予以确认，但在未得到总监理工程师的修改意见之前，承包单位还应执行专业监理工程师下发的监理工程师通知单。

表 3-5　监理工程师通知单

工程名称：________　　　　　　　　　　　　　　　　编号：________

致 ______（施工单位）： 事由： 内容： （附件共______页），请于______年______月____日前回复　　　　项目监理机构（章）：____________ 专业监理工程师：________　　　　总监理工程师：________　　　　日期：________

九、监理工程师通知回复单

施工单位在接到监理工程师通知单后，应对通知单中提到的问题认真分析，制定措施及时整改，并把整改的结果填写在监理工程师通知回复单中，经项目经理签字、项目经理部盖章后报项目监理机构复查。

监理工程师通知回复单见表 3-6，其填写说明如下。

（1）承包单位落实监理工程师通知单后，报项目监理机构检查复核。

（2）承包单位完成监理工程师通知单中要求整改的工作后，用此表回复。

（3）涉及总监理工程师的审批工作内容的回复单，应由总监理工程师审批。

（4）“我方收到编号为______”横线处填写所回复的监理工程师通知单的编号。

（5）“完成了______工作”横线处按监理工程师通知单要求完成的工作填写。

（6）详细内容。针对监理工程师通知单的要求简要说明落实的过程、结果和自检情况，必要时附有关证明资料。

（7）复查意见。专业监理工程师应仔细核查承包单位所报的有关资料，符合要求后对工程质量实体的缺陷整改进行现场检查，符合要求的填写“已按监理工程师通知单整改完毕，经检查符合要求”的意见；如不符合要求，应具体指明不符合要求的项目或部位，填写“不符合要求，要求承包单位继续整改”的意见。

表 3-6　监理工程师通知回复单

工程名称：__________　　　　编号：__________

<table>
<tr><td colspan="4">致 _______（监理单位）：
我方收到编号为_______的监理工程师通知单后，已按要求完成了____________________工作，现报上，请予以复查。
详细内容：

施工单位（章）：
项目经理：
日期：</td></tr>
<tr><td>项目监理机构签收人姓名和时间</td><td></td><td>施工单位签收人姓名和时间</td><td></td></tr>
<tr><td colspan="4">复查意见：

项目监理机构（章）：
总监理工程师：
日期：</td></tr>
</table>

十、见证取样、送检记录表

见证取样、送检是在监理单位或建设单位的见证下，对进入施工现场的有关建筑材料，由施工单位的专职材料试验人员在现场取样或制作试件后，送至符合相应资质管理要求的实验室进行试验的程序。

见证取样、送检记录表见表 3-7，其填写说明如下。

（1）根据有关的规程、规范和设计文件的要求，对有复试和现场检测要求的试品、试件等进行取样的见证记录。

（2）本记录表用于工程现场的见证取样、送检工作。

（3）见证人是对试品、试件履行见证职责的监理人员。

表 3-7 见证取样、送检记录表

工程名称：__________　　　　　　　　编号：__________

样品名称		样品数量	
合格证编号		试验委托编号	
代表批量		代表工程部位	
取样日期		送样日期	
见证记录：			
承包单位（章）： 取样人签字： 年　月　日		见证单位（章）： 见证人签字： 年　月　日	

项目4 进度控制资料

监理进度控制资料的内容主要包括工程开工/复工报审表（含必要的附件）、施工进度计划（调整计划）报审表、工程暂停令等。

一、工程开工/复工报审表

当现场具备开工条件且已做好各项施工准备后，施工单位应及时填写工程开工报审表报项目监理机构审批，经总监理工程师审批后报建设单位。无论由何种原因造成工程暂停，在具备复工条件后，施工单位都应及时填写工程复工报审表。

1. 工程复工报审的程序

（1）承包单位按工程暂停令的要求，经自查符合复工条件的可向项目监理机构报送工程复工报审表及其附件。

（2）总监理工程师应及时指定监理工程师进行审查，当工程暂停不是由承包单位引起时，在签认工程复工报审表时，只需要看引起暂停施工的原因是否还存在；当工程暂停由承包单位引起时，在复工审查时不仅要审查造成停工的因素是否消除，而且要审查是否查清了导致停工的原因，是否制定了有针对性的整改措施、预防措施，还要复核各项措施是否得到了贯彻和落实。

（3）总监理工程师根据审查情况，应当在收到工程复工报审表后 48 h 内完成对复工申请的审批。项目监理机构未在收到承包人提出的复工申请后 48 h（或施工合同规定的时间）内提出审查意见的，承包单位可自行复工。

2. 工程开工/复工报审表的填写要求

（1）工程名称。

（2）附件。工程暂停是由承包单位引起的，承包单位应报告整改情况和预防措施；工程暂停不是由承包单位引起的，承包单位仅需提供工程暂停原因消失证明。

（3）审查意见。总监理工程师应指定专业监理工程师对复工条件进行复核，在规定的时间内完成对复工申请的审批，符合复工条件的签署“工程具备了复工条件，在施工合同中约定同意复工”；不符合复工条件的签署“不同意复工”，并注明不同意复工的原因和对承包单位的要求。

3. 工程开工/复工报审表的填写样式

工程开工/复工报审表的填写样式见表3-8。

表3-8　工程开工/复工报审表

工程名称：××教学楼工程　　　　编号：××

致××项目监理部（项目监理机构）： 我方承担的教学楼工程已完成以下工作，具备开工/复工条件，特此申请施工，请核查并签发开工/复工指令。 附件： 1. 开工报告 2. 开工证明文件 ①建筑工程施工许可证（复印件） ②施工组织设计（签章齐全） ③施工人员、材料、设备进场 ④施工现场道路、水、电、通信等已达到开工条件 3. 复工报告 4. 复工证明文件 施工单位（章）：×× 项目经理：×× 日期：××			
项目监理机构签收人姓名和时间		施工单位签收人姓名和时间	
审查意见： （1）建筑工程施工许可证已获政府主管部门批准； （2）征地拆迁工作能满足工程进度的需要； （3）施工组织设计已获总监理工程师批准； （4）承包单位现场管理人员已到位，机具、施工人员已进场，主要材料已落实； （5）进场道路和水、电、通信等已满足开工的要求。			
审批结论：　同意□　不同意□ 总监理工程师：×× 日期：××××年××月××日			

二、施工进度计划（调整计划）报审表

施工进度计划报审是承包单位根据已批准的施工总进度计划，按施工合同的约定或

监理工程师的要求编制施工进度计划报项目监理机构审查、确认和批准。监理机构对施工进度的审查或批准并不免除承包单位对施工进度计划的责任和义务。

1. 施工进度计划报审的程序

（1）承包单位按施工合同要求的时间编制好施工进度计划（调整计划），并填写施工进度计划（调整计划）报验申请表报监理机构审批。

（2）总监理工程师指定专业监理工程师对承包单位所报的施工进度计划（调整计划）报审表和有关资料进行审查，并向总监理工程师报告。

（3）总监理工程师按施工合同要求的时间对承包单位所报的施工进度计划（调整计划）报审表予以确认或提出修改意见。

2. 施工进度计划（调整计划）报审表的填写要求

（1）填写所报施工进度计划的工程名称和时间。

（2）对施工进度计划主要进行如下审核。

①进度安排是否符合工程项目建设总进度，计划中总目标和分目标的要求是否符合施工合同中开、竣工日期的规定。

②施工总进度计划中的项目是否有遗漏，分期施工是否满足分批动用的需要和配套动用的要求。

③施工顺序的安排是否符合施工工艺的要求。

④劳动力、材料、构配件、施工机具和设备、施工水电等生产要素的供应计划是否能保证进度计划的实现，供求是否均衡，在需求高峰期是否有足够的能力实现计划供应。

⑤建设单位提供的施工条件（资金、施工图纸、施工场地、采供的物资和设备等），承包单位在施工进度计划中提出的供应时间和数量是否明确、合理，是否有造成建设单位违约而导致工程延期和费用索赔的可能。

⑥工期是否进行了优化，进度安排是否合理。

⑦总、分包单位分别编制的各单项工程施工进度计划是否协调，专业分工与计划衔接是否明确、合理。

（3）专业监理工程师审核后提出审查意见报总监理工程师，总监理工程师审核后如同意承包单位所报的计划，签署“本月编制的施工进度计划具有可行性和可操作性，与工程实际情况相符合，满足合同工期和总控制计划的要求，予以通过”，并签署“同意按此计划组织施工”；如不同意承包单位所报的计划，则签署“不同意按此进度计划施工”，并简要列出不同意的原因和理由。

3. 施工进度计划（调整计划）报审表的形式

施工进度计划（调整计划）报审表的形式见表3-9。

表 3-9　施工进度计划（调整计划）报审表

工程名称：__________　　　　　　　　　　　　　　　　编号：__________

<table>
<tr><td colspan="4">致______（监理单位）：
兹上报___年___月___日至___年___月___日的工程进度计划，请审查批准。
施工单位（章）：
项目经理：
日期：</td></tr>
<tr><td>项目监理机构签收人姓名和时间</td><td></td><td>施工单位签收人姓名和时间</td><td></td></tr>
<tr><td colspan="4">监理单位审核意见：
项目监理机构（章）：
总监理工程师：
日期：</td></tr>
</table>

三、工程暂停令

工程暂停令的形式见表 3-10，其填写说明如下。

（1）在施工过程中发生了需要停工处理的事件时，总监理工程师应签发工程暂停令。

（2）总监理工程师应根据暂停工程的影响范围和影响程度，按照施工合同和委托监理合同的约定签发工程暂停令。

（3）若工程暂停是由承包单位造成的，则承包单位在申请复工时除了应填报工程复工报审表外，还应报送针对停工原因所进行的整改工作的报告等有关材料。

（4）若工程暂停不是由承包单位造成的，则总监理工程师在签发工程暂停令之后，应尽快按施工合同的规定处理由工程暂停引起的与工期、费用等有关的问题。

（5）“由于____原因”横线处应简明扼要地准确填写工程暂停的原因，主要有：①建设单位要求暂停施工，且工程需要暂停施工；②为了保证工程质量而需要进行停工处理；③施工出现了安全隐患，总监理工程师认为有必要停工以消除隐患；④发生了必须暂时停止施工的紧急事件；⑤承包单位未经许可擅自施工，或拒绝项目管理机构的管理。

（6）“______部位（工序）”横线处根据停工原因的影响范围和影响程度，填写本暂停令所停工程的范围。

（7）“要求做好各项工作”处是工程暂停后要求承包单位所做的有关工作，如对停工工程的保护措施，针对工程质量问题的整改、预防措施等。

（8）当引起工程暂停的原因不是非常紧急（如建设单位的资金问题、拆迁等），同时工程暂停会影响一方（尤其是承包单位）的利益时，总监理工程师应在签发工程暂停令之前就工程暂停引起的工期和费用补偿问题等与承包单位、建设单位协商，如果总监理工程师认为暂停施工是妥善解决问题的较好办法，也应当签发工程暂停令。

(9)签发工程暂停令时,必须注明是全部停工还是局部停工,不得含混。

(10)建设单位要求停工,总监理工程师经过独立判断也认为有必要暂停施工时,可签发工程暂停令;总监理工程师经过独立判断,认为没有必要停工的,则不应签发工程暂停令。

表 3-10　工程暂停令

工程名称:__________　　　　编号:__________

<table>
<tr><td>事由</td><td></td><td>签收人姓名和时间</td><td></td></tr>
<tr><td colspan="4">致______(承包单位):
由于______原因,现通知你方必须于___年___月___日对本工程的______部位(工序)实施暂停施工,并按下述要求做好各项工作:
1.______________________________
2.______________________________

项目监理机构(章):
总监理工程师:
日期:</td></tr>
</table>

为了保证工程质量而进行停工处理主要包括以下几种情形。

(1)未经监理机构审查同意,擅自变更设计或修改施工方案进行施工的。

(2)有特殊要求的施工人员未通过专业监理工程师的审查或经审查不合格但进入现场施工的。

(3)擅自允许未经监理机构审查认可的分包单位进入现场施工的。

(4)使用未经专业监理工程师验收或验收不合格的材料、构配件、设备,或擅自使用未经审查认可的代用材料的。

(5)工序施工完成后,未经监理机构验收或验收不合格而擅自进行下一道工序施工的。

(6)隐蔽工程未经专业监理工程师验收确认合格而擅自隐蔽的。

(7)在施工中出现质量异常情况,经监理机构指出后,承包单位未采取有效的改正措施或措施不力、效果不好仍继续作业的。

(8)已发生质量事故但迟迟不按监理机构的要求进行处理的;已发现质量隐患或发生质量事故,如不停工则质量隐患、质量事故将继续发展的;已发生质量事故,承包单位隐瞒不报,私自处理的。

项目5　质量控制资料

一、施工组织设计(专项施工方案)报审表

1. 施工组织设计(专项施工方案)报审的程序

(1)在工程项目开工前约定的时间(一般为7 d)内,承包单位必须完成施工组织设计(专项施工方案)的编制和自审工作,并填写施工组织设计(专项施工方案)报审表。

(2)总监理工程师应在约定的时间(一般为7 d)内组织专业监理工程师审查,提出意见后由总监理工程师审核、签认。需要承包单位修改时,由总监理工程师签发书面意见,退回承包单位修改后再报,然后由总监理工程师组织专业监理工程师重新审核、签认。

(3)审核、签认的施工组织设计(专项施工方案)由项目监理机构报建设单位。

(4)承包单位应按审定的施工组织设计(专项施工方案)文件组织施工,如需对其内容进行较大的变更,应在实施前将变更内容用此表报送项目监理机构审核、签认。

(5)规模大、结构复杂或采用新结构、特种结构的工程,项目监理机构对其施工组织设计(专项施工方案)进行审查后,还应报送监理单位技术负责人审查,提出审查意见后由总监理工程师签发,必要时应与建设单位协商,组织有关专业部门和有关专家会审。

(6)规模大、工艺复杂的工程,群体工程或分期出图的工程,经建设单位批准后,可分阶段报审施工组织设计(专项施工方案)。

(7)技术复杂、重点部位、关键工序或采用新材料、新工艺、新技术、新设备的分项、分部工程,承包单位还应编制分项、分部工程的施工方案,填报施工方案报审表报项目监理机构审核。

2. 施工组织设计(专项施工方案)报审表的填写要求

(1)工程项目开工前,总监理工程师应组织专业监理工程师审查承包单位报送的施工组织设计(专项施工方案)报审表,提出审查意见,并经总监理工程师审核、签认后报建设单位。施工组织设计(专项施工方案)报审表应符合《建设工程监理规范》(GB/T 50319—2013)附录A2表的格式。

(2)施工组织设计(专项施工方案)可根据工程实际分为施工组织总设计、单位工程施工组织设计和施工方案。

①施工组织总设计一般包括工程概况和施工特点,项目管理机构,施工部署和主要项目施工方案,施工总进度计划,全场性的施工准备工作计划,施工资源总需要量计划,施工总平面图和各项技术经济指标等。

②单位工程施工组织设计一般包括工程概况和施工特点，项目管理机构，施工方案选择，施工进度计划，施工准备工作计划，劳动力、材料、构件、加工品、施工机械和机具等需要量计划，施工平面图，保证质量、安全、雨季施工和降低成本的技术组织措施，各项技术经济指标等。一般常见的建筑结构类型和规模不大的单位工程，施工组织设计可编制得简单一些。

③施工方案分为重点部位、关键工序或技术复杂的分项、分部工程施工方案，采用新材料、新工艺、新技术、新设备的施工方案等。施工方案的内容一般包括施工程序和顺序，施工起点和流向，主要分项、分部工程施工方案和施工机械的选择，技术、质量保证措施等。

3. 施工组织设计（专项施工方案）报审表的形式

施工组织设计（专项施工方案）报审表见表3-11。

表3-11　施工组织设计（专项施工方案）报审表

工程名称：××工程　　　　　　　　　　　　编号：××

<table>
<tr><td colspan="4">致××（监理单位）：
我方已根据施工合同的约定完成了××工程施工组织设计（专项施工方案）的编制，并经我单位技术负责人审查批准，请予以审查。
附：施工组织设计（专项施工方案）

施工单位（章）：××
项目经理：××
日期：××××年××月××日</td></tr>
<tr><td>项目监理机构签收人姓名和时间</td><td></td><td>施工单位签收人姓名和时间</td><td></td></tr>
<tr><td colspan="4">专业监理工程师审核意见：
施工组织设计（专项施工方案）合理、可行，且审批手续齐全，拟同意承包单位按该施工组织设计（专项施工方案）组织施工，请总监理工程师审核。

专业监理工程师：××
日期：××××年××月××日</td></tr>
<tr><td colspan="4">总工程师审核意见：
同意承包单位按该施工组织设计（专项施工方案）组织施工。

项目监理机构（章）：××
总监理工程师：××
日期：××××年××月××日</td></tr>
</table>

二、施工测量放线报验申请表

1. 施工测量放线的审查程序

（1）承包单位在测量放线完毕后应进行自检，合格后填写施工测量放线报验申请表，并附上测量放线依据材料和放线成果，报送项目监理机构。

（2）专业监理工程师对施工测量放线报验申请表及其附件进行审核，并应实地检验放线精度是否符合规范、标准的要求，经审核、查验后签认施工测量放线报验申请表，并在基槽和各层放线测量、复测记录上签字、盖章。

2. 施工测量放线报验申请表的填写要求

（1）工程或部位名称。工程定位测量填写工程名称，轴线、标高测量填写所测量项目部位的名称。

（2）放线内容。填写测量放线工作内容的名称，如轴线测量、标高测量等。

（3）专职测量人员。填写承担测量放线工作的专职测量人员及其岗位证书编号。

（4）备注。填写施工测量放线使用的测量仪器的名称、型号、编号。

（5）测量放线依据材料和放线成果。测量放线依据材料指施工测量方案、建设单位提供的红线桩标准点等材料；放线成果指承包单位测量放线所放出的控制线和施工测量放线记录表。测量放线依据材料应经项目监理机构确认。

3. 施工测量放线报验申请表的形式

施工测量放线报验申请表的形式见表 3-12。

表 3-12　施工测量放线报验申请表

工程名称：__________　　　　编号：__________

<table>
<tr><td colspan="4">致______（监理单位）：
我单位已完成______（工程或部位）的放线工作，自查合格，请予查验，并呈报相应的资料。

施工单位（章）：
项目经理：
日期：</td></tr>
<tr><td>工程或部位名称</td><td>放线内容</td><td>专职测量人员</td><td>备注</td></tr>
<tr><td></td><td></td><td></td><td></td></tr>
<tr><td colspan="4">测量放线依据材料和放线成果：

施工单位（章）：
项目经理：
日期：</td></tr>
</table>

三、工程材料/构配件/设备报审表

1. 工程材料/构配件/设备报审的程序

(1)承包单位应对拟进场的工程材料按有关规定进行自检和复试,对构配件进行自检,对设备进行开箱检查,符合要求后填写工程材料/构配件/设备报审表,并附上清单、质量证明文件和自检报告报项目监理机构。

(2)专业监理工程师应对承包单位报送的工程材料/构配件/设备报审表和质量证明文件等资料进行审核,并应对拟进场的工程材料、构配件和设备实物按照委托监理合同的约定或有关工程质量管理文件规定的比例进行见证取样送检,见证取样送检情况应记录在监理日志中。

(3)进口工程材料、构配件和设备应按照事先约定,由建设单位、承包单位、供货单位、项目监理机构和其他有关单位进行联合检查,并将检查情况、结果整理成纪要,由有关各方代表签字。

(4)经专业监理工程师验收合格后,签认工程材料/构配件/设备报审表,对未经专业监理工程师验收或验收不合格的工程材料、构配件和设备,专业监理工程师应拒绝签认,并应签发监理工程师通知单,书面通知承包单位限期运出现场。

2. 工程材料/构配件/设备报审表的填写要求

(1)"拟用于下述部位:_____"横线处填写工程材料、构配件、设备拟用于工程的具体部位。

(2)工程材料/构配件/设备清单按括号内所列内容以表格的形式填报。

(3)工程材料/构配件/设备质量证明文件指生产单位提供的证明工程材料/构配件/设备质量合格的资料。

3. 工程材料/构配件/设备报审表的形式

工程材料/构配件/设备报审表的形式见表3-13。

表3-13　工程材料/构配件/设备报审表

工程名称:__________　　　　　　　　　　　　　编号:___________

致______(监理单位): 我方于___年___月___日进场的工程材料/构配件/设备数量如下(见附件)。现将质量证明文件和自检报告报上。拟用于下述部位:_____。请予以审核。 附件: 1. 工程材料/构配件/设备清单(名称、产地、规格、数量) 2. 工程材料/构配件/设备质量证明文件 3. 试验报告(复试报告) 施工单位(章): 项目经理: 日期:

续表

项目监理机构签收人姓名和时间		施工单位签收人姓名和时间	
监理工程师审核意见： 项目监理机构（章）： 总监理工程师： 日期：			

四、工程报验申请表

1. 工程报验的审查程序

（1）承包单位按合同约定的验收单元施工完毕，自检合格后报请项目监理机构检查验收。

（2）报验时，任一验收单元未经项目监理机构验收确认不得进入下一道工序。

2. 工程报验申请表的填写要求

（1）审核意见。专业监理工程师对所报隐蔽工程、检验批、分项工程资料认真核查，确认资料是否齐全、填报是否符合要求，并根据现场实地检查情况按表式项目签署审核意见，分部工程由总监理工程师组织验收，并签署验收意见。

（2）分包单位的报验资料必须经总包单位审核后方可向监理单位报验。因此相关部位的签名必须由总包单位的相应人员签署。

3. 工程报验申请表的形式

工程报验申请表（通用）的形式见表 3-14。

表 3-14　工程报验申请表（通用）

工程名称：__________　　　　　　编号：__________

致______（监理单位）： 兹报验： 验收时间： 本次报验为第___次报验，本项目经理部已完成自检工作且资料完整，并呈报相应的资料。   施工单位（章）： 项目经理： 日期：

续表

项目监理机构签收人姓名和时间		施工单位签收人姓名和时间	
专业监理工程师审核意见： 专业监理工程师（章）： 日期：			
总工程师审核意见： 项目监理机构（章）： 总监理工程师： 日期：			

五、不合格项处置记录

监理工程师在隐蔽工程验收和检验批验收中，针对不合格的工程填写不合格项处置记录，并监督施工单位整改。不合格项处置记录的形式见表3-15，其填写要求如下。

（1）“你单位在______施工时发生”横线处填写不合格项发生的具体部位。

（2）“发生严重□/一般□不合格项”处根据不合格项的情况来判定其性质，当发生严重不合格项时，在“严重”后的选框内画“√”；当发生一般不合格项时，在“一般”后的选框内画“√”。

（3）“具体情况”处由监理单位签发人填写不合格项的具体内容，并在“自行整改”或“整改后报我方验收”前的选框内画“√”。

（4）“签发单位”处应填写监理单位的名称。

（5）“签发人”处应由签发该表的监理工程师或总监理工程师签字。

（6）“不合格项整改措施”处由整改方填写具体的整改措施。

（7）“整改期限”处填写整改方要求不合格项整改完成的时间。

（8）“整改责任人”处一般由不合格项所在工序的施工负责人签字。

（9）“单位负责人”处由整改责任人签字。

（10）“不合格项整改结果”处填写整改的结果，并向签发单位提出验收申请。

（11）“整改结论”处由监理工程师根据不合格项整改验收情况填写。

（12）“验收单位”为签发单位，即监理单位。

（13）“验收人”处由签发人，即监理工程师或总监理工程师签字。

表 3-15　不合格项处置记录

工程名称：＿＿＿＿＿　　　　　　　　　　　　　　　　　　　　　　编号：＿＿＿＿＿

不合格项发生部位与原因： 致＿＿＿（施工单位）： 由于以下情况的发生，你单位在＿＿＿施工时发生严重□/一般□不合格项，请及时采取措施予以整改。 具体情况： □自行整改　　□整改后报我方验收 签发单位：＿＿＿＿监理公司　　签发人（签字）：＿＿＿＿　　日期：＿＿年＿＿月＿＿日
不合格项整改措施： 整改期限：＿＿年＿＿月＿＿日前完成。 整改责任人（签字）：＿＿＿＿＿　　单位负责人（签字）：＿＿＿＿
不合格项整改结果： 致＿＿＿监理公司（签发单位）： 根据你方指示，我方已完成整改，请予以验收。 单位负责人（签字）：＿＿＿＿＿　　日期：＿＿年＿＿月＿＿日
整改结论： 验收单位：＿＿＿＿＿监理公司　验收人（签字）：＿＿＿＿　　日期：＿＿年＿＿月＿＿日

六、工程竣工报验单

1. 工程竣工报验的程序

（1）单位（子单位）工程完成后，承包单位要依据质量标准、设计图纸等组织有关人员自检，并对检测结果进行评定，符合要求的填写工程竣工报验单并附工程验收报告和完整的质量资料报送项目监理机构，申请竣工预验收。

（2）总监理工程师组织各专业监理工程师对竣工资料进行核查：构成单位工程的各分部工程均已验收，且质量验收合格；按《建筑工程施工质量验收统一标准》和相关专业质量验收规范的规定，相关资料文件完整。

（3）涉及安全和使用功能的分部工程检验资料，按《建筑工程施工质量验收统一标准》附录 G 表 G.0.1-3 逐项复查。不仅要全面检查其完整性，而且对分部工程验收时补充进行的见证抽样检验的报告也要复查。

（4）总监理工程师应组织各专业监理工程师会同承包单位对各专业的工程质量进行全面检查、检测，按《建筑工程施工质量验收统一标准》进行观感质量检查，若发现影响竣工验收的问题，签发工程质量整改通知，要求承包单位整改。承包单位整改完成后，填报监理工程师通知回复单，由专业监理工程师进行复查，直至符合要求。

（5）对需要进行功能试验（包括单机试车和无负荷试车）的工程项目，专业监理工程师应督促承包单位及时进行试验，并对重要项目进行现场监督检查，必要时请建设单位和设计单位参加。

（6）专业监理工程师应督促承包单位做好成品保护和现场清理工作。

（7）项目监理机构对竣工资料和实物进行全面检查，验收合格后由总监理工程师签署工程竣工报验单和竣工报告。

（8）竣工报告经总监理工程师、监理单位法定代表人签字并加盖监理单位公章后，施工单位向建设单位申请竣工。

（9）总监理工程师组织专业监理工程师编写质量评估报告，经总监理工程师、监理单位技术负责人签字并加盖监理单位公章后报建设单位。

2. 工程竣工报验单的填写要求

（1）工程名称。工程名称指施工合同签订的达到竣工要求的工程的名称。

（2）附件。附件指用于证明工程按合同约定完成并符合竣工验收要求的全部竣工资料。

（3）审查意见。总监理工程师组织专业监理工程师按现行的单位（子单位）工程竣工验收的有关规定逐项进行核查，并对工程质量进行预验收，根据核查和预验收结果给出“符合要求”或“不符合要求”的意见，并列出不合格项的清单和整改要求。

3. 工程竣工报验单的形式

工程竣工报验单的形式见表 3-16。

表 3-16　工程竣工报验单

工程名称：__________　　　　编号：__________

致______（监理单位）： 我方已按合同要求完成了__________工程，经自检合格，请予以检查和验收。 附件： 承包单位（章）： 项目经理： 日期：
审查意见： 项目监理机构（章）： 总监理工程师： 日期：

七、工程质量/安全（事故）报告单

建设工程发生质量/安全事故后，施工单位必须向上级主管部门报告，同时必须向项目监理机构报告，并应就工程质量/安全事故的有关情况填写工程质量/安全（事故）报告单。

工程质量/安全(事故)报告单的形式见表3-17,其填写要求如下。

(1)工程名称、事故部位、事故性质要填写具体、清楚。

(2)应预计损失费用,写清数量、金额。

(3)简述事故过程应本着实事求是的原则,严禁弄虚作假。

(4)分析原因,提出处理意见,并由技术负责人签字。

表3-17　工程质量/安全(事故)报告单

工程名称:__________　　　　编号:__________

<table>
<tr><td colspan="4">致______(监理单位):
___年___月___日___时,在___发生___工程质量/安全(事故),报告如下:
经过、原因初步分析和处理意见。
我单位于___年___月___日___时在___施工中发生工程质量/安全(事故),经检查发现______,其原因为______,拟采取______处理方案,现报监理机构,待有关方面共同进行现场调查后再另报调查报告。</td></tr>
<tr><td>项目监理机构签收人姓名和时间</td><td></td><td>施工单位签收人姓名和时间</td><td></td></tr>
<tr><td colspan="4">施工单位(章):
项目经理:
日期:</td></tr>
</table>

八、工程质量/安全(事故)技术处理方案报审表

工程质量/安全(事故)技术处理方案是工程发生质量/安全事故后,施工单位人员对工程质量/安全事故进行初步调查了解和现场勘察所形成的记录。在此基础上提出处理方案,并报项目监理机构审查、确认和批复。

工程质量/安全(事故)技术处理方案报审表的形式见表3-18,其填写要求如下。

(1)应注明工程名称,调查时间、地点、参加人员及其所属单位、联系方式等。

(2)填写工程质量/安全事故发生的时间、具体部位、原因等,并初步估计造成的损失。

(3)附件。附件包括工程质量/安全(事故)报告单、工程质量/安全(事故)技术处理方案。应采用影像的形式真实记录现场情况,作为分析事故的依据。

表3-18　工程质量/安全(事故)技术处理方案报审表

工程名称:__________　　　　编号:__________

<table>
<tr><td>致______(监理单位):
___年___月___日___时,在___发生___工程质量/安全(事故),我单位于___年___月___日___时提交“工程质量/安全(事故)报告单”,现上报处理方案,请予审查。</td></tr>
</table>

续表

<table>
<tr><td colspan="3">附件：
1. 工程质量/安全(事故)报告单
2. 工程质量/安全(事故)技术处理方案

施工单位(章)：
项目经理：
日期：</td></tr>
<tr><td>设计单位审查意见：
设计单位(章)：
结构工程师或建筑师：
日期：</td><td>项目监理机构审查意见：
项目监理机构(章)：
总/专业监理工程师：
日期：</td><td>有关部门意见：
有关部门(章)：
代表：
日期：</td></tr>
</table>

九、监理抽检记录表

监理抽检记录表的形式见表 3-19，其填写要求如下。

(1)检查项目。监理工程师对施工质量或材料、设备、工艺等有疑问时，可以随时进行抽检。

(2)检查部位。对施工单位已完成的或正在进行的工序进行检查，一般情况下在施工单位完成自检后进行。

(3)检查数量。按照规范规定的频率进行抽检。

(4)检查结果。监理工程师在抽检过程中如发现有不合格项，在"不合格"选框内画"√"，无质量问题则在"合格"选框内画"√"。

(5)处置意见。通知施工单位进行整改并进行复检，直到合格为止。

表 3-19　监理抽检记录表

工程名称：________　　　　编号：________

<table>
<tr><td>地点</td><td></td><td>抽检时间</td><td></td></tr>
<tr><td colspan="4">检查项目：</td></tr>
<tr><td colspan="4">检查部位：</td></tr>
<tr><td colspan="4">检查数量：</td></tr>
<tr><td colspan="4">检查结果：　　□合格　　□不合格</td></tr>
<tr><td colspan="4">处置意见：

监理单位(章)：
总/专业监理工程师：
日期：</td></tr>
</table>

十、检验批(分项工程)质量验收记录

监理工程师在旁站、巡视、平行监理时或对工程质量有疑问时,可以随时进行抽验并填写检验批、分项工程质量验收记录(记录表格见本书模块四项目5)。检验批、分项工程质量验收记录可以作为监理工程师对检验批、分项工程进行质量验收和对工程质量进行评价的依据。

项目6　造价控制资料

一、工程款支付申请表

工程款支付申请表的形式见表3-20,其填写要求如下。

(1)“我方本期已完成_______工作”横线处填写经专业监理工程师验收合格的工程,“工程量为_______万元”横线处填写本支付期内经专业监理工程师验收合格的工程的工作量。

(2)工程量报审表(工程量清单),指本次申请付款的经专业监理工程师验收合格的工程的工程量清单统计报表。

(3)计算方法。以专业监理工程师签认的工程量,按施工合同的约定采用有关定额或其他计价方法的单价计算工程价款。

(4)根据施工合同,需建设单位支付工程预付款的,采用此表向监理机构申请支付。

(5)如有其他与付款有关的证明文件和资料,应附上。

表3-20　工程款支付申请表

工程名称:__________　　　　编号:__________

致_____(监理单位): 我方本期已完成_____工作,工程量为_____万元,按施工合同的规定,本期申请支付该项工程款(大写)_____万元,(小写:_____)。现报上工程款支付申请表及其附件,请予以审查并开具工程款支付证书。 附件: 1. 工程量报审表 2. 计算方法 施工单位(章): 项目经理: 日期:

二、工程款支付证书

工程款支付证书是项目监理机构在收到承包单位的工程款支付申请表后，根据施工合同和有关规定审查、复核后签署的应向承包单位支付工程款的证明文件。工程款支付证书的形式见表3-21，其填写要求如下。

（1）建设单位，指建筑施工合同中的发包人。

（2）承包单位申报款，指承包单位向监理机构提交的工程款支付申请表中申报的工程款额。

（3）经审核承包单位应得款，指承包单位向监理机构提交的工程款支付申请表经审核后核定的工程款额，包括合同内工程款、工程变更增减费用、经批准的索赔费用等。

（4）本期应扣款，是施工合同约定本期应扣除的预付款、保留金和其他应扣除的工程款的总和。

（5）本期应付款，是经审核承包单位应得款额减去本期应扣款额的余额。

（6）承包单位工程款支付申请表及其附件，指承包单位向监理机构提交的工程款支付申请表及其附件。

（7）项目监理机构审查记录，指总监理工程师指定专业监理工程师对承包单位向监理机构提交的工程款支付申请表及其附件进行审查的记录。

（8）总监理工程师指定专业监理工程师对工程款支付申请表中的合同内工程款，工程变更增减费用，经批准的索赔费用，应扣除的预付款、保留金和施工合同约定的其他支付费用等项目进行逐项审核，并填写审查记录，提出审查意见，报总监理工程师审核、签认。

表3-21　工程款支付证书

工程名称：__________　　　　编号：__________

致______（监理单位）： 根据施工合同的规定，经审核______（承包单位）的付款申请和报表，并扣除有关款项，同意支付本期工程款共（大写）万元，（小写：_____）。请按合同规定及时付款。 其中： 1. 承包单位申报款为 2. 经审核承包单位应得款为 3. 本期应扣款为 4. 本期应付款为 附件： 1. 承包单位工程款支付申请表及其附件 2. 项目监理机构审查记录

续表

   项目监理机构(章): 监理工程师(签字):　　　　　　　　　　日期: 总监理工程师(签字):　　　　　　　　　日期:

三、工程变更费用报审表

工程变更费用报审表的形式见表 3-22,其填写要求如下。

(1)施工单位根据工程变更单完成的工程量填写工程变更费用报审表并报项目监理机构审查。工程变更一般指施工条件和设计的变更,根据国际咨询工程师联合会制定的《FIDIC 土木工程施工合同条件》,工程变更通常有下列几种情况。

①增加或减少合同中所包括的任何工作的数量。

②省略任何工作,但被省略的工作由业主或其他承包商实施的除外。

③改变任何工作的性质、质量或类型。

④改变工程任何部分的标高、基线、位置或尺寸。

⑤工程竣工必需的任何种类的附加工作。

⑥改变工程任何部分的施工顺序或时间安排。

(2)工程变更由业主提出的,相应的费用由业主承担;由于客观条件(如施工条件、天气等)的影响而产生的,在合同规定的范围内的按合同的规定处理,否则应由双方协商解决。在明确费用承担者的情况下,要尽可能准确地统计已造成的损失和变更后可能带来的损失。经双方协商同意的工程变更,应有书面材料作为正式文件,涉及设计变更(如丙类设计变更)的,还必须有设计单位的意见,以此作为工程价款结算的依据。

表 3-22　工程变更费用报审表

工程名称:__________　　　　　　　　　　　　　　　　　　　　编号:__________

致______(监理单位): 兹报审__年__月__日第__号工程变更,申请费用见附件,请审核。 附件:工程变更预算书   施工单位(章): 项目经理: 日期:

续表

审查意见： 该变更费用经审核数据□正确/ □不正确，□同意/ □不同意列入合同工程价款。 项目监理机构(章)： 总监理工程师： 日期：

四、工程竣工结算审核意见书

工程竣工结算审核意见书是总监理工程师签发的工程竣工结算文件或提出的对工程竣工结算合同争议的处理意见。

工程竣工结算审查应在工程竣工报告确认后依据施工合同和有关规定进行，审查程序应符合《建设工程监理规范》(GB/T 50319—2013)的规定，当建设单位和承包单位对工程竣工结算的价款总额无法协商一致时，应按《建设工程监理规范》中的相关规定处理，并提出工程竣工结算合同争议处理意见。

工程竣工结算审核意见书的封面如图 3-5 所示，基本内容如下。

(1)合同工程价款、工程变更价款、费用索赔合计金额、依据合同施工单位应得的其他款项。

(2)工程竣工结算的价款总额。

(3)建设单位已支付的工程款、建设单位对施工单位的费用索赔合计金额、质量保修金额、依据合同应扣承包单位的其他款项。

(4)建设单位应支付金额。

________________工程 工程竣工结算审核意见书 总监理工程师：____________ 公司技术负责人：__________ 监理单位(章)：___________ 日期：_____年_____月_____日

图 3-5　工程竣工结算审核意见书的封面

项目 7　分包资质资料

一、分包单位资格报审表

1. 分包单位资格的审查程序

(1)承包单位应在工程开工前或拟分包的分项、分部工程开工前填写分包单位资格报审表,附上经自审认可的分包单位的有关资料,报项目监理机构审核。

(2)项目监理机构应在施工合同规定的期限内完成审批工作或提出进一步补充有关资料。

(3)项目监理机构和建设单位认为必要时,可会同承包单位对分包单位进行实地考察,以验证分包单位的有关资料的真实性。

(4)当分包单位的资格符合有关规定并满足工程需要时,由总监理工程师签发分包单位资格报审表予以确认。

(5)签订分包合同后,承包单位将分包合同报项目监理机构备案。

2. 分包单位资格报审表的填写要求

(1)分包单位。填写所报分包单位企业法人营业执照上的全称。

(2)分包单位资质材料。它指按住房和城乡建设部颁布的《建筑业企业资质管理规定》,经建设行政主管部门进行资质审查核发的具有相应专业承包企业资质和建筑业劳务分包企业资质的企业的建筑业企业资质证书(复印件)和企业法人营业执照(副本)。

(3)分包单位业绩材料。它指分包单位近三年完成的与分包工程工作内容类似的工程及其质量。

(4)分包工程名称(部位)。它指拟分包给所报分包单位的工程的名称(部位)。

(5)工程数量。它指分包工程的工作量(工程量)。

(6)拟分包工程合同额。它指在拟签订的分包合同中签订的金额。

(7)分包工程占全部工程。它指分包工程工作量占全部工程工作量的百分比。

(8)专业监理工程师审查意见。专业监理工程师应对承包单位所报材料逐一审核,如认定该分包单位具备分包条件,则批复"该分包单位具备分包条件,拟同意分包,请总监理工程师审核";如认为该分包单位不具备分包条件,应简要指出其不符合条件之处,并签署"拟不同意分包,请总监理工程师审查"的意见。

(9)总监理工程师审批意见。总监理工程师对专业监理工程师的审查意见、考察报告进行审核,如同意专业监理工程师审查意见,签署"同意分包"的意见;如不同意专业监理工程师审查意见,应简要说明与专业监理工程师审查意见的不同之处,并签署是否同意分包的意见。

3. 分包单位资格报审表的形式

分包单位资格报审表的形式见表 3-23。

表 3-23　分包单位资格报审表

工程名称：__________　　　　　　　　　　　　　　　　　　　　　　　　编号：__________

<table>
<tr><td colspan="4">致______（监理单位）：
经考察，我方认为拟选择的______安装工程公司（分包单位）具有承担下列工程的施工资质和施工能力，可以保证本工程项目按合同的规定进行施工。分包后，我方仍承担总包单位的全部责任。请予以审查和批准。
附件：
1. 分包单位资质材料，建筑业企业资质证书（复印件）、企业法人营业执照（副本）
2. 分包单位业绩材料，近三年完成的与分包工程工作内容类似的工程及其质量</td></tr>
<tr><td>分包工程名称（部位）</td><td>工程数量</td><td>拟分包工程合同额</td><td>分包工程占全部工程</td></tr>
<tr><td></td><td></td><td></td><td></td></tr>
<tr><td></td><td></td><td></td><td></td></tr>
<tr><td>合计</td><td></td><td></td><td></td></tr>
<tr><td colspan="4">施工单位（章）：
项目经理：
日期：</td></tr>
<tr><td>项目监理机构签收人姓名和时间</td><td></td><td>施工单位签收人姓名和时间</td><td></td></tr>
<tr><td colspan="4">专业监理工程师审查意见：
专业监理工程师：
日期：</td></tr>
<tr><td colspan="4">总监理工程师审批意见：
项目监理机构（章）：
总监理工程师：
日期：</td></tr>
</table>

二、实验室资格报审表

实验室资格报审表的形式见表 3-24，其填写要求如下。

（1）实验室名称填写所报实验室企业法人营业执照上的全称。

（2）附件，包括：①实验室的资质等级和试验范围；②法定计量部门对实验室出具的计量检定证明；③实验室管理制度；④试验人员的资格证书；⑤本工程的试验项目及其要求。

（3）专业监理工程师审查意见。专业监理工程师应对承包单位所报材料逐一审核，如认定该实验室符合要求,则批复“同意,请总监理工程师审核”;如认为该实验室不符合要求,应简要指出不符合要求之处,并签署“不同意,请总监理工程师审查”的意见。

(4)总监理工程师审批意见。总监理工程师对专业监理工程师的审查意见、考察报告进行审核,如同意专业监理工程师的意见,则签署“同意”的意见;如不同意专业监理工程师的意见,则应简要指明与专业监理工程师审查意见的不同之处,并签署是否同意分包的意见。

表 3-24　实验室资格报审表

工程名称:__________　　　　　　　　　　　　　　编号:__________

<table>
<tr><td colspan="4">致______(监理单位):
根据工程需要,我方拟选择_____(实验室)承担本工程的试验(检验)工作。请予以审查和批准。
附件:
1. 实验室的资质等级和试验范围
2. 法定计量部门对实验室出具的计量检定证明
3. 实验室管理制度
4. 试验人员的资格证书
5. 本工程的试验项目及其要求

施工单位(章):
项目经理:
日期:</td></tr>
<tr><td>项目监理机构签收人姓名和时间</td><td></td><td>施工单位签收人姓名和时间</td><td></td></tr>
<tr><td colspan="4">专业监理工程师审查意见:

专业监理工程师:
日期:</td></tr>
<tr><td colspan="4">总监理工程师审批意见:

项目监理机构(章):
总监理工程师:
日期:</td></tr>
</table>

项目8　合同管理资料

一、工程临时延期申请表

1. 工程临时延期的审查程序

(1)承包单位在施工合同规定的期限内向项目监理机构提交对建设单位的延期(工期索赔)意向通知书。

(2)总监理工程师指定专业监理工程师收集与延期有关的资料。

(3)承包单位在承包合同规定的期限内向项目监理机构提交工程临时延期申请表。

(4)总监理工程师指定专业监理工程师初步审查工程临时延期申请表是否符合有关规定。

(5)总监理工程师进行延期核查,并在初步确定延期时间后与承包单位和建设单位协商。

(6)监理工程师在施工合同规定的期限内签发工程临时延期审批表,或在施工合同规定的期限内发出要求承包单位进一步提交有关延期的详细资料的通知,待收到承包单位补交的详细资料后按上述第(4)、(5)步进行。

2. 工程临时延期申请表的填写要求

(1)工程临时延期报审是在发生了施工合同约定的由建设单位承担责任的延长工期事件后,承包单位提出工期索赔,并报项目监理机构审核、确认。

(2)总监理工程师在签认工程延期前应与建设单位、承包单位协商,宜与费用索赔一并考虑处理。

(3)总监理工程师应在施工合同约定的期限内签发工程临时延期审批表,或发出要求承包单位进一步提交有关延期的详细资料的通知。

(4)临时批准延期时间不能长于最终批准延期时间。

(5)"根据施工合同______条的规定"横线处填写提出工期索赔所依据的施工合同条款。

(6)"由于____原因"横线处填写导致工程延期的事件。

(7)工程延期的依据和工期计算。它指工期索赔所依据的施工合同条款、导致工程延期的事实、工程拖延的计算方式和过程。

(8)合同竣工日期。它指建设单位与承包单位签订的施工合同中确定的竣工日期或已最终批准的竣工日期。

(9)申请延后竣工日期。它指本次申请延长工期后的竣工日期。

（10）证明材料。它指所有能证明本次申请延长工期不是因为承包单位的原因的材料。

（11）可能导致工程延期的原因有：①监理工程师发出工程变更指令导致工程量增加；②施工合同中规定的可能造成工程延期的原因，如延期交图、工程暂停、不利的外界条件等；③异常恶劣的气候条件；④由建设单位造成的任何延误、干扰或障碍等，如未及时提供场地、未及时付款等；⑤施工合同中规定的承包单位以外的任何原因。

3. 工程临时延期申请表的形式

工程临时延期申请表的形式见表 3-25。

表 3-25　工程临时延期申请表

工程名称：__________　　编号：__________

致______（监理单位）： 根据施工合同___条的规定，由于________原因，我方申请工程延期，请予以批准。 附件： 1. 工程延期的依据和工期计算 （1）资金周转困难，工程材料不能及时到位 （2）合同中的相关约定 （3）影响施工进度的网络计划 合同竣工日期：____年____月____日 申请延后竣工日期：____年____月____日 2. 证明材料（略） 承包单位（章）： 项目经理： 日期：

二、工程临时延期审批表

工程临时延期审批表的形式见表 3-26，其填写要求如下。

（1）工程临时延期报审是在发生了施工合同约定的由建设单位承担责任的延长工期事件后，承包单位提出工期索赔，并报项目监理机构审核确定。

（2）总监理工程师在签认工程延期前应与建设单位、承包单位协商，宜与费用索赔一并考虑处理。

（3）总监理工程师应在施工合同约定的期限内签发工程临时延期审批表，或发出要求承包单位进一步提交有关延期的详细资料的通知。

（4）临时批准延期时间不能长于最终批准延期时间。

（5）“根据施工合同________条的规定”横线处填写处理本次申请延长工期所依据的施工合同条款。

（6）“（第______号）”横线处填写承包单位提交的工程临时延期申请表的编号。

(7)竣工日期。它指建设单位与承包单位签订的施工合同中确定的竣工日期或已最终批准的竣工日期。

(8)审查意见。对承包单位提出的工程临时延期申请,专业监理工程师首先核实在延期事件发生后,承包单位是否在合同规定的有效期内以书面形式向专业监理工程师发出延期意向通知,其次审查承包单位在合同规定的有效期内向专业监理工程师提交的延期依据和延长工期的计算,最后及时对承包单位提交的延期报告进行调查核实,与监理同期记录进行核对、计算,并将审查情况报告总监理工程师。总监理工程师同意工程临时延期时在“暂时同意延长工期”前的“□”内画“√”,延期天数按核实天数计算;否则,在“不同意延长工期”前的“□”内画“√”。

(9)说明。它指总监理工程师同意或不同意工程临时延期的理由和依据。

(10)总监理工程师在进行工程临时延期审批时,不应认为其具有临时性而放松控制。

表 3-26　工程临时延期审批表

工程名称:＿＿＿＿＿　　　　　　　　　　　　　　　　　　　　编号:＿＿＿＿＿

致＿＿＿(施工单位): 根据施工合同＿＿条的规定,我方对你方提出的＿＿＿＿工程延期申请(第＿＿号)延长工期＿＿日历天的要求,经过审核评估: □暂时同意延长工期＿＿日历天。使竣工日期(包括已指令延长的工期)从原来的＿＿年＿＿月＿＿日延迟到＿＿年＿＿月＿＿日。请你方执行。 □不同意延长工期,请按约定的竣工日期组织施工。 说明: 项目监理机构(章): 总监理工程师: 日期:

三、费用索赔申请表

1. 费用索赔的审查程序

(1)承包单位在施工合同规定的期限(索赔事件发生后 28 d)内向项目监理机构发出对建设单位的费用索赔意向通知。

(2)总监理工程师指定专业监理工程师收集与索赔有关的资料,如各项记录、报表、文件、会议纪要等。

(3)承包单位在承包合同规定的期限(发出费用索赔意向通知后 28 d)内向项目监理机构提交对建设单位的费用索赔申请表。

(4)总监理工程师根据承包单位报送的费用索赔申请表安排专业监理工程师进行审查,若符合《建设工程监理规范》中规定的条件,予以受理。如果依法订立的施工合同中另有规定,按施工合同办理。

2. 费用索赔申请表的填写要求

(1)费用索赔申请是承包单位向建设单位提出费用索赔申请,报项目监理机构审查、确认和批复。

(2)"根据施工合同___条的规定"横线处填写提出费用索赔所依据的施工合同条款。

(3)"由于______原因"横线处填写导致费用索赔的事件。

(4)索赔的详细理由和经过。它是对不是由承包单位的责任而造成承包单位的直接经济损失的详细理由和经过的描述。

(5)索赔金额的计算。它具体指索赔金额计算书,索赔的费用一般包括人工费、设备费、材料费、管理费等。

(6)证明材料。它指上述两项所需的各种证明材料,包括合同文件、监理工程师批准的施工进度计划、在合同履行过程中的来往函件、施工现场记录、工地会议纪要、工程照片、监理工程师发布的各种书面指令、工程进度款支付凭证、检查和试验记录、汇率变化表、各类财务凭证、其他有关资料。

3. 费用索赔申请表的形式

费用索赔申请表的形式见表 3-27。

表 3-27　费用索赔申请表

工程名称:__________　　　　编号:__________

致______(监理单位): 根据施工合同___条的规定,由于___________原因,我方索赔(大写)___元,请予以批准。 索赔的详细理由和经过: 索赔金额的计算: 附件: 1. 证明材料 2. 工程洽商记录和附图 承包单位(章): 项目经理: 日期:

四、费用索赔审批表

费用索赔审批表的形式见表 3-28,其填写要求如下。

(1)总监理工程师应在施工合同约定的期限内签发费用索赔审批表,或发出要求承包单位进一步提交有关费用索赔的详细资料的通知。

(2)"根据施工合同___条的规定"横线处填写提出费用索赔所依据的施工合同条款。

(3)"你方提出的_____费用索赔申请"横线处填写导致费用索赔的事件。

(4)审查意见。专业监理工程师首先核实在费用索赔事件发生后,承包单位是否在施工合同规定的期限(28 d)内向专业监理工程师递交费用索赔意向通知,若超过此期限,专业监理工程师和建设单位有权拒绝费用索赔要求；其次审核承包单位的费用索赔条件是否成立；最后审核承包单位报送的费用索赔申请表，包括索赔的详细理由和经过、索赔金额的计算和证明材料。若不满足费用索赔条件，专业监理工程师应在“不同意此项索赔”前的“□”内画“√”；若符合条件，专业监理工程师应在“同意此项索赔”前的“□”内画“√”，并就初定的索赔金额向总监理工程师报告，总监理工程师分别与承包单位、建设单位协商，达成一致。若承包单位对监理工程师的决定不认同，可按合同中的仲裁条款提交仲裁机构仲裁。

（5）同意/不同意索赔的理由。同意索赔的，应简要列出理由；不同意索赔或虽同意索赔但认为其中有不合理部分（如下列情况）的，应简要说明：①索赔事件不是建设单位或监理工程师的责任，而是其他第三方的责任；②建设单位和承包单位共同负有责任，承包单位必须划分和证明双方责任大小；③事实依据不足；④施工合同依据不足；⑤承包单位未遵守费用索赔意向通知的要求；⑥施工合同中的开脱责任条款已经免除了建设单位的补偿责任；⑦承包单位已经放弃索赔要求；⑧承包单位没有采取适当的措施避免或减少损失；⑨承包单位必须进一步提供证据；⑩损失计算夸大等。

（6）索赔金额的计算。它指专业监理工程师对批准的索赔金额的计算过程和方法。

（7）索赔成立应同时满足以下三个条件：①索赔事件造成了承包单位的直接经济损失；②索赔事件不是由承包单位的责任引起的；③承包单位按合同规定的期限和程序提交了索赔意向通知和费用索赔申请表，并附有证明材料。

表 3-28　费用索赔审批表

工程名称：__________　　　　　　　　　　　　　　　　　　　　编号：__________

致______（施工单位）： 根据施工合同___条的规定，你方提出的____________费用索赔申请（第__号）索赔（大写）______，经我方审核评估： □不同意此项索赔。 □同意此项索赔，金额为（大写）______。 同意/不同意索赔的理由： 索赔金额的计算： 项目监理机构（章）： 总监理工程师： 日期：

五、工程最终延期审批表

工程最终延期审批表的形式见表 3-29，其填写要求如下。

（1）工程最终延期审批是在影响工期的事件结束，承包单位提交的最后一个工程临时延期申请表被批准后，经项目监理机构详细地研究、评审影响工期的事件对工程总工期的影响批准的有效工程延期时间。

（2）总监理工程师在签认工程延期前应与建设单位、承包单位协商，宜与费用索赔一并考虑处理。

（3）“根据施工合同___条的规定”横线处填写本次延长工期所依据的施工合同条款。

（4）“（第___号）”横线处填写承包单位提交的最后一个工程临时延期申请表的编号。

（5）审查意见。在影响工期的事件结束，承包单位提交的最后一个工程临时延期申请表被批准后，总监理工程师应指定专业监理工程师复查工程最终延期和工程临时延期审批的全部情况，详细地研究、评审影响工期的事件对工程总工期的影响程度，应由建设单位承担的责任，承包单位所采取的减小延期事件的影响的措施等。根据复查结果，专业监理工程师提出同意延长工期的日历天数或不同意延长工期的意见，报总监理工程师审批。若不符合施工合同约定的工程延期条件或经计算影响最终工期，总监理工程师在“不同意延长工期”前的“□”内画“√”；需延长工期时，在“最终同意延长工期”前的“□”内画“√”。

（6）同意延长工期的日历天数。它指影响工期的事件使最终工期延长的总天数。

（7）原竣工日期。它指施工合同中确定的竣工日期或已批准的竣工日期。

（8）延迟的竣工日期。它是原竣工日期加上同意延长工期的日历天数后的日期。

（9）说明。详细说明本次影响工期的事件、工期拖延的事实、程度，本次延长工期所依据的施工合同条款，延长工期计算所采用的方法和计算过程等。

（10）工程的最终延期时间应是承包单位的最后一个工程临时延期批准的累计时间，但并不是每一个工程临时延期时间的累加。如果后面批准的工程临时延期包含前一个批准的工程临时延期的内容，则延期时间不能累计。

（11）工程延期审批的依据。承包单位申请延期成立并获得总监理工程师批准的依据如下：①工期拖延属实；②符合本工程施工合同的规定；③延期事件发生在工期网络计划图的关键线路上，即延期是有效、合理的；④延期天数计算正确，证据资料充足。

表 3-29 工程最终延期审批表

工程名称：__________　　　　编号：__________

致______（施工单位）： 根据施工合同_____条的规定，我方对你方提出的______________________工程延期申请（第______号）延长工期____日历天的要求，经过审核评估： □最终同意延长工期_______日历天。使竣工日期（包括已指令延长的工期）从原来的_____年____月____日延迟到_____年____月____日。请你方执行。 □不同意延长工期，请按约定的竣工日期组织施工。 说明： 项目监理机构（章）： 总监理工程师： 日期：

六、工程变更单

1. 工程变更的处理程序

(1)设计单位对原设计存在的缺陷提出的工程变更,应编制设计变更文件。建设单位或承包单位提出的工程变更,应提交总监理工程师,由总监理工程师组织专业监理工程师审查,经审查同意后,应由建设单位转交设计单位编制设计变更文件。当工程变更涉及安全、环保等内容时,应按规定经有关部门审定。

(2)项目监理机构应了解实际情况,并收集与工程变更有关的资料。

(3)总监理工程师必须根据实际情况、设计变更文件和其他有关资料,按照施工合同的有关条款,在指定专业监理工程师完成下列工作后,对工程变更费用和工期进行评估。

①确定工程变更项目与原工程项目之间的类似程度和难易程度。

②确定工程变更项目的工程量。

③确定工程变更的单价或总价。

(4)总监理工程师应就工程变更费用和工期的评估情况与承包单位和建设单位协商。

(5)总监理工程师签发工程变更单。工程变更单应包括工程变更要求、工程变更说明、工程变更费用和工期、必要的附件等内容,有设计变更文件的工程变更应附设计变更文件。

(6)项目监理机构应根据工程变更单监督承包单位实施。

2. 工程变更单的填写要求

(1)在施工过程中,建设单位、承包单位提出工程变更要求应报项目监理机构审核、确认。

(2)“由于_____原因”横线处填写引发工程的原因。

(3)“兹提出_____工程变更”横线处填写要求工程变更的部位和项目。

(4)附件应包括工程变更的详细内容、依据,工程变更对工程造价、工期的影响分析和影响程度,对工程项目功能、安全的影响分析,必要的附图等。

(5)提出单位。它指提出工程变更的单位。

(6)一致意见。它指项目监理机构与有关方面协商达成的一致意见。

(7)建设单位代表。它指建设单位派驻施工现场履行合同的代表。

(8)设计单位代表。它指设计单位派驻施工现场的设计代表、与工程变更内容有关专业的原设计人员、负责人。

(9)监理单位代表。它指项目总监理工程师。

(10)施工单位代表。它指项目经理。施工单位代表签字仅表示签认有关工期、费用的处理结果和收到工程变更单。

(11)所有工程变更必须经总监理工程师签发后,承包单位才可实施。

（12）建设单位或承包单位提出的工程变更应经总监理工程师审查。

（13）项目监理机构对工程变更费用和工期进行的评估只是作为与建设单位、承包单位协商的基础，没有建设单位的充分授权，项目监理机构无权确定工程变更的最终价格。

（14）当建设单位与承包单位未能就工程变更的价格等达成一致时，项目监理机构有权确定暂定价格来指令承包单位继续施工和便于工程进度款的支付。

3. 工程变更单的形式

工程变更单的形式见表 3-30。

表 3-30　工程变更单

工程名称：＿＿＿＿＿＿　　　　　　　　　　　　　　　　　　　编号：＿＿＿＿＿＿

<table>
<tr><td colspan="4">致＿＿＿（监理单位）：
由于＿＿＿＿＿＿＿原因，兹提出＿＿＿＿＿＿＿工程变更（内容见附件），请予以审批。
附件：

提出单位：＿＿＿＿
代表人：＿＿＿＿
日期：＿＿＿＿</td></tr>
<tr><td colspan="4">一致意见：</td></tr>
<tr><td>建设单位代表：
日期：</td><td>设计单位代表：
日期：</td><td>监理单位代表：
日期：</td><td>施工单位代表：
日期：</td></tr>
</table>

七、合同争议、违约报告和处理意见

工程在实施过程中出现合同争议时，项目监理机构为调解合同争议要达成（或提出）处理意见。合同争议处理意见由总监理工程师签字、盖章，并在施工合同约定的时间内送达建设单位和施工单位实施。

1. 合同争议的调解

（1）项目监理机构接到合同争议调解的要求后应进行以下工作。

①及时了解合同争议的全部情况，包括进行调查和取证。

②及时与合同争议的双方进行磋商。

③在项目监理机构提出调解方案后，由总监理工程师进行调解。

④当调解未能达成一致的处理意见时，总监理工程师应在施工合同规定的期限内提出该合同争议的处理意见。

⑤在调解过程中，除已达到施工合同规定的暂停履行合同的条件之外，项目监理机构应要求施工合同的双方继续履行施工合同。

（2）在总监理工程师签发合同争议处理意见后，若建设单位或承包单位在施工合同规定的期限内未对合同争议处理意见提出异议，在符合施工合同的前提下，此意见应成为最后的决定，双方必须执行。

(3)在合同争议的仲裁或诉讼过程中，项目监理机构接到仲裁机关或法院要求提供有关证据的通知后，应公正地向仲裁机关或法院提供与合同争议有关的证据。

2. 违约事件的处理

1)处理违约事件的原则

(1)在监理过程中应及时提醒有关各方，防止或减少违约事件的发生。

(2)对已发生的违约事件，要以事实为依据，以合同约定为准绳，公平处理。

(3)处理违约事件应在认真听取各方意见、与双方充分协商的基础上确定解决方案。

2)违约的认定

(1)当建设单位有下列事实之一时，项目监理机构可依据合同约定确认其违约。

①未按合同约定及时给出必要的指令、确认或批准。

②未按合同约定履行自己的义务。

③在合同约定的期限内，未根据项目监理机构签发的支付证书向承包单位支付工程款。

④其他使合同无法履行的行为。

(2)当承包单位有下列事实之一时，项目监理机构可依据合同约定确认其违约。

①不能按合同工期竣工。

②施工质量达不到合同的要求。

③其他使合同无法履行的行为。

3)处理违约事件的过程。

(1)受损失方向项目监理机构提出违约事件的申诉。

(2)监理工程师对违约事件进行调查、分析，提出处理方案。

(3)在与双方协商一致的基础上，评估工期和费用损失的数量，由总监理工程师签发并配备必要的凭证。

(4)建设单位或承包单位严重违约时，对方有权按合同约定提出全部或部分终止合同的要求，项目监理机构应予以受理，并妥善处理。

3. 合同争议(违约)处理意见书的封面

合同争议(违约)处理意见书的封面如图 3-6 所示。

________________工程

合同争议(违约)处理意见书

总监理工程师：____________

公司技术负责人：____________

监理单位(章)：____________

日期：____年____月____日

图 3-6 合同争议(违约)处理意见书的封面

八、合同变更资料

合同变更资料包括施工过程中建设单位与施工单位的合同补充协议和合同解除的有关资料。

(1)施工合同的解除必须符合法律程序。

(2)当因建设单位违约而导致施工合同最终解除时,项目监理机构应就承包单位按施工合同的规定应得的款项与建设单位和承包单位协商,按施工合同的规定从下列款项中确定承包单位应得的全部款项,并书面通知建设单位和承包单位。

①承包单位已完成的工程量表中所列的各项工作应得的款项。

②按批准的采购计划订购工程材料、设备、构配件的款项。

③承包单位撤离施工设备至原基地或其他目的地的合理费用。

④承包单位所有人员的合理遣返费用。

⑤合理的利润补偿。

⑥施工合同规定的建设单位应支付的违约金。

(3)由于承包单位违约导致施工合同终止的,项目监理机构应按下列程序清算承包单位的应得款项或偿还建设单位的相关款项,并书面通知建设单位和承包单位。

①清算承包单位按施工合同的规定实际完成的工作应得的款项和已经得到的款项。

②清算施工现场余留的材料、设备和临时工程的价值。

③对已完成的工程进行检查和验收,移交工程资料,清算该部分工程和修复质量缺陷等所需的费用。

④施工合同规定的承包单位应支付的违约金。

⑤总监理工程师按照施工合同的规定,在与建设单位和承包单位协商后,提交承包单位的应得款项或偿还建设单位的相关款项的书面证明。

(4)由于不可抗力或非建设单位、承包单位的原因导致施工合同终止的,项目监理机构应按施工合同的规定处理合同解除后的有关事宜。

项目 9　监理工作总结

一、监理工作总结的编制

监理工作总结的内容和编制要求如下。

(1)工程概况。主要介绍工程名称、工程地点、建筑工程施工许可证号、质量监督申报号、用地面积、建筑面积、建筑层数、建筑高度、建筑物功能、工程造价、工程类型、基础类型、结构类型、装修标准、门窗工程、楼地面工程、屋面工程、防水设防、暖卫工程、电气工程、通风与空调工程、电梯安装工程等基本概况，建设单位、勘察单位、设计单位、监理单位、承包单位（含分包单位）的名称，工程开工日期、竣工日期等内容。

（2）项目监理机构的组织机构、监理人员和投入的监理设施。主要介绍项目监理机构组织机构图、各专业监理人员一览表和监理设施（检测工具、计算机及其辅助设备、摄像器材等）的投入情况。

（3）委托监理合同履行情况。应对委托监理合同的履行情况进行总体概述，并详细描述质量、进度、投资监理目标的实现情况，建设单位提供的监理设施的归还情况。如在委托监理合同执行过程中出现纠纷，应叙述主要纠纷事实，并说明通过友好协商合理解决的情况。

（4）监理工作成效。着重叙述工程质量、进度、投资三大目标控制的完成情况，采取的措施和做法；监理过程中往来的文件、设计变更、报（审）表、命令、通知等的名称和份数，质保资料的名称和份数；独立抽查项目质量记录的份数；工程质量评定情况，合理化建议产生的实际效果等。

（5）施工过程中出现的问题及其处理情况和建议。视情况对施工过程中出现的问题及其处理情况和建议进行阐述。

（6）工程照片（有必要时）。可附上各阶段有代表性的照片，如开工前地貌照片、基础施工照片、主体施工照片、装饰装修施工照片和竣工照片（室内外），国家、省市重点工程、特大型工程、专业特种工程等应摄制声像材料。声像材料要能反映工程建设的全过程，如原貌、奠基、施工过程控制、竣工验收等内容，并应附有注明工程项目名称和声像内容的文字材料。

二、监理工作总结范本

监理工作总结范本的封面如图 3-7 所示。

____________工程

监理工作总结

总监理工程师：__________

公司技术负责人：__________

监理单位(章)：__________

日期：______年______ ______

图 3-7　监理工作总结范本的封面

××工程监理工作总结

本工程于____年____月____日开工，____年____月____日竣工，我公司于____年

____月____日对工程进行初验，工程质量评定为合格。现将该工程项目的监理工作情况总结如下。

1　工程概况

1.1　工程名称：

1.2　建设单位：

1.3　设计单位：

1.4　承包单位：

1.5　工程地点：

1.6　建筑面积：

1.7　建筑层数：共____层，其中地下____层、地上____层，总高度为____m。

1.8　建筑物功能：

1.9　基础类型：

1.10　结构类型：

1.11　装修标准：

1.12　防水设防：

1.13　暖卫工程：

1.14　电气工程：

1.15　通风与空调工程：

1.16　电梯安装工程：

2　项目监理机构的组织机构、监理人员和投入的监理设施

2.1　为履行施工阶段的委托监理合同，完成监理工作任务，我公司在施工现场建立了 ×× 工程项目监理机构，实行总监理工程师负责制。

2.2　项目监理机构由总监理工程师____（姓名）、土建监理工程师____（姓名）、土建监理员____（姓名）、安装监理工程师____（姓名）、安装监理员____（姓名）共____名人员组成（因工作关系人员有变动的要予以说明），全面履行委托监理合同约定的监理业务工作。

2.3　根据工程情况，我们配备了满足监理工作需要的建筑工程多功能检测器、多功能垂直校正器、游标卡尺、钢卷尺、水平尺、万用表、接地电阻测试仪、漏电检测器、焊接检验尺等常规检测设备和工具。

3　委托监理合同履行情况

3.1　经过____天的现场监理工作，在建设单位、设计单位、质监站、承包单位和有关部门的大力支持和密切配合下，圆满地完成了委托监理合同及其专用条件中约定的施工阶段的监理业务。保修阶段的监理业务我们将继续认真地完成。

3.2　三大监理工作目标控制情况。根据工程施工合同中要求的工程质量、进度、投资三大目标，项目监理机构采取了事前控制有预见、事中控制不放松、事后控制严格查的

有效措施,使三大目标得到了有效控制。

3.2.1　质量监理目标:实现了工程质量合格/优良。

3.2.2　进度监理目标:实现了工程_____天竣工(若工期提前或拖后,应简要说明原因)。

3.2.3　投资监理目标:施工合同中签订的总投资额约为____万元,实际完成并经建设单位认可的投资额为_____万元。(施工合同中的总投资额往往是概算数,与决算数有差距,故可根据实际情况简要说明我们实现了目标控制)

3.3　委托监理合同纠纷处理情况。(在执行委托监理合同的过程中,如出现纠纷,应叙述主要纠纷事实,并说明通过友好协商合理解决的情况;若无纠纷,则去掉该条)

3.4　建设单位向我项目监理机构免费提供的办公用房,监理人员工地住房,通信设施,办公桌、椅、柜等,已如数归还。(具体写明内容,并说明与建设单位的某人办理了归还手续)

4　监理工作成效

依据委托监理合同、《建设工程监理规范》和省、市有关建设工程监理法规,针对工程项目的实际情况制定了监理规划,明确了项目监理机构的工作目标,确定了具体的监理工作制度、程序、方法和措施;根据监理规划的要求,针对各专业工程的特点制定了各专业的监理实施细则。还建立了图纸会审、工程洽商、分包单位资质审核、施工组织设计审核、工程报验、工程质量评估等项管理制度。现着重将工程质量、进度、投资三大目标控制的完成情况等总结如下。

4.1　质量控制方面。

4.1.1　督促承包单位建立、健全、实施施工管理制度和质量安全文明施工保证体系。建立、健全了_____、_____等项制度。

4.1.2　严格把好原材料、成品、半成品和设备质量关,对进场的主要原材料、成品、半成品和设备,按规定报验核查,不符合要求的严禁用于工程并限期清出现场。审核各类建筑材料报审表、主要工程设备选型报审表、主要工程设备进场报验单共______份,从而保证了使用在_____工程中的原材料、成品、半成品和设备均符合要求。

4.1.3　在施工过程中采取巡视、见证、旁站、平行检查等控制手段,对施工的部位或工序进行监督,对关键部位或关键工序实施旁站监督,对每道工序认真检查,本道工序不合格绝不允许进入下一道工序。对工序、分项分部工程严格实行工程质量报审和抽查制度,审核各类工程报验单共_____份;独立复核工序、分项工程质量平行检查记录_____份,占报审工程项目的100%,保证了工程质量。

4.1.4　依据国家关于质量检验评定的相关标准对工程项目质量进行了评定:该工程共有地基与基础、主体等_____分部,合格率为100%,优良率为_____%;共核查质量保证资料_____项,符合要求的为_____项,基本符合要求的为_____项;共评定单位工程观感质量_____项,应得分为_____,实得分为_____,得分率为_____%。该单位工程质量评为合格/优良。

4.2　进度控制方面。

4.2.1　将建设单位与承包单位正式签订的工程施工总承包合同所确定的工程工期作为进度控制的总目标。

4.2.2　审查施工组织设计的进度计划是否符合要求,并提出修改意见。

4.2.3　按经审核批准的年、季、月、日的计划实施控制。

4.2.4　审查建设单位、承包单位提交的材料,设备的规格、数量、质量和进场时间是否满足工程进度的要求,发现问题及时提出意见。

4.2.5　加强并细化进度计划的监督管理,在施工全过程中随时检查工程进度,并进行计划值与完成值的比较,发现偏离及时提出意见,协助承包单位修改计划,调整资源配置,促使计划完成。

4.2.6　施工总承包合同工期为____天,实际工期为____天,按计划/或提前____天完成。(如延期完成计划,应说明延期的原因,并经建设单位认可)

4.3　投资控制方面。

4.3.1　将建设单位与承包单位正式签订的工程施工总承包合同所确定的工程总价款作为投资控制的总目标。

4.3.2　认真审查施工组织设计和施工方案,并提出合理化建议,尽可能减少施工费、措施费。

4.3.3　在材料、设备订货阶段,协助建设单位进行价格、性能、质量的比较,正确选择供应商。

4.3.4　根据建设单位的资金调拨情况,在施工工期允许的范围内合理调整工程项目和工作顺序,并协助建设单位避免资金被承包单位挪作他用。

4.3.5　严格从造价、项目的功能要求、质量和工期等方面审查工程变更,并在工程变更实施前与建设单位、承包单位协商确定变更的价款,控制工作量的增加。

4.3.6　严格核实工程量和费用支付情况,并公正地按既定程序处理承包单位提出的索赔。

4.3.7　施工总承包合同投资额(原预算)为_____万元,实际决算为_____万元,造成投资增加的主要原因有:___________。

4.4　合理化建议产生的实际效果。

应说明合理化建议的内容、效果,节约资金额等情况。

5　施工过程中出现的问题、处理情况和建议

主要围绕提高和指导今后的监理工作,阐述出现的主要问题及其处理情况和建议等。

6　工程照片(有必要时)

项目 10 竣工验收资料

一、单位(子单位)工程竣工预验收报验表

单位(子单位)工程竣工预验收报验表的形式见表 3-31,其填写要求如下。

(1)当工程达到基本交验条件时,应组织各专业监理工程师对各专业工程的质量情况、使用功能进行全面检查,发现影响竣工验收的问题时签发监理工程师通知单,要求承包单位进行整改。

(2)对需要进行功能试验(包括无负荷试车)的项目,应督促承包单位及时进行试验,认真审阅试验报告单,并对重要项目进行现场监督,必要时应请建设单位、设计单位派代表参加。

(3)总监理工程师组织竣工预验收。

①要求承包单位在工程项目自检合格并达到竣工验收条件后填写单位(子单位)工程竣工预验收报验表,并附相应的竣工资料(包括分包单位的竣工资料)报项目监理机构,申请竣工预验收。

②总监理工程师组织项目监理机构的监理人员对质量控制资料进行核查,并督促承包单位进行完善。

③总监理工程师组织监理工程师和承包单位共同对工程进行检查验收。

④经验收需要对局部进行整改的,应在整改符合要求后再验收,直至符合要求,最后由总监理工程师签署单位(子单位)工程竣工预验收报验表。

表 3-31 单位(子单位)工程竣工预验收报验表

工程名称:__________ 编号:__________

致______(监理单位): 我方已按合同要求完成______工程,经自检合格,请予以检查和验收。 附件: 施工单位(章): 项目经理: 日期:

续表

审查意见： 经初步验收，该工程 1. □符合/ □不符合我国现行法律、法规的要求。 2. □符合/ □不符合我国现行工程建设标准的要求。 3. □符合/ □不符合设计文件的要求。 4. □符合/ □不符合施工合同的要求。 综上所述，该工程初步验收□合格/ □不合格，□可以/ □不可以组织正式验收。 项目监理机构（章）： 总监理工程师： 日期：

二、单位（子单位）工程质量竣工验收记录

单位（子单位）工程质量竣工验收记录的形式见表 3-32，其填写要求如下。

（1）验收记录由施工单位填写。

（2）验收结论由监理（建设）单位填写。

（3）综合验收结论由参加验收的各方共同商定，建设单位填写，应对工程质量是否符合设计、规范的要求和总体质量水平作出评价。

表 3-32　单位（子单位）工程质量竣工验收记录

工程名称		结构类型		层数/建筑面积	
施工单位		技术负责人		开工日期	
项目负责人		项目技术负责人		完工日期	
序号	项目	验收记录		验收结论	
1	分部工程验收	共＿＿分部，经查符合设计、标准的规定的＿＿分部			
2	质量控制资料核查	共＿＿项，经查符合规定的＿＿项			
3	安全和功能检验资料核查、主要功能抽查	共核查＿＿项，符合规定的＿＿项，共抽查＿＿项，符合规定的＿＿项，经返工处理符合规定的＿＿项			
4	观感质量检查	共抽查＿＿项，达到“好”和“一般”的＿＿项，经返工处理符合要求的＿＿项			
综合验收结论					

续表

参加验收的单位	建设单位	监理单位	施工单位	设计单位	勘察单位
	（公章） 项目负责人： 年 月 日	（公章） 总监理工程师： 年 月 日	（公章） 项目负责人： 年 月 日	（公章） 项目负责人： 年 月 日	（公章） 项目负责人： 年 月 日

注：单位工程验收时，验收签字人员应由相应单位的法人代表书面授权。

三、单位（子单位）工程质量控制资料核查记录

单位（子单位）工程质量控制资料核查记录的形式见表3-33，其填写要求如下。

（1）本表涵盖了所有分部工程质量控制资料，施工单位应认真、准确地填写，避免漏项。

（2）结论由总监理工程师填写。

表3-33　单位（子单位）工程质量控制资料核查记录

工程名称			施工单位				
序号	项目	资料名称	份数	施工单位		监理单位	
				审查意见	核查人	审查意见	核查人
1	建筑与结构	图纸会审、设计变更通知单、工程洽商记录					
2		工程定位测量、放线记录					
3		原材料出厂合格证和进场检验、试验报告					
4		施工试验报告和见证检测报告					
5		隐蔽工程验收记录					
6		施工记录					
7		地基、基础、主体结构检验和抽样检测资料					
8		分项、分部工程质量验收记录					
9		工程质量事故调查处理资料					
10		新技术论证、备案和施工记录					
1	给水排水与供暖	图纸会审、设计变更通知单、工程洽商记录					
2		原材料出厂合格证和进场检验、试验报告					
3		管道、设备强度试验和严密性试验记录					
4		隐蔽工程验收记录					
5		系统清洗、灌水、通水、通球试验记录					
6		施工记录					
7		分项、分部工程质量验收记录					
8		新技术论证、备案和施工记录					

续表

序号	项目	资料名称	份数	施工单位		监理单位	
				审查意见	核查人	审查意见	核查人
1	通风与空调	图纸会审、设计变更通知单、工程洽商记录					
2		原材料出厂合格证和进场检验、试验报告					
3		制冷设备、空调、水管道强度试验和严密性试验记录					
4		隐蔽工程验收记录					
5		制冷设备运行调试记录					
6		通风、空调系统调试记录					
7		施工记录					
8		分项、分部工程质量验收记录					
9		新技术论证、备案和施工记录					
1	建筑电气	图纸会审、设计变更通知单、工程洽商记录					
2		原材料出厂合格证和进场检验、试验报告					
3		设备调试记录					
4		接地、绝缘电阻测试记录					
5		隐蔽工程验收记录					
6		施工记录					
7		分项、分部工程质量验收记录					
8		新技术论证、备案和施工记录					
1	建筑智能化	图纸会审、设计变更通知单、工程洽商记录					
2		原材料出厂合格证和进场检验、试验报告					
3		隐蔽工程验收记录					
4		施工记录					
5		系统功能测定和设备调试记录					
6		系统技术、操作和维护手册					
7		系统管理、操作人员培训记录					
8		新技术论证、备案和施工记录					
9		系统检测报告					
10		分项、分部工程质量验收记录					
1	建筑节能	图纸会审、设计变更通知单、工程洽商记录					
2		原材料出厂合格证和进场检验、试验报告					
3		隐蔽工程验收记录					
4		施工记录					
5		外墙、外窗节能检验报告					

续表

序号	项目	资料名称	份数	施工单位		监理单位	
				审查意见	核查人	审查意见	核查人
6	建筑节能	设备系统节能检测报告					
7		分项、分部工程质量验收记录					
8		新技术论证、备案和施工记录					
1	电梯	图纸会审、设计变更通知单、工程洽商记录					
2		设备出厂合格证和开箱检验记录					
3		隐蔽工程验收记录					
4		施工记录					
5		接地、绝缘电阻测试记录					
6		负荷试验、安全装置检查记录					
7		分项、分部工程质量验收记录					
8		新技术论证、备案和施工记录					
结论： 施工单位项目负责人： 年 月 日				总监理工程师： 年 月 日			

四、单位（子单位）工程安全和功能检验资料核查、主要功能抽查记录

单位（子单位）工程安全和功能检验资料核查、主要功能抽查记录的形式见表3-34，其填写要求如下。

（1）涉及安全和功能的分部工程应对检验资料进行复查。要检查其完整性（不得有漏检缺项），因为对功能的检查是对建筑工程和设备安装工程最终质量的综合检查，是用户最关心的内容，对分部工程验收时补充进行的见证抽样检验的报告也要复核。这种强化验收的手段体现了对安全和功能的重视。

（2）单位（子单位）工程安全和功能检验资料是单位工程综合验收的一项重要内容，应由施工单位按所列安全和功能检验资料的种类、名称进行检查。单位工程包含的表内其他各栏的内容均由监理单位进行核查，独立得出核查结论，合格后填写具体核查意见，如齐全，具体核查人在“核查人”栏签字，施工单位项目经理在“结论”栏签字确认。

（3）总监理工程师在“结论”栏填写综合性评价。

表 3-34　单位（子单位）工程安全和功能检验资料核查、主要功能抽查记录

工程名称			施工单位			
序号	项目	安全和功能检验项目	份数	审查意见	审查结果	核查（抽查）人
1	建筑与结构	地基承载力检验报告				
2		桩基承载力检验报告				
3		混凝土强度试验报告				
4		砂浆强度试验报告				
5		主体结构尺寸、位置抽查记录				
6		建筑物垂直度、标高、全高测量记录				
7		屋面淋水或蓄水试验记录				
8		地下室渗漏水检测记录				
9		有防水要求的地面蓄水试验记录				
10		抽气（风）道检查记录				
11		外窗气密性、水密性、耐风压检测报告				
12		幕墙气密性、水密性、耐风压检测报告				
13		建筑物沉降观测测量记录				
14		节能、保温测试记录				
15		室内环境检测报告				
16		土壤氡气浓度检测报告				
1	给水排水与供暖	给水管道通水试验记录				
2		暖气管道、散热器压力试验记录				
3		卫生器具满水试验记录				
4		消防管道、燃气管道压力试验记录				
5		排水干管通球试验记录				
6		锅炉试运行、安全阀和报警联动测试记录				
1	通风与空调	通风、空调系统试运行记录				
2		风量、温度测试记录				
3		空气能量回收装置测试记录				
4		洁净室洁净度测试记录				
5		制冷机组试运行调试记录				
1	建筑电气	建筑照明通电试运行记录				
2		灯具固定装置和悬吊装置的载荷强度试验记录				
3		绝缘电阻测试记录				
4		剩余电流动作保护器测试记录				
5		应急电源装置应急持续供电记录				
6		接地电阻测试记录				
7		接地故障回路阻抗测试记录				

续表

序号	项目	安全和功能检验项目		份数	审查意见	审查结果	核查(抽查)人
1	建筑智能化	系统试运行记录					
2		系统电源和接地检测报告					
1	建筑节能	外墙节能构造检查记录或热工性能检验报告					
2		设备系统节能性能检查记录					
1	电梯	运行记录					
2		安全装置检测报告					
结论： 施工单位项目负责人： 年　月　日				总监理工程师： 年　月　日			

注：抽查项目由验收组协商确定。

五、单位(子单位)工程观感质量检查记录

单位(子单位)工程观感质量检查记录见表3-35。

表3-35　单位(子单位)工程观感质量检查记录

工程名称			施工单位	
序号	项目		抽查质量状况	质量评价
1	建筑与结构	主体结构外观	共检查___点，好___点，一般___点，差___点	
2		室外墙面	共检查___点，好___点，一般___点，差___点	
3		变形缝、雨水管	共检查___点，好___点，一般___点，差___点	
4		屋面	共检查___点，好___点，一般___点，差___点	
5		室内墙面	共检查___点，好___点，一般___点，差___点	
6		室内顶棚	共检查___点，好___点，一般___点，差___点	
7		室内地面	共检查___点，好___点，一般___点，差___点	
8		楼梯、踏步、护栏	共检查___点，好___点，一般___点，差___点	
9		门窗	共检查___点，好___点，一般___点，差___点	
10		雨篷、台阶、坡道、散水	共检查___点，好___点，一般___点，差___点	

续表

<table>
<tr><th>序号</th><th colspan="2">项目</th><th>抽查质量状况</th><th>质量评价</th></tr>
<tr><td>1</td><td rowspan="4">给水排水与供暖</td><td>管道接口、坡度、支架</td><td>共检查____点,好____点,一般____点,差____点</td><td></td></tr>
<tr><td>2</td><td>卫生器具支架、阀门</td><td>共检查____点,好____点,一般____点,差____点</td><td></td></tr>
<tr><td>3</td><td>检查口、扫除口、地漏</td><td>共检查____点,好____点,一般____点,差____点</td><td></td></tr>
<tr><td>4</td><td>散热器、支架</td><td>共检查____点,好____点,一般____点,差____点</td><td></td></tr>
<tr><td>1</td><td rowspan="6">通风与空调</td><td>风管、支架</td><td>共检查____点,好____点,一般____点,差____点</td><td></td></tr>
<tr><td>2</td><td>风口、风阀</td><td>共检查____点,好____点,一般____点,差____点</td><td></td></tr>
<tr><td>3</td><td>风机、空调设备</td><td>共检查____点,好____点,一般____点,差____点</td><td></td></tr>
<tr><td>4</td><td>管道、阀门、支架</td><td>共检查____点,好____点,一般____点,差____点</td><td></td></tr>
<tr><td>5</td><td>水泵、冷却塔</td><td>共检查____点,好____点,一般____点,差____点</td><td></td></tr>
<tr><td>6</td><td>绝热</td><td>共检查____点,好____点,一般____点,差____点</td><td></td></tr>
<tr><td>1</td><td rowspan="3">建筑电气</td><td>配电箱、盘、板,接线盒</td><td>共检查____点,好____点,一般____点,差____点</td><td></td></tr>
<tr><td>2</td><td>设备器具、开关、插座</td><td>共检查____点,好____点,一般____点,差____点</td><td></td></tr>
<tr><td>3</td><td>防雷、接地、防火</td><td>共检查____点,好____点,一般____点,差____点</td><td></td></tr>
<tr><td>1</td><td rowspan="2">建筑智能化</td><td>机房设备安装和布局</td><td>共检查____点,好____点,一般____点,差____点</td><td></td></tr>
<tr><td>2</td><td>现场设备安装</td><td>共检查____点,好____点,一般____点,差____点</td><td></td></tr>
<tr><td>1</td><td rowspan="3">电梯</td><td>运行、平层、开关门</td><td>共检查____点,好____点,一般____点,差____点</td><td></td></tr>
<tr><td>2</td><td>层门、信号系统</td><td>共检查____点,好____点,一般____点,差____点</td><td></td></tr>
<tr><td>3</td><td>机房</td><td>共检查____点,好____点,一般____点,差____点</td><td></td></tr>
<tr><td colspan="5">结论:

施工单位项目负责人:　　　　　　　　　　总监理工程师:
年　月　日　　　　　　　　　　年　月　日</td></tr>
</table>

六、工程质量评估报告

1. 工程质量评估报告的编制要求

工程质量评估报告为项目监理机构审查承包单位报送的竣工资料,组织有关单位对工程质量进行预验收,并在施工单位对预验收发现的问题整改合格、总监理工程师签署工程竣工报验单的基础上出具的评估报告。工程质量评估报告是项目监理最重要的报告,包括工程基本情况和对工程质量的综合评估意见两大部分。其中工程基本情况包括工程概况,承包单位基本情况,主要采取的施工方法,工程地基基础和主体结构的质量状况，施工中发生的质量事故、产生的质量问题的原因分析和处理结果。工程质量评估报告应由项目总监理工程师、监理单位技术负责人签认，并加盖公章。

2. 工程质量评估报告范本

工程质量评估报告范本的封面如图 3-8 所示。

________________工程

工程质量评估报告

总监理工程师：______________

公司技术负责人：______________

监理单位（章）：______________

日期：______年______月______日

图 3-8　工程质量评估报告范本的封面

××工程质量评估报告

________建设监理公司受________公司的委托，对________工程实施监理工作。项目监理部从____年____月____日开始对________工程进行施工阶段监理，经建设单位、设计单位、承包单位、监理单位的共同努力，____年____月____日__________工程的建筑工程达到基本竣工条件。

1　工程基本情况

1.1　工程概况

1.1.1　项目特征（略）。

1.1.2　地质概况。

本工程依据_____勘察设计院提供的《_____岩土工程地质勘察报告》（编号____），采用人工复合地基，复合地基的承载力标准值 f_{sk}=400 kPa，地下水对混凝土无侵蚀性。

1.1.3　建筑特点。

该楼为住宅楼，地下____层、地上____层，地下____层为五级人防，地下____层为自行车库，首层至____层为住宅，____层为电梯机房，____层为水箱间和机房，±0.000=海拔____m，人防面积____m^2，地下两层总面积____m^2，地上____层建筑面积____m^2，含阳台面积______m^2，总建筑面积____m^2。

1.1.4　结构特点。

本工程为剪力墙结构，抗震设防烈度为 7 度，消防等级为_____级，建筑耐火等级为____级，抗震等级为二级。

1.2　承包单位基本情况

承包单位：_______建筑工程公司

劳务分包队：_______建筑工程公司

CFG 桩地基处理：_______基础工程公司

防水工程分包单位：______防水工程公司

塑钢门窗：______塑钢门窗制造有限公司

承包单位在现场的项目经理部全面负责______工程的施工任务，各管理层人员配备齐全，资格符合要求。施工人员中各专业人员岗位证书齐全，符合要求。劳务人员的数量满足施工工期要求。各类设备的规格、型号、数量满足施工要求。工程原材料、构配件、设备能按使用计划落实。对总包单位、分包单位和主要工程原材料、构配件、设备供应单位进行考察，它们有能力完成本工程的施工任务。

1.3　主要采取的施工方法

1.3.1　混凝土现场搅拌，基础底板混凝土采用泵输送，墙体、地上主体剪力墙结构混凝土采用塔式起重机吊斗运输。

1.3.2　地下室墙体采用 600 mm × 1 500 mm 等标准钢模板和 100 mm × 1 500 mm 等模板，地上部分墙体采用大模板，顶板采用竹胶板模板。

1.3.3　地下室底板钢筋接头采用闪光对焊，墙体暗柱采用电渣压力焊。

1.3.4　其他分部工程和各工序采用常规做法施工。

1.4　工程地基基础和主体结构的质量状况

1.4.1　地基基础的质量状况。

在地基的施工过程中，专业监理工程师跟踪旁站，对 CFG 桩施工全过程进行监理，对进场原材料进行审查签认，对 CFG 桩的长度和数量、混凝土的搅拌质量进行严格的控制。并按规定对 CFG 桩进行检测，检测结果为：本次共检测基桩_____根（检测数量为总桩数的___%），其中优质桩_____根（占检测总数的_____%）、良好桩_____根（占抽测总数的____%）。桩身质量和完整性较好，总体上达到优良桩水平，桩身强度达到设计标准，均为合格可用桩。本次检测的复合地基的承载力标准值为____kPa，满足设计要求。基础工程为地下两层剪力墙结构，有垫层、SBS 防水层、防水保护层、底板和墙体混凝土结构的模板、钢筋、混凝土等工序。对该分部工程的____项分项工程进行了查验，其中结构部分的模板、钢筋、混凝土等工序观感、实测较好，评定达到优良等级，SBS 防水层局部搭接不符合要求，进行处理后评定合格。基础分部工程有____项分项工程，其中____项为优良，优良率为____%，承包单位自评为优良，监理验收合格。

1.4.2　主体结构的质量状况。

主体结构为剪力墙结构、二次隔墙、结构洞、保温结构等，在施工过程中按工序进行巡检、抽检和工序验收检查，总体质量情况较好。其中钢筋工程、模板工程和混凝土工程三个主要的分项工程全部达到优良，在主体施工的全过程中共查验分项工程__项（不包括模板项预检），其中优良____项，优良率为____%，承包单位自评评定等级为优良，监理验收合格。

1.5　其他分部工程的质量状况

1.5.1　屋面工程分项工程____项，其中优良____项，优良率为____%，承包单位自评评定等级为优良,监理验收合格。

1.5.2 门窗工程分项工程____项,其中优良____项,优良率为____%,承包单位自评评定等级为优良,监理验收合格。

1.5.3 地面与楼面工程分项工程____项,其中优良____项,优良率为____%,承包单位自评评定等级为优良,监理验收合格。

1.5.4 装饰装修工程分项工程____项,其中优良____项,优良率为____%,承包单位自评评定等级为优良,监理验收合格。

1.5.5 给排水和采暖工程分项工程____项,其中优良____项,优良率为____%,承包单位自评评定等级为优良,监理验收合格。

1.5.6 通风与空调工程分项工程____项,其中优良____项,优良率为____%,承包单位自评评定等级为优良,监理验收合格。

1.5.7 电气工程分项工程____项,其中优良____项,优良率为____%,承包单位自评评定等级为优良,监理验收合格。

1.5.8 建筑智能化工程分项工程____项,其中优良____项,优良率为____%,承包单位自评评定等级为优良,监理验收合格。

1.5.9 电梯安装工程分项工程____项,其中优良____项,优良率为____%,承包单位自评评定等级为优良,监理验收合格。

1.6 施工中发生的质量事故、产生的问题的原因分析和处理结果

在施工全过程中没有发生质量事故,但存在一般性的质量问题(包括常见的质量通病),这些问题通过自查、自检进行整改处理,合格后进行下一道工序的施工。

2 对工程质量的综合评估意见

该工程施工合同规定的质量等级为合格。承包单位的质量目标定位为确保优良,创市优工程。监理单位对分项、分部(子分部)、单位(子单位)工程的验收情况进行评估,认为该工程达到了施工合同约定的工程质量要求,单位工程预验收合格。

七、监理资料移交证书

在工程竣工验收合格的2个月内,监理单位应将监理资料移交建设单位归档。归档的内容主要包括监理合同,监理规划,监理实施细则,监理月报,监理会议纪要,分项、分部工程施工报验表,质量问题和质量事故的处理资料,造价控制资料,工程验收资料,监理通知,合同其他事项管理资料,监理工作总结。

监理资料验收合格后,由项目总监理工程师和建设单位代表共同签署监理资料移交证书,并加盖监理单位和建设单位的公章。监理资料移交证书的格式见表3-36。

表 3-36　监理资料移交证书

<table>
<tr><td>工程名称</td><td></td><td>编号</td><td></td></tr>
<tr><td colspan="4">致______（监理单位）：
我方已按合同要求完成______工程监理资料的归档整理，经自检合格，请予以接收。
附件：

项目监理机构（章）：
总监理工程师：
日期：</td></tr>
<tr><td colspan="4">审核意见：

建设单位（章）：
建设单位代表：
日期：</td></tr>
</table>

模块四　建筑工程施工资料管理

项目1　施工资料管理流程

一、施工资料管理的总流程

施工资料管理的总流程如图 4-1 所示。

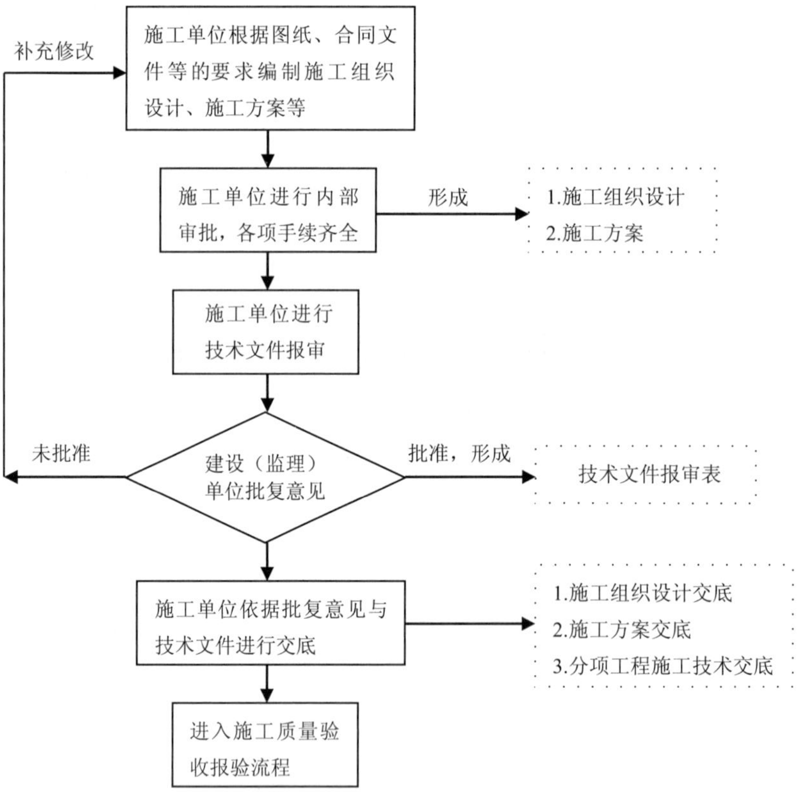

图 4-1　施工资料管理的总流程

二、施工物资资料管理流程

施工物资资料管理流程如图 4-2 所示。

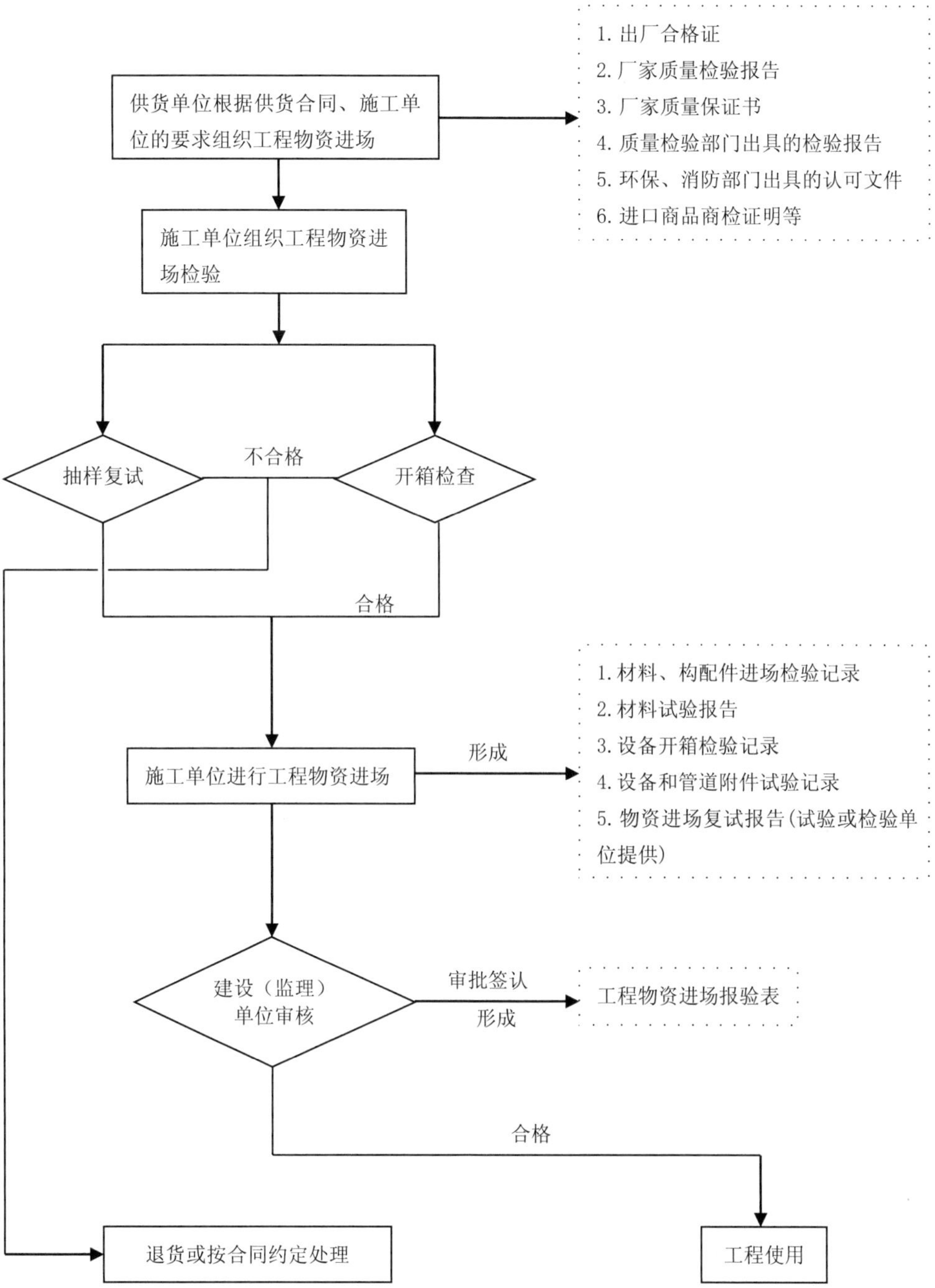

图 4-2　施工物资资料管理流程

三、检验批质量验收资料管理流程

检验批质量验收资料管理流程如图 4-3 所示。

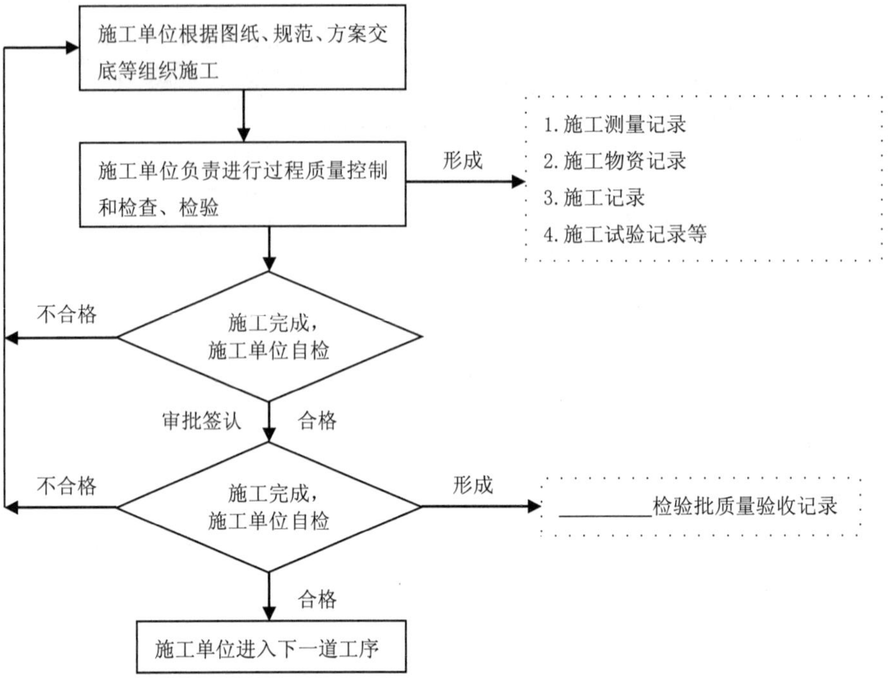

图 4-3　检验批质量验收资料管理流程

四、分项工程质量验收资料管理流程

分项工程质量验收资料管理流程如图 4-4 所示。

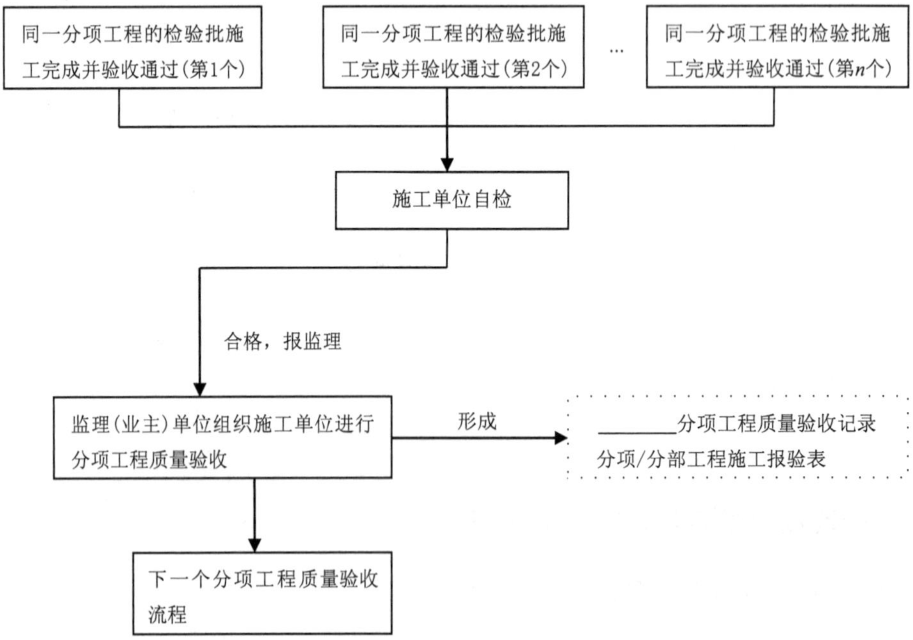

图 4-4　分项工程质量验收资料管理流程

五、分部（子分部）工程质量验收资料管理流程

分部（子分部）工程质量验收资料管理流程如图 4-5 所示。

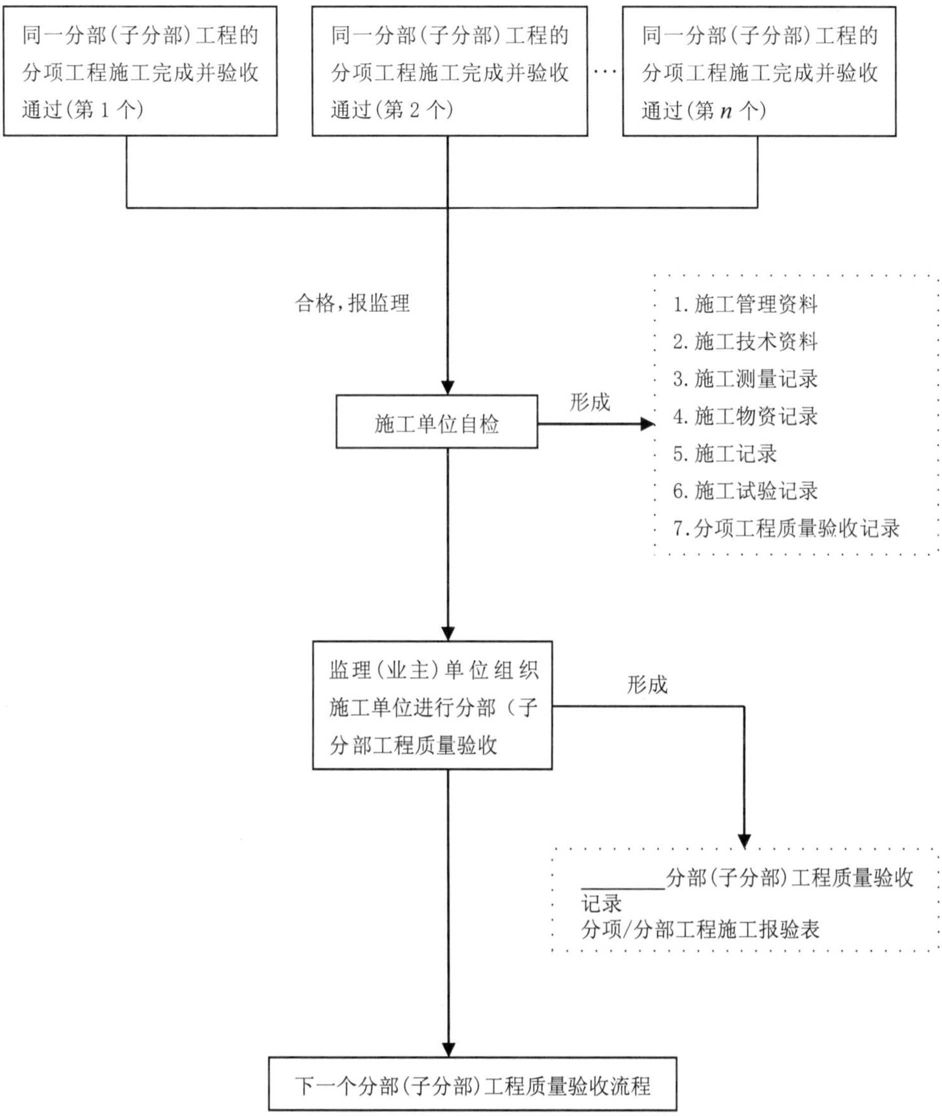

图 4-5　分部（子分部）工程质量验收资料管理流程

六、单位（子单位）工程质量验收资料管理流程

单位（子单位）工程质量验收资料管理流程如图 4-6 所示。

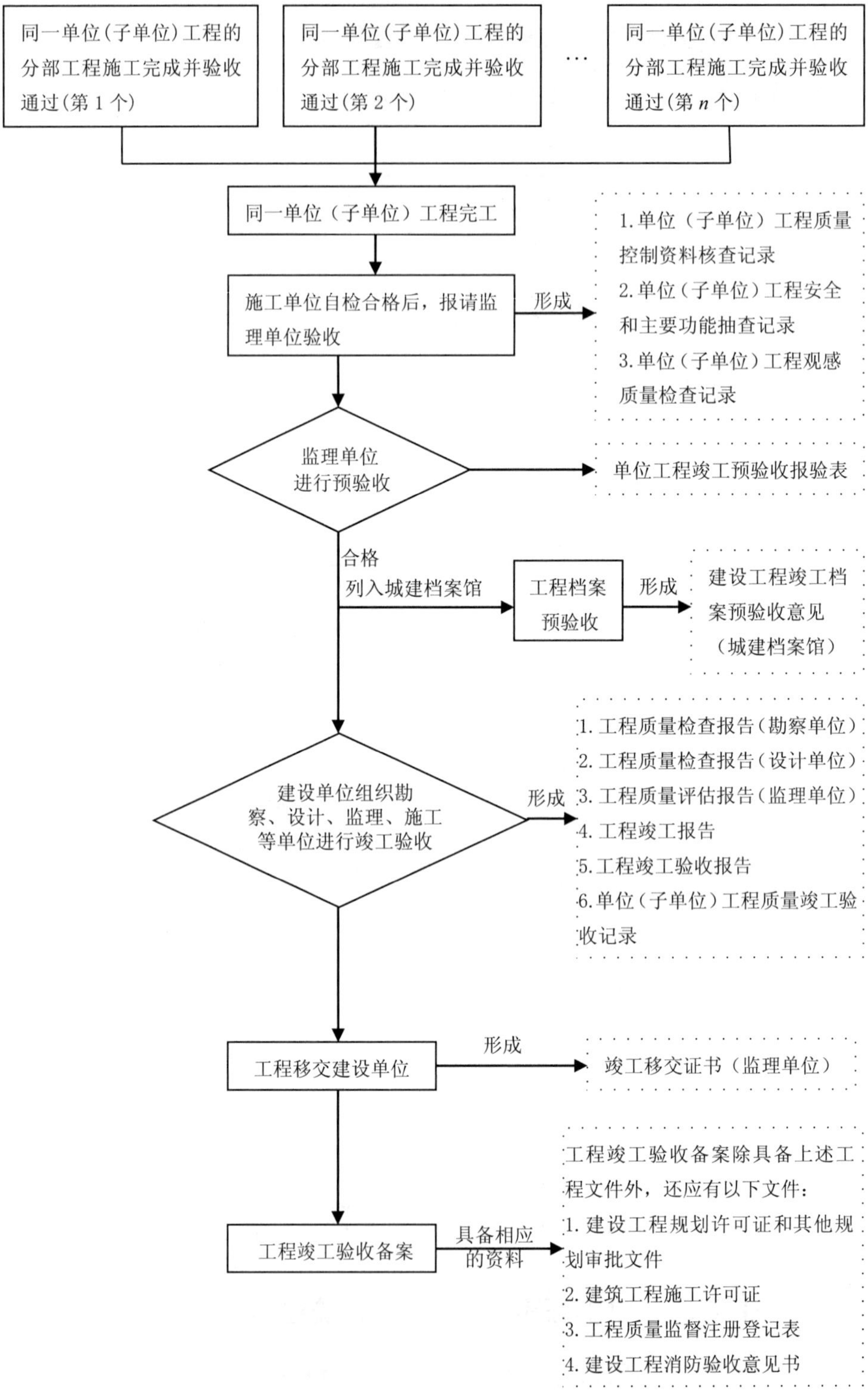

图 4-6　单位(子单位)工程质量验收资料管理流程

项目 2　施工管理资料

施工管理资料是施工单位依据企业的管理制度，在实施工程管理的过程中采取控制投资、质量安全、工期的措施，对人员、物资组织管理活动所形成的资料，其主要包括以下内容。

一、工程开工、停工、复工报告

工程开工报告由施工总承包单位在完成施工准备并取得建筑工程施工许可证之后填写，经施工单位的工程管理部门审核通过，法人代表或其委托人签字并加盖法人单位公章。

工程开工报告样表见表 4-1。开工报告须报请监理、建设单位审批，符合开工条件的，在“□”内画“√”，并由监理单位总监理工程师、建设单位项目法人签字，加盖公章后即可开工。

由建设单位直接分包的工程，开工时也要填写开工报告。

表 4-1　工程开工报告

<table>
<tr><td>工程名称</td><td>××教学楼</td><td>施工单位</td><td>××建筑公司</td></tr>
<tr><td>工程地点</td><td>××区××路××街</td><td>建设单位</td><td>××学校</td></tr>
<tr><td colspan="4">致××监理单位：
根据合同的约定，建设单位已取得主管单位审批的建设许可证，我方已完成开工前的各项准备工作，计划于××××年××月××日开工，请审批。
已完成报审的条件有：
□建设工程规划许可证（复印件）
□施工组织设计（含主要管理人员和特殊工种资格证明）
□施工测量放线
□主要人员、材料、设备进场
□施工现场道路、水、电、通信等已达到开工条件

项目负责人（签字）：××
施工单位（章）：
××××年××月××日</td></tr>
<tr><td colspan="4">审批意见：</td></tr>
</table>

续表

审批结论：	同意□	不同意□
总监理工程师(签字)：××		
		××××年××月××日

注：本表由施工单位填报，经监理单位审批后，建设单位、监理单位、施工单位各保存一份。

在工程施工过程中发生导致停工的事件时，应由相关单位提出停工要求，并填写工程停工报告，样表见表4-2。

表4-2 工程停工报告

工程名称	××教学楼	施工单位	××建筑公司
停工日期	××××年××月××日	预计停工天数	××
致××监理单位： ××工程于××××年××月××日开工。目前由于以下原因，要求停止施工，特此报告，请批复。 停工原因： 设计单位提出对该五层结构的施工图样进行修改，待设计变更通知单下发后，才能组织有关人员继续施工。 项目负责人(签字)：×× 施工单位(章)： ××××年××月××日			
审批意见：			
审批结论：　　同意□　　不同意□ 总监理工程师(签字)：×× ××××年××月××日			

注：本表由施工单位填报，经监理单位审批后，建设单位、监理单位、施工单位各保存一份。

与此同时，建设单位或建设主管单位批准备案。当具备复工条件时填写工程复工报告申请复工，样表见表4-3。

表4-3 工程复工报告

工程名称	××教学楼	施工单位	××建筑公司
复工日期	××××年××月××日	实际停工天数	××

续表

致 ×× 监理单位： ×× 工程于 ×××× 年 ×× 月 ×× 日停工。目前具备复工条件，特此报告，请批复。 复工具备的条件： 设计单位已修改完施工图样，并下发了设计变更通知单和设计交底，已具备组织有关人员继续施工的全部条件。 项目负责人（签字）：×× 施工单位（章）： ×××× 年 ×× 月 ×× 日
审批意见：
审批结论：　　同意□　　不同意□ 总监理工程师（签字）：×× ×××× 年 ×× 月 ×× 日

注：本表由施工单位填报，经监理单位审批后，建设单位、监理单位、施工单位各保存一份。

二、施工现场质量管理检查记录

施工单位应该按照《建筑工程施工质量验收统一标准》（GB 50300—2013）的规定填写施工现场质量管理检查记录（表 4-4），一个工程的一个标段或一个单位工程通常在开工时检查，由施工单位的工程负责人填写，填写时间是开工之前。施工现场质量管理检查记录应附上有关文件的原件或复印件，表中可以直接写上有关资料的名称，当资料较多时，也可将有关资料编号，填写编号，注明份数。监理单位的总监理工程师（建设单位的项目负责人）应对施工现场进行检查，验收合格后，签字认可准许开工；如验收不合格，则必须令施工单位限期改正，否则不许开工。

表 4-4　施工现场质量管理检查记录

开工日期：

工程名称			建筑工程施工许可证号		
建设单位			项目负责人		
设计单位			项目负责人		
监理单位			总监理工程师		
施工单位		项目负责人		项目技术负责人	
序号	项目		主要内容		
1	项目部质量管理体系				
2	现场质量责任制				
3	主要专业工种操作上岗证书				

续表

4	分包单位管理制度	
5	图纸会审记录	
6	地质勘察资料	
7	施工技术标准	
8	施工组织设计、施工方案编制和审批	
9	物资采购管理制度	
10	施工设施和机械设备管理制度	
11	计量设备配备	
12	检测试验管理制度	
13	工程质量检查验收制度	
自检结果： 施工单位项目负责人：　　年　月　日		检查结论： 总监理工程师：　　年　月　日

施工现场质量管理检查记录主要包括以下几项。

(1)项目部质量管理体系。项目部质量管理体系主要包括图纸会审、设计交底、技术交底、施工组织设计编制和审批、工序交接、质量检查评定制度以及质量例会制度、质量问题处理制度等。

(2)现场质量责任制。现场质量责任制指质量检查负责人的分工,各项质量责任的落实,定期检查和有关人员的奖罚制度等。

(3)主要专业工种操作上岗证书。主要专业工种操作上岗证书指电工,架子工,测量工,起重、塔吊等垂直运输司机,钢筋工,混凝土工,机械工,焊接工,瓦工,防水工等工种的操作上岗证书。

(4)分包单位管理制度。分包单位管理制度指施工总承包单位管理分包单位的制度,主要是质量、技术管理制度等。

(5)图纸会审记录。检查施工图审查批准书和审查机构出具的审查报告。

(6)地质勘察资料。地质勘察资料指有勘察资质的单位出具的正式地质勘察报告。

(7)施工技术标准。施工技术标准是操作的依据和保证工程质量的基础,施工单位应编制不低于国家质量验收规范的操作规程等企业标准。

(8)施工组织设计、施工方案编制和审批。施工组织设计、施工方案编制和审批指检查编写内容是否有针对性和可实施性,编制单位、审核单位、批准单位是否齐。

(9)计量设备配备。计量设备配备主要是检查设置在工地现场的搅拌站计量设施的精度、管理制度等内容。全部采用预拌混凝土时此项目不检查。

(10)工程质量检查验收制度。工程质量检查验收制度包括原材料、设备进场检验制度,施工过程中的试验报告,竣工后的抽查检测,应专门制订抽测项目、抽测时间、抽测单位等计划,使监理、建设单位人员等都心中有数。

(11)现场材料、设备存放与管理。这是为保证材料、设备的质量必须采取的措施。要根据规定制定现场材料、设备存放与管理制度,要有符合要求的库房或料房等。

三、施工日志

施工日志是记录项目实施过程中的技术质量管理和生产经营活动的日志,要求从工程开工之日起至竣工之日止逐日记录,内容完整,能全面反映工程情况,一般由项目经理部确定施工日志的主要内容。其主要内容如下。

(1)生产情况,包括现场准备情况,材料进场情况,施工部位、施工内容,机械作业情况,安全技术交底情况,班组工作和生产存在的问题等。

(2)技术质量安全活动、质量检查评定验收和发生的技术质量安全问题及其处理情况的记录;原材料检验结果、施工检验结果的记录;质量、安全、机械事故的记录;有关洽商、变更情况交代的方法、对象、结果的记录;有关单位业务往来的记录;有关新工艺、新材料的推广使用情况的记录;气候、气温、地质和停电、停水、停工待料的记录;混凝土试块、砂浆试块的留置组数、时间和 28 d 的强度试验报告结果的记录等。

施工日志样表见表 4-5。

表 4-5　施工日志

<table>
<tr><td>日期</td><td>× ×</td><td>星期</td><td>× ×</td><td colspan="3">气温/℃</td></tr>
<tr><td rowspan="2">施工单位</td><td rowspan="2">× × 教学楼主体 × 层</td><td>出勤人数</td><td>操作负责人</td><td>上午</td><td>下午</td><td>平均</td></tr>
<tr><td></td><td></td><td>× ×</td><td>× ×</td><td>× ×</td></tr>
<tr><td colspan="7">施工内容</td></tr>
<tr><td colspan="7">(应写明当日施工部位、施工内容、施工进度、作业动态、隐蔽工程验收、材料进出场、设计变更、技术经济签证、材料取样检验、劳动力安排、机械安排等情况)
1. 今天部位为主体第 4 层(可写明标高)④⑧轴线、①⑨轴线柱子钢筋与模板。
2. 今天购进 × × 牌 42.5R 普通水泥 150 t,由现场监理人员按规范进行了见证取样,并立即送到了实验室进行检测。下午进场支模钢管 20 t。
3. 今天现场总监理工程师转发了“关于地下室部分填充墙体设计变更”的通知,变更通知号为 × × × × 年 × × 月 × × 日第 × × 号,具体内容见该设计变更。目前该部位墙体未施工。
4. 上午现场钢筋工长和模板工长分别对钢筋班和模板班进行了质量、安全技术交底,主要对前期出现的一些影响质量的因素进行了分析并提出了具体控制措施。
5. 下午从实验室取回了 5 层混凝土试压报告 6 份,经查混凝土强度等级均达到了设计要求,已将报告送达监理部。
6. 公司质量安全部对工地进行了全面检查,主要针对目前现场材料堆放、主体混凝土质量提出了具体要求,详细内容见会议纪要。
7. 劳动力安排情况:
34 名钢筋工安装柱和剪力墙钢筋;</td></tr>
</table>

续表

53 名模板工搭设满堂脚手架； 10 名钢筋车间人员加工 12 层板钢筋； 15 名普工搬运材料，5 名普工清扫楼面。
技术质量安全工作记录（技术质量安全活动、质量检查评定验收、技术质量安全问题等）
1. 监理进行钢筋质量检查。 2. 监理召开监理例会，确定 5 层结构工程于 ×× 月 ×× 日前完成。 3. 安全生产：由公司安全部部长带领安全员对工地进行安全防火大检查。

填写人	××	填写日期	×××× 年 ×× 月 ×× 日

注：本表由施工单位填写并保存。

四、施工组织设计（方案）报审表

施工组织设计（方案）是承包单位根据所承接的工程的特点编制的指导施工的纲领性技术文件，施工组织设计（方案）报审表是施工单位提请项目监理单位对施工组织设计（方案）进行批复的文件。施工组织设计（方案）分为单位工程施工组织设计（方案）和施工组织总设计（方案）。《建筑施工组织设计规范》（GB/T 50502—2009）中对单位工程施工组织设计的概念进行了明确的定义：以单位（子单位）工程为对象编制的施工组织设计，对单位（子单位）工程的施工过程起指导和制约作用。

1. 编制施工组织设计（方案）的基本要求

在认真进行图纸会审的基础上，开工前由预算、施工、技术、质量、安全、物资等各管理部门共同编制施工组织设计（方案），内容要齐全、科学、合理，对本工程要具有针对性。施工组织设计（方案）应由编制人、审批人签字和主管部门盖章。要求施工组织设计（方案）编制及时，审批及时，真正起到指导现场施工的作用。

2. 施工组织设计（方案）的基本内容

施工组织设计（方案）的基本内容包括工程概况，施工部署，施工进度计划和施工进度表，施工平面布置图，施工准备工作计划，施工方案（主要项目的施工方法），季节性施工方案，质量、安全、文明施工的各项保证措施。

3. 施工组织设计（方案）报审表

承包单位提交施工组织设计（方案）报审表（表 4-6）时，应满足以下条件。

（1）承包单位编制的施工组织设计（方案），文件内容必须具有全面性、针对性和可操作性，编制人、单位技术负责人必须签字，报送单位必须加盖公章。

（2）施工组织设计（方案）报审表必须加盖承包单位公章，项目经理必须签字。

（3）施工组织设计（方案）报审必须在工程项目开工前完成。

（4）施工组织设计（方案）报审表由施工单位填报，由项目监理机构的专业监理工程师审查，由总监理工程师签发。经总监理工程师审核同意的施工组织设计（方案）应报送建设单位确认。

承包单位应按审定的施工组织设计（方案）组织施工。在施工过程中，如需对其内容进行调整、补充或作较大的变更，应在实施前将其内容书面报送项目监理机构，按程序重新审定。

表4-6　施工组织设计（方案）报审表

工程名称	××教学楼	编号	××
施工单位	××建设公司	监理单位	××监理公司
致××监理工程有限公司（监理单位）： 我方已根据施工合同的有关规定完成了××教学楼工程施工组织设计（方案）的编制，并经我单位上级技术负责人审查批准，请予以审查。 附：施工组织设计（方案） 承包单位（章）：××建筑工程公司 项目经理：×× 日期：××××年××月××日			
专业监理工程师审查意见： 施工组织设计（方案）合理、可行，且审批手续齐全，拟同意承包单位按该施工组织设计（方案）组织施工，请总监理工程师审核。 专业监理工程师： 日期：××××年××月××日			
总监理工程师审核意见： 同意专业监理工程师审查意见，同意承包单位按该施工组织设计（方案）组织施工。 项目监理机构：××监理公司××项目监理部　　日期：××××年××月××日 总监理工程师：××　　日期：××××年××月××日			

注：本表由施工单位填报，一式四份，经项目监理机构审核后，施工单位留存一份，项目监理机构保存三份。

五、施工技术交底记录

施工技术交底记录能使参与项目施工的技术人员与工人熟悉和了解所承担项目的设计意图、特点、技术要求、施工工艺和应注意的问题。

1. 填写要求

（1）执行标准、编号指施工单位自行制定的企业标准（如施工操作工艺标准、工法等）的名称、编号。

（2）企业标准应有编制人、批准人、批准时间、执行时间、名称和编号。

（3）企业标准的质量水平不得低于国家现行施工质量验收规范的要求。

（4）施工单位当前如无企业标准，可选用国家有关部委、省市、其他企业公开发布的标准，但选用的标准的质量水平不得低于国家现行施工质量验收规范的要求。

（5）交底提要只填写已交代的执行标准的章、节标题和补充内容概要。

2. 表格形式

施工技术交底记录样表见表4-7。

表4-7　施工技术交底记录

工程名称	××教学楼		编号	××	
施工单位	××建设公司		交底时间	××××年××月××日	
交底提要	××		分项工程名称	××	
交底内容： （包括工程中的关键性施工技术问题：保证施工质量的施工方法、技术措施和安全措施，施工质量标准和验收规范的有关条文；施工图中必须注意的尺寸、标高、轴线和预埋件、预留孔位置；设计变更的具体情况；质量和安全操作要求等）					
技术负责人	××	交底人	××	接受交底人	××

注：本表由施工单位填写，交底单位与接受交底单位各保存一份。

六、工程施工总结

工程施工总结是施工单位在工程竣工验收前，根据工程的特点、性质对施工组织和管理作出的全面总结。其主要包括以下内容。

（1）根据工程的难点与特点，对项目的现场安全文明施工管理、质量管理、工期控制、合同管理、成本控制等作出的全面总结。

（2）工程采用的主要技术措施。

（3）工程施工过程中的经验、教训。

项目3　质量控制管理资料

一、施工技术资料

1. 图纸会审记录

图纸会审记录（表4-8）是在图纸会审过程中各方达成一致的意见、决定、标准、变更等的原始记录，经各方签字认可的图纸会审记录应视为设计文件的一部分或补充，与正式设计文件具有同等效力。其填写要求如下。

（1）图纸会审前，各方应先进行内部预审，目的有两个：一是熟悉施工图纸；二是将提出的问题整理归类，以便会审时一并提出。

（2）图纸会审应由建设单位组织设计、监理、施工单位技术负责人和有关人员参加。设计单位对各专业问题进行交底，施工单位负责将设计交底内容按专业汇总、整理，形成图纸会审记录。

（3）监理、施工单位应将各自提出的问题和意见按专业整理、汇总后报建设单位，由建设单位提交设计单位作交底准备。

（4）图纸会审记录应由建设、设计、监理和施工单位的项目相关负责人签认，形成正式的图纸会审记录。任何一方都不得擅自在图纸会审记录上涂改或变更其内容。

（5）图纸会审记录应根据专业（建筑、结构、给排水和采暖、电气、通风空调、智能系统等）进行整理、汇总。图纸会审记录一经各方签字确认即成为设计文件的一部分，并可作为现场施工的依据。

表 4-8　图纸会审记录

<table>
<tr><td colspan="2">工程名称</td><td>××教学楼</td><td>会审范围</td><td>××</td></tr>
<tr><td colspan="2">主持人</td><td>××</td><td>日期</td><td>××××年××月××日</td></tr>
<tr><td rowspan="2">参加人员</td><td>建设单位</td><td>××</td><td>设计单位</td><td>××</td></tr>
<tr><td>监理单位</td><td>××</td><td>施工单位</td><td>××</td></tr>
<tr><td>序号</td><td>图号</td><td colspan="2">提出问题</td><td>会审意见</td></tr>
<tr><td>1</td><td>结-8</td><td colspan="2">结构是圆形，建筑是八角形，以哪个为准？</td><td>以建筑为准</td></tr>
<tr><td>2</td><td>结-8</td><td colspan="2">建筑的八个角怎么定位？</td><td>等待设计院处理</td></tr>
<tr><td>3</td><td>结-7</td><td colspan="2">防冻胀做法处为苯板还是挤塑板？容重为多少？回填砂采用什么做法？可以采用水撼砂吗？</td><td>100 mm 厚挤塑板，双层错缝搭接，容重为 30 kN/m³。回填砂不能采用水撼砂，必须夯实</td></tr>
<tr><td>4</td><td>结-5</td><td colspan="2">16 轴交 A 轴处的两个 LL1（1）怎么定位？</td><td>梁中为柱中，即两桩承台中心</td></tr>
<tr><td>5</td><td>结-6</td><td colspan="2">地沟与承台冲突处怎么处理？地沟与梁交接处净高只剩 800 mm，是否满足使用要求？</td><td>地沟按现场情况移位，承台边为地沟外墙边，净高达到 800 mm 就能够满足使用要求</td></tr>
<tr><td>6</td><td>结-6</td><td colspan="2">5、6 轴交 A 轴处的 KZ4 怎么定位？</td><td>等待回复</td></tr>
<tr><td>7</td><td>结-6</td><td colspan="2">没有电梯构造柱详图和楼梯图，TZ 在哪生根？</td><td>构造柱和 TZ 在梁上生根，电梯中客梯有基坑，食梯无基坑，电梯、楼梯图由设计院出图</td></tr>
<tr><td>8</td><td>结-6</td><td colspan="2">楼梯与地沟冲突处怎么做？</td><td>正常做法：梯梁横跨地沟，上 2ϕ18，下 2Φ18，箍筋为 ϕ10@150</td></tr>
<tr><td>9</td><td>结-3</td><td colspan="2">承台中未标注的拉筋怎么做？</td><td>拉筋直径同箍筋，间距为箍筋的 2 倍</td></tr>
<tr><td>10</td><td>结-5</td><td colspan="2">LL 与 CT 交接处怎么做？有何构造要求？</td><td>LL 的钢筋锚入柱中心，通过承台</td></tr>
<tr><td>11</td><td>结-6</td><td colspan="2">地沟垫层混凝土为 C15 还是 C10？地沟盖板是否可现浇？地沟盖板混凝土强度是多少？</td><td>地沟垫层混凝土为 C15。地沟盖板可以现浇，混凝土强度为 C20</td></tr>
<tr><td>12</td><td>结-5</td><td colspan="2">ZSZ1 表中的截面尺寸为 100 mm×1 200 mm，与截面相符吗？</td><td>截面尺寸为 100 mm×200 mm</td></tr>
<tr><td>13</td><td>结-3</td><td colspan="2">土方开挖后垫层底是否夯实？</td><td>垫层底必须夯实</td></tr>
</table>

续表

监理单位（盖章）：	设计单位（盖章）：	施工单位（盖章）：	建设单位（盖章）：

注：本表由监理单位、施工单位、建设单位、城建档案馆各保存一份。

2. 工程洽商记录

工程洽商记录（表 4-9）是建筑工程施工过程中协调业主和施工方、施工方和设计方的记录，它是工程施工、验收、改扩建和维修的重要基本资料，也是竣工图的重要依据。其填写要求如下。

（1）洽商可以分为技术洽商和经济洽商两种，由施工方提供。

（2）应附有图纸、说明文件等。

（3）工程洽商记录由施工单位、建设单位、监理单位其中一方发出，经各方签认后存档。

（4）工程洽商记录应分专业办理，内容翔实，必要时应附图，并逐条注明应修改图纸的图号。

（5）工程洽商记录应由设计单位的专业负责人和建设、监理、施工单位的相关负责人签认。

（6）不同专业的工程洽商应分别办理，不得办理在同一份工程洽商记录上。

（7）签字应齐全，签字栏内只能填写人员姓名，不得另写其他意见。

（8）设计单位如委托建设（监理）单位签认，应办理委托手续。

表 4-9　工程洽商记录

<table>
<tr><td colspan="2">工程名称</td><td>× × 教学楼</td><td>专业名称</td><td>建筑</td><td>编号</td><td>× ×</td></tr>
<tr><td colspan="2">提出单位名称</td><td colspan="2">× × 有限公司</td><td>日期</td><td colspan="2">× × × × 年 × × 月 × × 日</td></tr>
<tr><td colspan="2">内容摘要</td><td colspan="5">D 区健身活动管理房基础超深处理</td></tr>
<tr><td>序号</td><td>图号</td><td colspan="5">洽商内容</td></tr>
<tr><td>1</td><td>D-06/21</td><td colspan="5">D 区健身活动管理房基槽开挖后发现部分地基出现软弱土层，与图纸设计不符，需作技术处理，经会同勘察、设计、监理、建设单位现场协商，达成一致意见，方案如下。
原图纸 ±0.000 绝对标高为 30.2 m，考虑周边的地形后，确定 ±0.000 绝对标高为 30.05 m，基础底标高为 27.9 m，经基础处理后基础底标高为 27.3 m，柱高相应增大了 0.6 m。
超深部分采用质量比为 3:7 的砂石夯填至 27.3 m，砂石采用机械搅拌，每次回填深度不超过 25 cm，砂石垫层外边线宽度不小于 50 cm。在施工过程中必须保证地下水水位降至 26.3 m 以下。
超深详见附图。</td></tr>
<tr><td rowspan="2">签字栏</td><td colspan="2">建设单位</td><td colspan="2">设计单位</td><td>监理单位</td><td>施工单位</td></tr>
<tr><td colspan="2">× ×</td><td colspan="2">× ×</td><td>× ×</td><td>× ×</td></tr>
</table>

注：1. 本表由建设单位、监理单位、施工单位、城建档案馆各保存一份；

2. 涉及图纸修改的必须注明图纸的图号；

3. 不可将不同专业的工程洽商办理在同一份工程洽商记录表上；

4. “专业名称”栏应按专业填写，如建筑、结构、给排水、电气、通风空调等。

3. 设计变更单

设计变更单(表 4-10)是由于各种原因需要对设计文件的部分内容进行修改而办理的变更设计文件。其填写要求如下。

(1)在施工过程中,建设单位、承包单位提出工程变更要求报项目监理机构审核、确认。

(2)附件应包括工程变更的详细内容和依据,工程变更对工程造价、工期的影响分析和影响程度,对工程项目功能、安全的影响分析,必要的附图等。

表 4-10　设计变更单

<table>
<tr><td>工程名称</td><td colspan="2">× × 教学楼</td><td>编号</td><td colspan="2">× ×</td></tr>
<tr><td colspan="6">致 × × 建设监理公司(监理单位):
由于设计院为实现美观的效果等原因,兹提出二层前台背景墙的材料改为橡木实木条等工程变更(内容见附件),请予以审批。
附件:
1. 市建筑工务署工程变更申报表
2. 市建筑工务署工程变更发包人审批表
3. 工程报价表
4. 设计变更通知单
5. 原有工程量清单
6. 工程变更估算表

提出单位:× × 工程有限公司
代表人:× ×
日期:× × × × 年 × × 月 × × 日</td></tr>
<tr><td colspan="6">一致意见:</td></tr>
<tr><td colspan="2">项目监理机构代表
(签字):× ×
日期:× × × × 年 × × 月 × × 日</td><td colspan="2">设计单位代表
(签字):× ×
日期:× × × × 年 × × 月 × × 日</td><td colspan="2">建设单位代表
(签字):× ×
日期:× × × × 年 × × 月 × × 日</td></tr>
</table>

二、施工测量资料

1. 工程定位测量记录

工程定位测量记录(表 4-11)是施工方依据测绘部门提供的放线成果、红线桩、场地控制网(或建筑物控制网)测定建筑物位置、主控轴线等,标明现场标准水准点、坐标点位置的施工测量记录。其填写要求如下。

(1)在工程定位测量前,应先由城建规划部门根据建筑红线和城市规划要求确定方位,提供给建设各方以测量标志。

(2)附件可附水准点原始记录。

（3）本表由施工单位填写，随相应部位的施工测量放线报验表进入资料流程。

（4）测绘部门根据建设工程规划许可证（附件）批准的建筑工程位置及标高依据测定出建筑的红线桩。

（5）施工方应依据测绘部门提供的放线成果、红线桩、场地控制网（或建筑物控制网）测定建筑物位置、主控轴线及其尺寸、建筑物 ±0.000 绝对高程，并填写工程定位测量记录报监理单位审核。

（6）工程定位测量完成后，应由建设单位填写建设工程验线申请表报请具有相关资质的测绘部门验线。

（7）“委托单位”栏中填写建设单位或总承包单位。

（8）平面坐标依据和高程依据由测绘院或建设单位提供，应以市规划委员会钉桩坐标为标准，在填写时应注明点位编号，要与交桩资料中的点位编号一致。

（9）工程定位测量记录必须附计算成果、依据资料、标准轴线桩、平面控制网示意图。

表 4-11　工程定位测量记录

工程名称	×× 教学楼	编号	××
		图纸编号	ZT-001，S110
委托单位	×× 有限公司测量中心	施测日期	×××× 年 ×× 月 ×× 日
复测日期	×××× 年 ×× 月 ×× 日	平面坐标依据	××
高程依据	已审核的教学楼一级控制网	使用仪器	××
提出单位	×× 有限公司	日期	×××× 年 ×× 月 ×× 日
允许误差	±3 mm	仪器检定日期	×××× 年 ×× 月 ×× 日

定位抄测示意图：

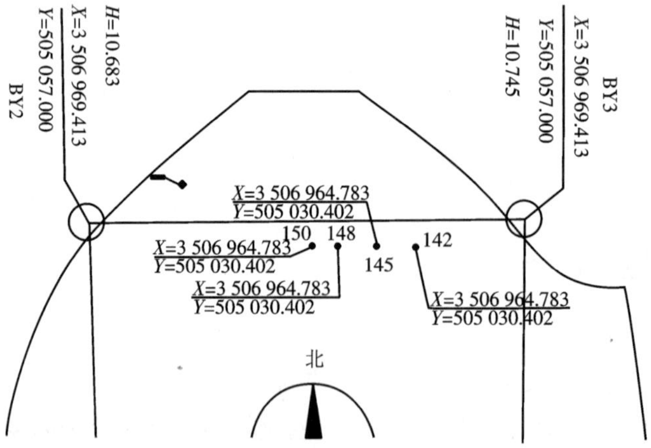

抄测结果：

经现场复核，实测结果在允许的范围以内，符合规范的要求。

续表

<table>
<tr><td rowspan="3">签字栏</td><td>施工单位</td><td>××</td><td>测量人员
岗位证书号</td><td>××</td><td>专业技术
负责人</td><td>××</td></tr>
<tr><td>技术负责人</td><td>××</td><td>复测人</td><td>××</td><td>施测人</td><td>××</td></tr>
<tr><td>建设(监理)单位</td><td colspan="3">××</td><td>专业工程师</td><td>××</td></tr>
</table>

注:本表由测量单位提供,城建档案馆、建设单位、监理单位、施工单位各保存一份。

2. 施工测量放线报验表

施工测量放线报验表(表 4-12)是施工单位在完成施工测量方案、红线桩校核成果、水准点引测成果和施工过程中的各种测量记录后填写的报请监理单位审核的施工测量记录。其填写要求如下。

(1)承包单位施工测量放线完毕,自检合格后报项目监理机构复核确认。

(2)测量放线的专职测量人员的资格和测量仪器应是已被项目监理机构确认的。

(3)放线的依据材料(依据材料应是已被项目监理机构确认的)指施工测量方案、建设单位提供的红线桩、水准点等材料;放线成果指承包单位测量放线所放出的控制线和施工测量放线记录。

(4)根据现场的具体条件,核查施工场地的控制点、水准点、平面控制网点和高程控制点的布设是否稳定、可靠。

(5)核查测量仪器的精度是否符合规定,测量仪器是否校验。

(6)专业监理工程师审查意见由专业监理工程师根据对测量放线资料的审查和现场实际复测情况签署。

表 4-12　施工测量放线报验表

<table>
<tr><td>工程名称</td><td>××教学楼</td><td>编号</td><td>01-B2-002</td></tr>
<tr><td>工程部位</td><td>××</td><td>日期</td><td>××××年××月××日</td></tr>
<tr><td>施工单位</td><td>××建设工程有限公司</td><td>监理单位</td><td>××监理公司</td></tr>
<tr><td colspan="4">致××监理公司(监理单位):
我方已完成(部位)____××教学楼____(内容)____±0.000 标高控制线____的测量放线,经自检合格,请予查验。
附件:
1. 放线的依据材料__2__页
2. 放线成果__2__页

测量员(签字):××　　岗位证书号:××
查验人(签字):××　　岗位证书号:××
施工单位:××项目部　　技术负责人(签字):××</td></tr>
</table>

续表

检验结果： 经查验： 1. 放线的依据材料合格、有效。 2. 放线结果符合施工图设计尺寸，达到了《工程测量规范》（GB 50026—2007）的精度要求。 检验结论：☑合格　　□纠错后重报 监理单位：×× 监理公司　监理工程师（签字）：××　日期：×××× 年 ×× 月 ×× 日

注：本表由施工单位填报，一式四份，经项目监理机构审核后，施工单位留存一份，项目监理机构收存三份。

3. 基槽验线记录

施工单位根据主控轴线和基底平面图检查建筑物基底外轮廓线、集水坑、电梯井、设备坑、垫层底标高、基槽断面尺寸和坡度等，填写基槽验线记录（表 4-13），报监理单位审核。其填写要求如下。

（1）附件应包括普通测量成果和基础平面图等。

（2）本表由施工单位填写，随相应部位的施工测量放线报验表进入资料流程。

（3）检查内容包括建筑物基底外轮廓线、集水坑、电梯井、设备坑、垫层底标高（高程）、基槽断面尺寸和坡度等。

（4）基槽平面、剖面简图应标明平面、剖面和指北针，同时说明集水坑、电梯井、设备坑等的具体位置。

（5）检查意见由施工单位根据监理的要求手写或用计算机录入。

（6）“签字栏”中的专业技术负责人为项目总工，专业质检员为现场质检员，施测人为施测单位主管。

（7）“施工单位”栏填写施工方。

（8）重点工程或大型工业厂房应有测量的原始记录。

表 4-13　基槽验线记录

工程名称	×× 教学楼	编号	××
验线部位	基槽	日期	×××× 年 ×× 月 ×× 日
验线依据和内容： 规划局委托的放线单位测设的定位点 1~A、1~L、29~A、29~L 和结施基础结构总平面图。			

续表

<table>
<tr><td colspan="5">基槽平面、剖面简图：
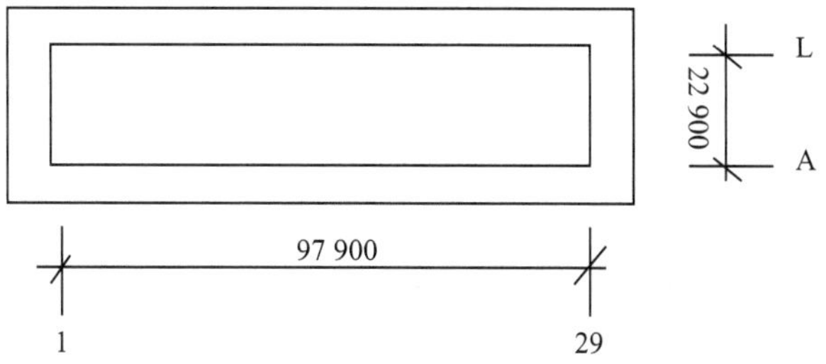
</td></tr>
<tr><td colspan="5">检查意见：
符合要求。</td></tr>
<tr><td rowspan="3">签字栏</td><td rowspan="2">建设(监理)单位</td><td>施工单位</td><td colspan="2">××建筑公司</td></tr>
<tr><td>专业技术负责人</td><td>专业质检员</td><td>施测人</td></tr>
<tr><td>××</td><td>××</td><td>××</td><td>××</td></tr>
</table>

注：本表由建设单位、施工单位、城建档案馆各保存一份。

4. 楼层平面放线记录

楼层平面放线记录(表 4-14)在完成楼层平面放线后，由施工单位按照相关要求填写并报监理单位审核。其填写要求如下。

(1)可附平面图。

(2)本表由施工单位填写，随相应部位的施工测量放线报验表进入资料流程。

(3)楼层平面放线内容包括轴线、墙柱轴线、墙柱边线、门窗洞口位置线、垂直度偏差等。

(4)放线内容和放线依据应详细、准确。

(5)放线简图应标明楼层轮廓线，楼层重要控制轴线、尺寸，分楼层段的具体图名等，同时要注明墙柱轴线、墙柱边线、门窗洞口位置线。

(6)检查意见由施工单位根据监理单位的要求手写或用计算机录入，应有测量的具体数据误差。

(7)“签字栏”中的技术负责人为项目总工，专业质检员为现场质检员，测量负责人为施测单位主管。

表 4-14　楼层平面放线记录

<table>
<tr><td rowspan="2">工程名称</td><td rowspan="2">教学楼 1-1~1-6/1-A~1-C 轴</td><td>编号</td><td>××</td></tr>
<tr><td>日期</td><td>××××年××月××日</td></tr>
<tr><td>放线部位</td><td>基础垫层</td><td>放线内容</td><td>轴线、墙柱线、门窗洞口位置线</td></tr>
</table>

续表

<table>
<tr><td colspan="6">放线依据：
1.《建筑施工测量技术规程》（DB11/T 446—2015）；
2.S3-1 施工测量方案；
3. 结构施工图（结-01），建筑施工图（建-101）。</td></tr>
<tr><td colspan="6">放线简图：
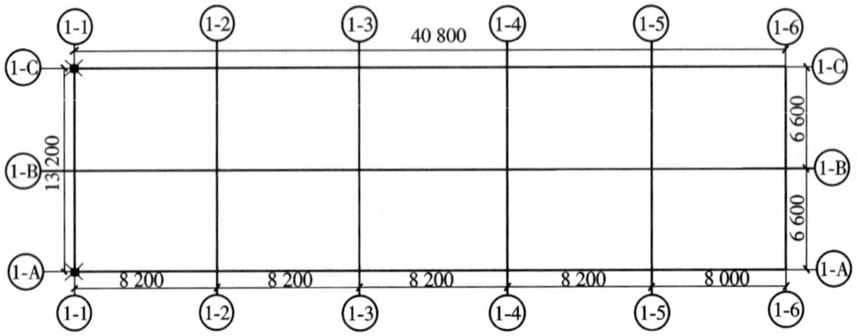

注：墙柱轴线、边线、门窗洞口线建-101 施工图</td></tr>
<tr><td colspan="6">检查意见：
符合要求。</td></tr>
<tr><td rowspan="3">签字栏</td><td rowspan="2">施工单位</td><td rowspan="2">××</td><td>技术负责人</td><td>专业质检员</td><td>测量负责人</td></tr>
<tr><td>××</td><td>××</td><td>××</td></tr>
<tr><td>建设（监理）单位</td><td>××</td><td>××</td><td>××</td><td>××</td></tr>
</table>

注：本表由施工单位填写并保存。

5. 建筑物垂直度、标高测量记录

施工单位应在结构工程完成和工程竣工时对建筑物进行垂直度测量，对标高、全高进行实测并记录，填写建筑物垂直度、标高测量记录（表 4-15），报监理单位审核。其填写要求如下。

（1）本表由施工单位填写，随相应部位的施工测量放线报验表进入资料流程。

（2）超过允许的偏差且影响结构性能的部位，应由施工单位提出技术处理方案并经建设（监理）单位认可后进行处理。

（3）房屋结构层和顶面标高指结构层的楼板顶和主要屋面板板顶的标高（不考虑局部突出屋顶的部分）。

（4）层高指结构层上楼板的板底至下楼板的板顶的距离，总高指室外地坪面至结构施工层楼板顶的高度。

（5）层高、总高的高度、垂直偏差、垂直度等的测量应在结构层完工时进行；全高顶面标高、垂直度的测量应在主体完工时进行。

（6）施工单位应根据建筑测量定位放线的规定另附详细的平面布置图和观测测量手簿。

表 4-15　建筑物垂直度、标高测量记录

<table>
<tr><td>工程名称</td><td colspan="2">× × 教学楼</td><td colspan="2">编号</td><td colspan="2">× ×</td></tr>
<tr><td>施工阶段</td><td colspan="2">结构工程完工</td><td colspan="2">日期</td><td colspan="2">× × × × 年 × × 月 × × 日</td></tr>
<tr><td colspan="7">观测说明（附观测示意图）：
天气：晴
风力：2~3 级　风向：南　温度：32 ℃
观测时间：10:00 AM
观测员：× ×　记录员：× ×
使用仪器：经纬仪 DJD2E（J2000352）
水准仪 DSZ2.5（S2000564）
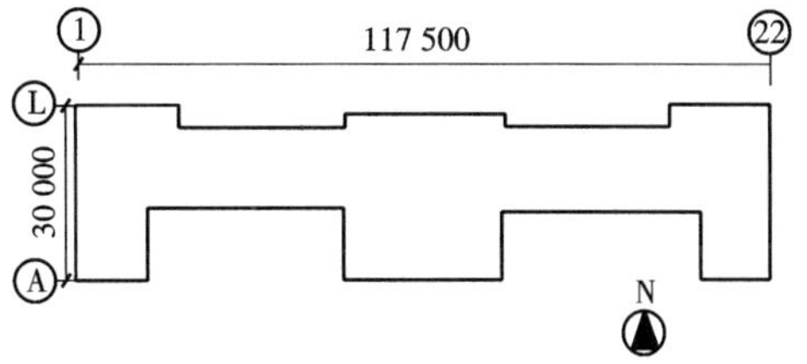
</td></tr>
<tr><td colspan="3">垂直度测量（全高）7.50 m</td><td colspan="4">标高测量（全高）7.50 m</td></tr>
<tr><td>观测部位</td><td colspan="2">实测偏差/mm</td><td colspan="2">观测部位</td><td colspan="2">实测偏差/mm</td></tr>
<tr><td>1/</td><td colspan="2">偏北 4</td><td colspan="2">1/</td><td colspan="2">5</td></tr>
<tr><td>1/</td><td colspan="2">偏东 3</td><td colspan="2"></td><td colspan="2"></td></tr>
<tr><td>1/</td><td colspan="2">偏南 5</td><td colspan="2">1/</td><td colspan="2">-3</td></tr>
<tr><td>1/</td><td colspan="2">偏南 4</td><td colspan="2"></td><td colspan="2"></td></tr>
<tr><td>8/</td><td colspan="2">偏北 4</td><td colspan="2">8/</td><td colspan="2">-6</td></tr>
<tr><td>8/</td><td colspan="2">偏西 5</td><td colspan="2"></td><td colspan="2"></td></tr>
<tr><td>8/</td><td colspan="2">偏东 3</td><td colspan="2">8/</td><td colspan="2">-8</td></tr>
<tr><td>8/</td><td colspan="2">偏南 5</td><td colspan="2"></td><td colspan="2"></td></tr>
<tr><td colspan="7">结论：
本次观测建筑物垂直度（全高）偏差最大为 5 mm，标高（全高）偏差最大为 8 mm，符合《混凝土结构工程施工质量验收规范》（GB 50204—2015）的规定和设计要求。</td></tr>
<tr><td rowspan="3">签字栏</td><td rowspan="2">施工单位</td><td rowspan="2">× ×</td><td>专业技术负责人</td><td>专业质检员</td><td colspan="2">施测人</td></tr>
<tr><td>× ×</td><td>× ×</td><td colspan="2">× ×</td></tr>
<tr><td>建设（监理）单位</td><td colspan="2">× ×</td><td>专业工程师</td><td colspan="2">× ×</td></tr>
</table>

注：本表由施工单位填写，监理单位、建设单位、施工单位各保存一份。

6. 沉降观测记录

沉降观测记录（表 4-16）是为保证建（构）筑物的质量满足设计对建筑使用年限的要求而对建筑物进行沉降观测的施工测量记录。其填写要求如下。

（1）根据设计要求和规范规定，凡需进行沉降观测的工程，应由建设单位委托有资质的测量单位进行施工过程中和竣工后的沉降观测工作。

（2）测量单位应按设计要求、规范规定和监理单位批准的沉降观测方案设置沉降观测点，绘制沉降观测点布置图，定期进行沉降观测记录，并应附沉降观测点的沉降量与时间、荷载的关系图和沉降观测技术报告。

表 4-16　沉降观测记录

<table>
<tr><td>工程名称</td><td colspan="4">× × 教学楼</td><td colspan="4">水准点(BM)相对标高</td><td colspan="4">0.150 m</td></tr>
<tr><td rowspan="4">观测点编号</td><td colspan="3">第 1 次</td><td colspan="3">第 2 次</td><td colspan="3">第 3 次</td><td colspan="3">第 4 次</td></tr>
<tr><td colspan="3">× × × × 年
× × 月 × × 日</td><td colspan="3">× × × × 年
× × 月 × × 日</td><td colspan="3">× × × × 年
× × 月 × × 日</td><td colspan="3">× × × × 年
× × 月 × × 日</td></tr>
<tr><td rowspan="2">标高
/m</td><td colspan="2">沉降量
/mm</td><td rowspan="2">标高
/m</td><td colspan="2">沉降量
/mm</td><td rowspan="2">标高
/m</td><td colspan="2">沉降量
/mm</td><td rowspan="2">标高
/m</td><td colspan="2">沉降量
/mm</td></tr>
<tr><td>本次</td><td>累计</td><td>本次</td><td>累计</td><td>本次</td><td>累计</td><td>本次</td><td>累计</td></tr>
<tr><td>M1</td><td>0.190</td><td>—</td><td>—</td><td>0.191</td><td>1</td><td>1</td><td>0.192</td><td>1</td><td>2</td><td>0.192</td><td>0</td><td>2</td></tr>
<tr><td>M2</td><td>0.160</td><td>—</td><td>—</td><td>0.161</td><td>1</td><td>1</td><td>0.162</td><td>1</td><td>2</td><td>0.163</td><td>1</td><td>3</td></tr>
<tr><td>M3</td><td>0.130</td><td>—</td><td>—</td><td>0.132</td><td>2</td><td>2</td><td>0.132</td><td>0</td><td>2</td><td>0.132</td><td>0</td><td>2</td></tr>
<tr><td>M4</td><td>0.140</td><td>—</td><td>—</td><td>0.141</td><td>1</td><td>1</td><td>0.142</td><td>1</td><td>2</td><td>0.143</td><td>1</td><td>3</td></tr>
<tr><td>M5</td><td>0.180</td><td>—</td><td>—</td><td>0.182</td><td>2</td><td>2</td><td>0.182</td><td>0</td><td>2</td><td>0.183</td><td>1</td><td>3</td></tr>
<tr><td>M6</td><td>0.220</td><td>—</td><td>—</td><td>0.222</td><td>2</td><td>2</td><td>0.223</td><td>1</td><td>3</td><td>0.224</td><td>1</td><td>4</td></tr>
<tr><td>M7</td><td>0.210</td><td>—</td><td>—</td><td>0.211</td><td>1</td><td>1</td><td>0.212</td><td>1</td><td>2</td><td>0.213</td><td>1</td><td>3</td></tr>
<tr><td>M8</td><td>0.160</td><td>—</td><td>—</td><td>0.160</td><td>0</td><td>0</td><td>0.161</td><td>1</td><td>1</td><td>0.163</td><td>2</td><td>3</td></tr>
<tr><td>M9</td><td>0.200</td><td>—</td><td>—</td><td>0.201</td><td>1</td><td>1</td><td>0.202</td><td>1</td><td>2</td><td>0.203</td><td>1</td><td>3</td></tr>
<tr><td>M10</td><td>0.170</td><td>—</td><td>—</td><td>0.171</td><td>1</td><td>1</td><td>0.171</td><td>0</td><td>1</td><td>0.172</td><td>1</td><td>2</td></tr>
<tr><td>M11</td><td>0.230</td><td>—</td><td>—</td><td>0.230</td><td>0</td><td>0</td><td>0.231</td><td>1</td><td>1</td><td>0.233</td><td>2</td><td>3</td></tr>
<tr><td>M12</td><td>0.200</td><td>—</td><td>—</td><td>0.202</td><td>2</td><td>2</td><td>0.202</td><td>0</td><td>2</td><td>0.202</td><td>0</td><td>2</td></tr>
<tr><td colspan="2">工程部位</td><td colspan="3">底柱混凝土</td><td colspan="3">二层板混凝土</td><td colspan="3">三层板混凝土</td><td colspan="2">四层板混凝土</td></tr>
<tr><td colspan="2">观测者</td><td colspan="3">× ×</td><td colspan="3">× ×</td><td colspan="3">× ×</td><td colspan="2">× ×</td></tr>
<tr><td colspan="2">检测者</td><td colspan="3">× ×</td><td colspan="3">× ×</td><td colspan="3">× ×</td><td colspan="2">× ×</td></tr>
<tr><td colspan="13">填表单位:× ×　　负责人:× ×　　制表人:× ×</td></tr>
</table>

三、施工物资资料

1. 通用记录

1)工程物资的分类

工程物资按验收管理的要求分为三类。

(1)Ⅰ类物资。Ⅰ类物资指仅须有出厂质量证明文件的工程物资,如防火涂料、管材等。

(2)Ⅱ类物资。Ⅱ类物资指除必须有出厂质量证明文件外,还必须通过复试才能认可其质量的物资,如水泥、钢筋等。

此类物资主要是涉及安全、功能的物资,因此出厂后应按规定进行复试。验收批量的划分和必试项目均应符合有关规定,也可根据工程的特殊需要增加试验项目。水泥出厂超过 3 个月,快硬硅酸盐水泥出厂 1 个月后必须进行复试并提供复试检验(试验)报告，复试结果的有效期限同出厂有效期限。在钢筋混凝土结构、预应力混凝土结构中，严禁使用含氯化物的水泥；在工程物资试验中，按规定允许重新取样加次复试的物资，两次试验报告都要保留。

根据《混凝土结构工程施工质量验收规范》（GB 50204—2015），有抗震设防要求的框架结构纵向受力钢筋的强度应满足设计要求。当设计无具体要求时，对一、二级抗震等级，纵向受力钢筋检验所得的强度实测值应符合以下规定：①钢筋的抗拉强度实测值与屈服强度实测值的比值不应小于 1.25；②钢筋的屈服强度实测值与标准值的比值不应大于 1.3。

（3）Ⅲ类物资。Ⅲ类物资指除须有出厂质量证明文件、复试检验（试验）报告外，在施工完成后，还需在规定的龄期后经检验（试验）方能认可其质量的物资，如混凝土、砌筑砂浆等。

2）工程物资资料的相关要求

（1）出厂质量证明文件的复印件应与原件内容一致，加盖原件存放单位的公章，注明原件存放处，并有经办人签字和签字时间。

（2）使用的新材料、新产品应由具备鉴定资格的单位或部门出具鉴定证书，同时应有质量标准和试验要求，还应有安装、维修、使用和工艺标准等相关技术文件。

（3）涉及安全、卫生、环保的物资，如压力容器、消防设备、生活供水设备、卫生洁具等，应有相应等级资质的检测单位出具的检测报告。

（4）进口材料和设备应具有商检证明、中文版的出厂质量证明文件、性能检测报告以及中文版的安装、维修、使用和工艺标准等相关技术文件。

（5）被列入《实施强制性产品认证的产品目录》的建筑电气产品必须经过中国国家认证认可监督管理委员会认证，认证标志为“中国强制认证（CCC）”，并且在认证有效期内符合认证要求方可使用。

3）材料、构配件进场检验记录

材料、构配件进场检验记录见表 4-17，其填写要求如下。

（1）材料、构配件进场后，应由建设、监理单位会同施工单位共同对进场物资进行检查验收。

（2）对进场物资进行检查验收的主要项目有：①物资出厂质量证明文件和检测报告是否齐全；②实际进场物资的数量、规格和型号等是否满足设计和施工计划要求；③物资的外观质量是否满足设计要求或规范规定；④按规定须抽检的物资是否及时抽检。

（3）建筑工程采用施工总承包管理模式的，签字人员应为施工总承包单位的相关人员。

（4）按规定应进场复试的工程物资必须在进场检查验收合格后取样复试。

表 4-17　材料、构配件进场检验记录

工程名称				编号			
施工单位				检验日期			
序号	名称	规格、型号	进场数量	生产厂家 合格证号	外观 检验项目 检验结果	试件编号 复试结果	备注
检查意见（施工单位）：							
验收意见（监理/建设单位）：							
签字栏	施工单位		专业质检员		专业工长		检验员
	建设（监理）单位				专业工程师		

注：本表由施工单位填写，监理单位、建设单位、施工单位各保存一份。

4）材料试验报告

通用的材料试验报告见表 4-18。

表 4-18　材料试验报告

工程名称和部分				试验编号	
委托单位				试验委托人	
材料名称和规格				产地、厂别	
代表数量		来样日期		试验日期	
要求的试验项目及其说明：					
批准人		审核人		试验人	
试验单位					
报告日期					

注：本表由试验单位、施工单位、建设单位各保存一份。

5)设备开箱检验记录

设备开箱检验记录见表4-19,其填写要求如下。

(1)设备进场后,由建设(监理)单位、施工单位、供货单位共同开箱检验。

(2)设备必须具有出厂质量证明文件,规格、型号和性能检测报告应符合国家技术标准或设计要求,进场时应进行检查验收。

(3)主要器具和设备必须有完整的安装使用说明书。

(4)在运输、保管和施工过程中,应采取有效的措施防止设备被损坏或腐蚀。

(5)对检验中发现的缺损附件、备件要列出明细,待供货单位更换后重新验收。

(6)测试情况的填写应以专项施工及验收规范的相关条款为依据。

表4-19　设备开箱检验记录

<table>
<tr><td>工程名称</td><td colspan="2"></td><td colspan="1">编号</td><td colspan="2"></td></tr>
<tr><td>设备名称</td><td colspan="2"></td><td>规格、型号</td><td colspan="2"></td></tr>
<tr><td>生产厂家</td><td colspan="2"></td><td>产品合格证编号</td><td colspan="2"></td></tr>
<tr><td>总数量</td><td colspan="2"></td><td>检验数量</td><td colspan="2"></td></tr>
<tr><td colspan="6">进场检验记录</td></tr>
<tr><td>包装情况</td><td colspan="5"></td></tr>
<tr><td>随机文件</td><td colspan="5"></td></tr>
<tr><td>附件与备件</td><td colspan="5"></td></tr>
<tr><td>外观情况</td><td colspan="5"></td></tr>
<tr><td>测试情况</td><td colspan="5"></td></tr>
<tr><td colspan="6">缺损附(备)件明细</td></tr>
<tr><td>序号</td><td>附(备)件名称</td><td>规格</td><td>单位</td><td>数量</td><td>备注</td></tr>
<tr><td></td><td></td><td></td><td></td><td></td><td></td></tr>
<tr><td></td><td></td><td></td><td></td><td></td><td></td></tr>
<tr><td colspan="6">检查意见(施工单位):
附件:共　页</td></tr>
<tr><td colspan="6">验收意见(监理/建设单位):
□同意　□重新检验　□退场　　　验收日期:</td></tr>
<tr><td rowspan="3">签字栏</td><td>供货单位</td><td></td><td>责任人</td><td colspan="2"></td></tr>
<tr><td>施工单位</td><td></td><td>专业工长</td><td colspan="2"></td></tr>
<tr><td>监理或建设单位</td><td></td><td>专业工程师</td><td colspan="2"></td></tr>
</table>

注:本表由施工单位填写,监理单位、施工单位各保存一份。

6）设备和管道附件试验记录

设备和管道附件试验记录见表 4-20。

表 4-20　设备和管道附件试验记录

工程名称					编号	
使用部位					试验日期	
试验要求						
设备/管道附件名称						
材质、型号						
规格						
试验数量						
试验介质						
公称压力或工作压力/MPa						
强度试验	试验压力/MPa					
	试验持续时间/s					
	试验压力降/MPa					
	渗漏情况					
	试验结论					
严密性试验	试验压力/MPa					
	试验持续时间/s					
	试验压力降/MPa					
	渗漏情况					
	试验结论					
签字栏	施工单位		专业质检员	专业工长	检验员	
	建设或监理单位			专业工程师		

注：本表由施工单位填写，建设单位、监理单位、施工单位各保存一份。

2. 建筑与结构工程物资资料

建筑与结构工程物资资料包括半成品钢筋出厂合格证，预制混凝土构件出厂合格证，钢构件出厂合格证，预拌混凝土出厂合格证，钢筋力学（原材料、焊接）性能检测报告，钢材合格证和复试报告汇总表，钢材检验报告，水泥检测报告，水泥试验报告，水泥复试报告，砂、石检测报告，砂子试验报告，石子试验报告，外加剂检测报告，混凝土外加剂（及其他材料）产品合格证、出厂检验报告和进场复检报告汇总表，混凝土外加剂试验报告，掺和料检测报告，混凝土掺和料试验报告，防水材料检测报告，防水材料合格证、复试报告汇总表，防水卷材试验报告，沥青试验报告，防水涂料试验报告，砖与砌块检验报告汇总表，烧结普通砖试验报告，加气混凝土砌块试验报告，混凝土空心砌块检验报告，轻集料试验报告，装饰、装修物资检测报告，陶瓷彩色釉面砖试验报告等。

1）各种物资的出厂合格证、质量保证书和商检证等

（1）半成品钢筋出厂合格证。半成品钢筋出厂合格证见表 4-21。

表 4-21　半成品钢筋出厂合格证

<table>
<tr><td colspan="4">半成品钢筋出厂合格证</td><td colspan="2">编号</td><td colspan="2"></td></tr>
<tr><td colspan="2">工程名称</td><td></td><td>委托单位</td><td colspan="2"></td><td>合格证编号</td><td></td></tr>
<tr><td colspan="2">供应总量/t</td><td></td><td>加工日期</td><td colspan="2"></td><td>供货日期</td><td></td></tr>
<tr><td>序号</td><td>级别、规格</td><td>供应数量/t</td><td>进货日期</td><td>生产厂家</td><td>原材料报告编号</td><td>复试报告编号</td><td>使用部位</td></tr>
<tr><td></td><td></td><td></td><td></td><td></td><td></td><td></td><td></td></tr>
<tr><td></td><td></td><td></td><td></td><td></td><td></td><td></td><td></td></tr>
<tr><td></td><td></td><td></td><td></td><td></td><td></td><td></td><td></td></tr>
<tr><td></td><td></td><td></td><td></td><td></td><td></td><td></td><td></td></tr>
<tr><td></td><td></td><td></td><td></td><td></td><td></td><td></td><td></td></tr>
<tr><td></td><td></td><td></td><td></td><td></td><td></td><td></td><td></td></tr>
<tr><td colspan="3">供货单位技术负责人</td><td colspan="3">填表人</td><td colspan="2" rowspan="3">供货单位
（公章）</td></tr>
<tr><td colspan="3"></td><td colspan="3"></td></tr>
<tr><td colspan="3">申报日期</td><td colspan="3"></td></tr>
</table>

（2）预制混凝土构件出厂合格证。预制混凝土构件出厂合格证见表 4-22。

表 4-22　预制混凝土构件出厂合格证

<table>
<tr><td colspan="2">构件名称</td><td colspan="2"></td><td colspan="7">合格证编号</td><td colspan="4"></td></tr>
<tr><td colspan="2">构件型号</td><td colspan="2"></td><td colspan="3">构件规格</td><td colspan="4"></td><td colspan="3">供应数量</td><td></td></tr>
<tr><td colspan="2">制造厂</td><td colspan="9"></td><td colspan="3">企业级别</td><td></td></tr>
<tr><td colspan="2">标准图号或
设计图纸号</td><td colspan="9"></td><td colspan="3">混凝土设计
强度等级</td><td></td></tr>
<tr><td colspan="2">混凝土浇筑日期</td><td colspan="9"></td><td colspan="3">构件出厂日期</td><td></td></tr>
<tr><td rowspan="9">性能检验评定结果</td><td colspan="4">混凝土</td><td colspan="10">主筋</td></tr>
<tr><td colspan="4">28 d 抗压强度</td><td colspan="4">试验编号</td><td colspan="4">力学性能</td><td colspan="2">工艺性能</td></tr>
<tr><td colspan="4"></td><td colspan="4"></td><td colspan="4"></td><td colspan="2"></td></tr>
<tr><td colspan="14">外观</td></tr>
<tr><td colspan="7">质量状况</td><td colspan="7">规格、尺寸</td></tr>
<tr><td colspan="7"></td><td colspan="7"></td></tr>
<tr><td colspan="14">结构性能</td></tr>
<tr><td colspan="2">承载力</td><td colspan="3">挠度</td><td colspan="4">抗裂检验</td><td colspan="2">裂缝宽度</td><td colspan="3">试验编号</td></tr>
<tr><td colspan="2"></td><td colspan="3"></td><td colspan="4"></td><td colspan="2"></td><td colspan="3"></td></tr>
</table>

续表

结论		备注		
填表日期	技术负责人	质检员	生产单位 （公章）	
年 月 日				

（3）钢构件出厂合格证。钢构件出厂合格证见表4-23。

表4-23 钢构件出厂合格证

构件厂（公章）	企业级别		营业执照注册号		
工程名称		委托加工单位		合同编号	
构件名称、型号	单位	数量	构件形式（图示）		
质量鉴定情况		钢材材质检验合格证编号			
1. 采用图号 2. 焊条（焊剂）牌号 3. 焊件编号 4. 制品外观、尺寸检验情况 5. 焊缝探伤记录编号		规格	编号	规格	编号
进场后验收意见：			施工单位： 建设或监理单位： 填表时间：		

（4）预拌混凝土出厂合格证。预拌混凝土出厂合格证见表4-24。

表4-24 预拌混凝土出厂合格证

工程名称				合格证编号		
供货单位				准用证编号		
订货单位				合同编号		
使用部位				强度等级		
本次供应数量		供应日期		年 月 日至 年 月 日		
原材料						
材料名称	水泥	砂	石	掺和料	外加剂（厂名、准用证编号）	
品种与规格						
试验编号						
设计配合比		配合比试验编号				

续表

水胶比		砂率		坍落度	
混凝土标准养护强度					
序号	成型日期		试验编号	强度代表值/MPa	
1					
2					
3					
4					
5					
混凝土抗渗等级			试验编号		
技术负责人：		填表人：		填表时间：	

2）钢筋力学（原材料、焊接）性能检测报告

（1）资料准备。

①钢筋（材）和相关材料（如钢筋连接用机械连接套筒）必须有出厂质量证明文件。

②钢筋和重要钢材应按现行规范的规定取样做力学性能的复试，承重结构钢筋和重要钢材应实行有见证取样和送检。

③当使用的进口钢材、钢筋脆断、焊接性能不良或力学性能显著不正常时，应进行化学成分检验或其他专项检验，并应有检验报告。

（2）注意事项。钢筋对混凝土结构的承载力至关重要，应加强进场物资的验收和复验，有下列情况之一的钢筋应视为不合格品：出厂质量证明文件不齐全；品种、规格与设计文件中的品种、规格不一致；机械性能检验项目不齐全或某一机械性能指标不符合标准的规定；进口钢材在使用前未做化学成分检验和可焊性试验。《混凝土结构工程施工质量验收规范》（GB 50204—2015）中规定，有抗震设防要求的框架结构纵向受力钢筋的强屈比应满足设计要求。当设计无具体要求时，对一、二级抗震等级，检验所得的强度实测值应符合下列规定：钢筋的抗拉强度实测值与屈服强度实测值的比值不应小于1.25；钢筋的屈服强度实测值与标准值的比值不应大于1.3。其目的是保证钢筋在地震力作用下具有足够的变形能力。该规定为强制性条文，应严格执行。在施工过程中，若发现钢筋性能异常，应立即停止使用，并对同类钢筋进行专项检验。

3）钢材合格证和复试报告汇总表

钢材合格证和复试报告汇总表见表4-25。

表4-25　钢材合格证和复试报告汇总表

序号	钢材品种、级别	生产厂家	进场数量	合格证编号	复试报告	主要使用部位和有关说明
1						
2						

续表

序号	钢材品种、级别	生产厂家	进场数量	合格证编号	复试报告	主要使用部位和有关说明
3						
4						
5						
6						
7						
技术负责人：			质量检查员：			

4）钢材检验报告

钢材检验报告见表4-26。

表4-26　钢材检验报告

委托单位					送样日期		年　月　日			
报告编号					报告日期		年　月　日			
工程名称					使用部位					
试件编号	种类		牌号	等级	规格		生产厂家			
质量证明书编号	代表数量		检验日期		检验依据		检验条件			
检验项目	直径（厚度）/mm	屈服强度/MPa	抗拉强度/MPa	伸长率/%	总伸长率/%	冷弯弯心直径*d*，弯曲角度	结果	强屈比	超屈比	重量负偏差/%
标准要求		≥335	≥455	≥17	≥9	d=3a，180°	合格	≥1.25	≤1.30	≤8
检验结果										
检验项目	碳（C）/%		硅（Si）/%		锰（Mn）/%	磷（P）/%		硫（S）/%		氧（O）/%
标准要求										
检验结果										
结论										
备注										

续表

施工单位： 建设(监理)单位：			
试验单位：	负责人：	审核人：	试验人：

5)水泥检测报告

(1)资料准备。

①水泥生产厂家必须提供出厂质量证明文件，内容应包括厂别、出厂日期、出厂编号和必要的试验数据；水泥生产厂家应在水泥出厂 7 d 内提供 28 d 强度以外的各项试验结果，28 d 强度应在水泥出厂 32 d 内补报。

②用于承重结构的水泥、用于使用部位有强度等级要求的水泥、出厂超过 3 个月的水泥(快硬硅酸盐水泥为 1 个月)和进口水泥在使用前必须进行复试，并应具有试验报告。

(2)注意事项。用于钢筋混凝土结构、预应力混凝土结构的水泥，其检测报告中应包括有害物含量检测的内容；混凝土和砌筑砂浆用水泥应实行有见证取样和送检。

6)水泥试验报告

水泥试验报告见表 4-27。

表 4-27　水泥试验报告

委托单位：__________　　报告编号：__________
工程名称：__________　　委托编号：__________
厂名、牌号：__________　　试验日期：__________
品种、标号：__________　　报告日期：__________
出厂批号：__________　　代表数量：__________
使用部位：__________　　取样地点：__________

试验项目		标准规定值		试验结果
细度/%				
标准稠度用水量/%				
凝结时间	初凝			
	终凝			
安定性				
胶砂强度				
类别	龄期	标准规定值	实测值	
抗折强度/MPa				
抗压强度/MPa				
检测评定依据：		试验意见：		
试验人：	复核人：	技术负责人：	单位(公章)：	

7)水泥复试报告

水泥复试报告见表4-28。

表4-28　水泥复试报告

委托单位：________　　　　取样日期：________
检验编号：________　　　　报告日期：________

工程名称				使用部位	
试样编号	水泥品种	商标	强度等级	生产厂家	质量证明书编号
出厂日期	进场日期	代表数量	检验日期	检验依据	检验条件
检验项目		标准要求		检验结果	
凝结时间	初凝				
	终凝				
安定性（试饼法）					
龄期/d	抗压强度/MPa		抗折强度/MPa		
	个别值	平均值	个别值	平均值	
3					
28					
细度/%					
标准稠度/%					
结论					
备注					
施工单位： 建设(监理)单位：					
试验单位：	负责人：	审核人：	试验人：		

8)砂、石检测报告

(1)资料准备。砂、石在使用前应按规定取样复试，并应具有试验报告。

(2)注意事项。受地下水影响较大的地下结构，按规定应预防碱集料反应的结构部位所使用的砂、石还应进行碱活性检验，由供货单位提供碱活性检测报告。

9）砂子试验报告

砂子试验报告见表 4-29。

表 4-29　砂子试验报告

委托单位：________　　　　　　　　取样日期：________

检验编号：________　　　　　　　　报告日期：________

<table>
<tr><td colspan="2">工程名称</td><td colspan="6"></td><td colspan="2">使用部位</td><td></td></tr>
<tr><td colspan="2">试样编号</td><td colspan="2">种类</td><td colspan="2">产地</td><td colspan="2">代表数量</td><td colspan="2">检验日期</td><td>检验依据</td></tr>
<tr><td colspan="2"></td><td colspan="2"></td><td colspan="2"></td><td colspan="2"></td><td colspan="2"></td><td></td></tr>
<tr><td colspan="11">筛分析</td></tr>
<tr><td colspan="2">筛孔尺寸/mm</td><td>10.00</td><td>5.00</td><td>2.50</td><td>1.25</td><td>0.63</td><td>0.315</td><td>0.16</td><td>细度模数</td><td>粗细程度</td></tr>
<tr><td rowspan="3">种类</td><td>Ⅰ区</td><td></td><td></td><td></td><td></td><td></td><td></td><td></td><td></td><td></td></tr>
<tr><td>Ⅱ区</td><td></td><td></td><td></td><td></td><td></td><td></td><td></td><td></td><td></td></tr>
<tr><td>Ⅲ区</td><td></td><td></td><td></td><td></td><td></td><td></td><td></td><td colspan="2">级配区域</td></tr>
<tr><td colspan="2">累计筛余/%</td><td></td><td></td><td></td><td></td><td></td><td></td><td></td><td colspan="2"></td></tr>
<tr><td colspan="2">检验项目</td><td colspan="2">标准要求</td><td colspan="2">检验结果</td><td colspan="2">检验项目</td><td colspan="2">标准要求</td><td>检验结果</td></tr>
<tr><td colspan="2">含泥量/%</td><td colspan="2"></td><td colspan="2"></td><td colspan="2">坚固性/%</td><td colspan="2"></td><td></td></tr>
<tr><td colspan="2">泥块含量/%</td><td colspan="2"></td><td colspan="2"></td><td colspan="2">体积密度/（kg/m³）</td><td colspan="2"></td><td></td></tr>
<tr><td colspan="2">云母含量/%</td><td colspan="2"></td><td colspan="2"></td><td colspan="2">空隙率/%</td><td colspan="2"></td><td></td></tr>
<tr><td colspan="2">有机物含量/%</td><td colspan="2"></td><td colspan="2"></td><td colspan="2">密度/（kg/m³）</td><td colspan="2"></td><td></td></tr>
<tr><td colspan="2">氯化物含量/%</td><td colspan="2"></td><td colspan="2"></td><td colspan="2">碱集料反应</td><td colspan="2"></td><td></td></tr>
<tr><td colspan="2">碱化物含量/%</td><td colspan="2"></td><td colspan="2"></td><td colspan="5"></td></tr>
<tr><td colspan="2">结论</td><td colspan="9"></td></tr>
<tr><td colspan="2">备注</td><td colspan="9"></td></tr>
<tr><td colspan="11">施工单位：
建设（监理）单位：</td></tr>
<tr><td colspan="11">审核人：　　　　试验人：　　　　试验单位：　　　　负责人：</td></tr>
</table>

10）石子试验报告

石子试验报告见表 4-30。

表 4-30　石子试验报告

委托单位：＿＿＿＿＿＿　　　　　　　　取样日期：＿＿＿＿＿＿

检验编号：＿＿＿＿＿＿　　　　　　　　报告日期：＿＿＿＿＿＿

工程名称						使用部位			
试样编号	种类		产地		代表数量		检验日期		检验依据
筛分析									
筛孔尺寸/mm	10.00	5.00	2.50	1.25	0.63	0.315	0.16	细度模数	粗细程度
种类									
累计筛余/%								级配区域	
检验项目	标准要求		检验结果		检验项目		标准要求		检验结果
含泥量/%					空隙率/%				
泥块含量/%					密度/(kg/m³)				
针片状颗粒含量/%					碱集料反应				
体积密度/(kg/m³)					压碎值/%				
坚固性/%									
结论									
备注									
施工单位： 建设(监理)单位：									
试验单位：			负责人：			审核人：		试验人：	

11)外加剂检测报告

外加剂主要包括减水剂、早强剂、缓凝剂、泵送剂、防水剂、防冻剂、膨胀剂、引气剂和速凝剂等。

(1)资料准备。

①必须提供质量合格证明书或合格证、具有相应等级资质的检测部门出具的检测报告、产品性能和使用说明书等。

②使用前应按照现行产品标准和检测方法标准的规定取样复试，并应具有复试报告；承重结构混凝土使用的外加剂应实行有见证取样和送检。

(2)注意事项。钢筋混凝土结构使用的外加剂应有氯化物含量检测报告。当含有氯化物时，应进行氯化物总含量的检测，氯化物总含量应符合国家现行标准的要求。

12）混凝土外加剂（及其他材料）产品合格证、出厂检验报告和进场复检报告汇总表

混凝土外加剂（及其他材料）产品合格证、出厂检验报告和进场复检报告汇总表见表4-31。

表 4-31　混凝土外加剂（及其他材料）产品合格证、出厂检验报告和进场复检报告汇总表

外加剂品种（材料品种）	生产厂家	产品合格证、出厂检验报告编号	进场复检报告编号	使用部位

13）混凝土外加剂试验报告

混凝土外加剂试验报告见表4-32。

表 4-32　混凝土外加剂试验报告

委托单位：____________　　　　　　　　取样日期：____________

检验编号：____________　　　　　　　　报告日期：____________

<table>
<tr><td>工程名称</td><td colspan="5"></td><td colspan="2">使用部位</td><td colspan="2"></td></tr>
<tr><td>试样编号</td><td colspan="2">种类</td><td colspan="3">型号</td><td colspan="2">生产厂家</td><td colspan="2">质量合格证明书编号</td></tr>
<tr><td></td><td colspan="2"></td><td colspan="3"></td><td colspan="2"></td><td colspan="2"></td></tr>
<tr><td>进场日期</td><td colspan="2">代表数量</td><td colspan="3">检验日期</td><td colspan="2">检验依据</td><td colspan="2">检验条件</td></tr>
<tr><td></td><td colspan="2"></td><td colspan="3"></td><td colspan="2"></td><td colspan="2"></td></tr>
<tr><td colspan="3">检验项目</td><td>标准要求</td><td>检验结果</td><td colspan="3">检验项目</td><td>标准要求</td><td>检验结果</td></tr>
<tr><td colspan="3">减水率/%</td><td></td><td></td><td colspan="3">氯离子含量/%</td><td></td><td></td></tr>
<tr><td colspan="2" rowspan="2">泌水率比/%</td><td>常压</td><td></td><td></td><td colspan="3" rowspan="2">钢筋锈蚀</td><td colspan="2" rowspan="2"></td></tr>
<tr><td>压力</td><td></td><td></td></tr>
<tr><td colspan="3">含气量/%</td><td></td><td></td><td colspan="3">含固量/%</td><td></td><td></td></tr>
<tr><td colspan="2" rowspan="2">凝结时间差/min</td><td>初凝</td><td></td><td></td><td colspan="2" rowspan="2">抗压强度比</td><td>7 d</td><td></td><td></td></tr>
<tr><td>终凝</td><td></td><td></td><td>28 d</td><td></td><td></td></tr>
<tr><td colspan="2">结论</td><td colspan="8"></td></tr>
<tr><td colspan="2">备注</td><td colspan="8"></td></tr>
<tr><td colspan="10">试验单位：　　　　负责人：　　　　审核人：　　　　试验人：</td></tr>
</table>

14)掺和料检测报告

掺和料主要包括粉煤灰、粒化高炉矿渣粉、氟石粉、硅灰和复合掺和料等。

掺和料必须有出厂质量证明文件。

(1)资料准备。

(2)注意事项。用于结构工程的掺和料应按规定取样复试,并应有复试报告。

15)混凝土掺和料试验报告

混凝土掺和料试验报告见表 4-33。

表 4-33　混凝土掺和料试验报告

<table>
<tr><td colspan="2">工程名称</td><td colspan="3"></td><td>试样编号</td><td colspan="2"></td></tr>
<tr><td colspan="2">委托单位</td><td colspan="4"></td><td>委托人</td><td></td></tr>
<tr><td colspan="2">掺和料种类</td><td></td><td>等级</td><td colspan="2"></td><td>产地</td><td></td></tr>
<tr><td colspan="2">代表数量</td><td></td><td>来样日期</td><td colspan="2"></td><td>试验日期</td><td></td></tr>
<tr><td rowspan="7">试验结果</td><td rowspan="2">一、细度</td><td>0.045 mm 方孔筛筛余</td><td colspan="5"></td></tr>
<tr><td>80 μm 方孔筛筛余</td><td colspan="5"></td></tr>
<tr><td colspan="2">二、需水量比</td><td colspan="5"></td></tr>
<tr><td colspan="2">三、吸铵值</td><td colspan="5"></td></tr>
<tr><td colspan="2">四、28 d 水泥胶砂抗压强度比</td><td colspan="5"></td></tr>
<tr><td colspan="2">五、烧失量</td><td colspan="5"></td></tr>
<tr><td colspan="2">六、其他</td><td colspan="5"></td></tr>
<tr><td colspan="2">结论</td><td colspan="6"></td></tr>
<tr><td colspan="2">批准人</td><td></td><td>审核人</td><td colspan="2"></td><td>试验人</td><td></td></tr>
<tr><td colspan="2">试验单位</td><td colspan="6"></td></tr>
<tr><td colspan="2">报告日期</td><td colspan="6"></td></tr>
</table>

16)防水材料检测报告

防水材料主要包括防水涂料、防水卷材、胶黏剂、止水带、膨胀胶条、密封膏、密封胶、水泥基渗透结晶防水材料等。

(1)资料准备。

①防水材料必须有出厂质量证明文件、具有相应等级资质的检测部门出具的检测报告、产品性能和使用说明书。

②防水材料进场后应先进行外观检查,确认合格后再按规定取样复试,并实行有见证取样和送检。

(2)注意事项。

①如使用新型防水材料,应有相关法定部门、单位的鉴定资料文件,专门的施工工艺操作规程和有代表性的抽样试验记录。

②胶黏剂、止水条、密封膏等辅助性防水材料用于用量较少的一般工程时,若供货方提供了有效的试验报告和出厂质量证明文件,且进场外观检查合格,可不进行进场复验。

17)防水材料合格证、复试报告汇总表

防水材料合格证、复试报告汇总表见表 4-34。

表 4-34　防水材料合格证、复试报告汇总表

序号	材料品种、牌号、标号	合格证编号	生产厂家	进场数量	进场日期	复试报告编号	报告日期	主要使用部位和有关说明
技术负责人:					质量检查员:			

18)防水卷材试验报告

防水卷材试验报告见表 4-35。

表 4-35　防水卷材试验报告

<table>
<tr><td colspan="2">委托单位</td><td colspan="4"></td><td colspan="2">取样日期</td><td></td></tr>
<tr><td colspan="2">检验编号</td><td colspan="4"></td><td colspan="2">报告日期</td><td></td></tr>
<tr><td colspan="2">工程名称</td><td colspan="4"></td><td colspan="2">使用部位</td><td></td></tr>
<tr><td colspan="2">试样编号</td><td>种类</td><td colspan="3">牌号</td><td colspan="2">型号</td><td>生产厂家</td></tr>
<tr><td colspan="2"></td><td></td><td colspan="3"></td><td colspan="2"></td><td></td></tr>
<tr><td colspan="2">质量合格证明书编号</td><td>代表数量</td><td colspan="3">检验日期</td><td colspan="2">检验依据</td><td>检验条件</td></tr>
<tr><td colspan="2"></td><td></td><td colspan="3"></td><td colspan="2"></td><td></td></tr>
<tr><td colspan="3" rowspan="2">检验项目</td><td rowspan="2">标准要求</td><td colspan="5">检验结果</td></tr>
<tr><td colspan="4">单个试件</td><td>单项评定</td></tr>
<tr><td rowspan="2">拉力</td><td colspan="2">纵向</td><td></td><td></td><td colspan="2"></td><td></td><td></td></tr>
<tr><td colspan="2">横向</td><td></td><td></td><td colspan="2"></td><td></td><td></td></tr>
<tr><td colspan="3">断裂伸长率(延伸率)/%</td><td></td><td></td><td colspan="2"></td><td></td><td></td></tr>
<tr><td colspan="3">耐热度</td><td></td><td></td><td colspan="2"></td><td></td><td></td></tr>
</table>

续表

不透水性	压力/MPa						
	保持时间/mm						
柔性	温度						
	低温弯折性						
厚度							
结论							
备注							
试验单位		负责人		审核人		试验人	

19）沥青试验报告

沥青试验报告见表 4-36。

表 4-36　沥青试验报告

委托单位				取样日期			
检验编号				报告日期			
工程名称				使用部位			
试样编号	种类	标号		生产厂家		进场日期	
代表数量	检验日期	检验依据				检验条件	
检验项目	标准要求	检验结果					
		单个试件				单项评定	
针入度/（1/10 mm）							
软化点/℃							
延度/cm							
结论							
备注							
施工单位： 建设（监理）单位：							
试验单位		负责人		审核人		试验人	

20）防水涂料试验报告

防水涂料试验报告见表 4-37。

表 4-37　防水涂料试验报告

委托单位					取样日期	
检验编号					报告日期	
工程名称					使用部位	
试样编号	种类	标号			生产厂家	进场日期
代表数量	检验日期	检验依据				检验条件
检验项目		标准要求	检验结果			
			单个试件			单项评定
延伸性						
固体含量/%						
耐热性						
不透水性						
柔韧性						
黏结性						
抗冻性						
结论						
备注						
施工单位： 建设(监理)单位：						
试验单位		负责人		审核人		试验人

21)砖与砌块检验报告汇总表

(1)资料准备。砖与砌块的生产厂家必须提供出厂质量证明文件。

(2)注意事项。用于承重结构却没有产品合格证或出厂试验项目不齐全的砖与砌块应进行复试,并应有复试报告;用于承重墙的砖和混凝土小型砌块应实行有见证取样和送检。

砖与砌块检验报告汇总表见表 4-38。

表 4-38　砖与砌块检验报告汇总表

序号	品种、等级	生产厂家	进场数量	进场日期	合格证或复试报告编号	报告日期	主要使用部位和有关说明

续表

序号	品种、等级	生产厂家	进场数量	进场日期	合格证或复试报告编号	报告日期	主要使用部位和有关说明

22)烧结普通砖试验报告

烧结普通砖试验报告见表 4-39。

表 4-39　烧结普通砖试验报告

<table>
<tr><td colspan="2">委托单位</td><td colspan="2"></td><td>取样日期</td><td></td></tr>
<tr><td colspan="2">检验编号</td><td colspan="2"></td><td>报告日期</td><td></td></tr>
<tr><td colspan="2">工程名称</td><td colspan="2"></td><td>使用部位</td><td></td></tr>
<tr><td colspan="2">试样编号</td><td>种类</td><td>强度等级</td><td>生产厂家</td><td>代表数量</td></tr>
<tr><td colspan="2"></td><td></td><td></td><td></td><td></td></tr>
<tr><td colspan="2">质量证明书编号</td><td colspan="2">检验日期</td><td>检验依据</td><td>检验条件</td></tr>
<tr><td colspan="2"></td><td colspan="2"></td><td></td><td></td></tr>
<tr><td colspan="2" rowspan="2">检验项目</td><td rowspan="2">标准要求</td><td colspan="3">检验结果</td></tr>
<tr><td colspan="2">平均值</td><td>单块最小值</td></tr>
<tr><td rowspan="3">力学性能</td><td rowspan="2">抗压强度/MPa</td><td></td><td colspan="2"></td><td></td></tr>
<tr><td></td><td colspan="2"></td><td></td></tr>
<tr><td>变异系数</td><td></td><td colspan="2"></td><td></td></tr>
<tr><td rowspan="3">耐久性能</td><td>抗冻性</td><td></td><td colspan="2"></td><td></td></tr>
<tr><td>泛霜</td><td></td><td colspan="2"></td><td></td></tr>
<tr><td>石灰爆裂</td><td></td><td colspan="2"></td><td></td></tr>
<tr><td>结论</td><td colspan="5"></td></tr>
<tr><td>备注</td><td colspan="5"></td></tr>
<tr><td colspan="6">施工单位：
建设（监理）单位：</td></tr>
<tr><td>试验单位</td><td></td><td>负责人</td><td></td><td>审核人</td><td></td></tr>
<tr><td>试验人</td><td colspan="5"></td></tr>
</table>

23)加气混凝土砌块试验报告

加气混凝土砌块试验报告见表 4-40。

表 4-40　加气混凝土砌块试验报告

委托单位				取样日期		
检验编号				报告日期		
工程名称				使用部位		
试样编号		种类	强度等级	体积密度级别	生产厂家	代表数量
质量证明书编号		检验日期		检验依据		检验条件
检验项目		标准要求		检验结果		
体积密度/(kg/m³)						
立方体抗压强度/MPa						
干燥收缩值/(mm/m)						
抗冻性能	质量损失/%					
	冻后损失					
导热系数/[W/(m·K)]						
结论						
备注						
施工单位： 建设(监理)单位：						
试验单位		负责人		审核人		试验人

24)混凝土空心砌块检验报告

混凝土空心砌块检验报告见表 4-41。

表 4-41　混凝土空心砌块检验报告

委托单位			取样日期	
检验编号			报告日期	
工程名称			使用部位	
试样编号	种类	强度等级	生产厂家	代表数量
质量证明书编号	检验日期	检验依据	检验条件	

续表

<table>
<tr><td colspan="3" rowspan="2">检验项目</td><td rowspan="2">标准要求</td><td colspan="3">检验结果</td></tr>
<tr><td>最小偏差值</td><td>最大偏差值</td><td>单项评定</td></tr>
<tr><td rowspan="3">尺寸允许偏差/mm</td><td colspan="2">长度</td><td></td><td></td><td></td><td></td></tr>
<tr><td colspan="2">宽度</td><td></td><td></td><td></td><td></td></tr>
<tr><td colspan="2">高度</td><td></td><td></td><td></td><td></td></tr>
<tr><td rowspan="3">外观质量</td><td rowspan="2">掉角缺棱</td><td>个数</td><td></td><td></td><td></td><td></td></tr>
<tr><td>三个方向投影最小值/mm</td><td></td><td></td><td></td><td></td></tr>
<tr><td colspan="2">裂缝延伸投影累计尺寸/mm</td><td></td><td></td><td></td><td></td></tr>
<tr><td colspan="3">表观密度/(kg/m³)</td><td></td><td></td><td></td><td></td></tr>
<tr><td rowspan="2">抗压强度/MPa</td><td colspan="2">单块最小值</td><td></td><td></td><td></td><td></td></tr>
<tr><td colspan="2">平均值</td><td></td><td></td><td></td><td></td></tr>
<tr><td>结论</td><td colspan="6"></td></tr>
<tr><td>备注</td><td colspan="6"></td></tr>
<tr><td colspan="7">施工单位:
建设(监理)单位:</td></tr>
<tr><td>试验单位</td><td></td><td>负责人</td><td></td><td>审核人</td><td></td><td>试验人</td></tr>
</table>

25)轻集料试验报告

(1)资料准备。生产厂家必须提供出厂质量证明文件。

(2)注意事项。在使用前按规定取样复试,并应有复试报告。

轻集料试验报告见表4-42。

表4-42 轻集料试验报告

<table>
<tr><td colspan="2">委托单位</td><td colspan="3"></td><td>取样日期</td><td></td></tr>
<tr><td colspan="2">检验编号</td><td colspan="3"></td><td>报告日期</td><td></td></tr>
<tr><td colspan="2">种类</td><td></td><td>密度等级</td><td></td><td>产地</td><td></td></tr>
<tr><td colspan="2">代表数量</td><td></td><td>来样日期</td><td></td><td>试验日期</td><td></td></tr>
<tr><td rowspan="7">试验结果</td><td rowspan="3">一、筛分析</td><td colspan="3">1. 细度模数(细骨料)</td><td colspan="2"></td></tr>
<tr><td colspan="3">2. 最大粒径(粗骨料)</td><td colspan="2"></td></tr>
<tr><td colspan="3">3. 最大级配</td><td colspan="2"></td></tr>
<tr><td colspan="4">二、筒压强度/MPa</td><td colspan="2"></td></tr>
<tr><td colspan="4">三、吸水率(1 h)/%</td><td colspan="2"></td></tr>
<tr><td colspan="4">四、粒型系数</td><td colspan="2"></td></tr>
<tr><td colspan="4">五、其他</td><td colspan="2"></td></tr>
</table>

续表

结论							
备注							
施工单位： 建设（监理）单位：							
试验单位		负责人		审核人		试验人	

26）装饰、装修物资检测报告

装饰、装修物资主要包括抹灰材料、地面材料、门窗材料、吊顶材料、轻质隔墙材料、饰面板（砖）材料、裱糊与软包材料和细部工程材料等。

（1）资料准备。

装饰、装修工程所用的主要物资均应有出厂质量证明文件，包括出厂合格证、检验（测）报告和质量保证书等。

（2）注意事项。

①进场后需要进行复验、复试的物资（如建筑外窗、人造木板、外墙面砖和安全玻璃等），应按照现行相关规范的规定进行复试。

②建筑外窗应有抗风压性能、空气渗透性能和雨水渗透性能检测报告。

③有隔声、隔热、防火阻燃、防水防潮和防腐等特殊要求的物资应有相应的性能检测报告。

④当规范规定或合同约定应对材料进行见证检验（测），或对材料的质量产生异议时，应进行见证检验（测），并应有相应的检验（测）报告。

27）陶瓷彩色釉面砖试验报告

陶瓷彩色釉面砖试验报告见表 4-43。

表 4-43　陶瓷彩色釉面砖试验报告

委托单位			取样日期	
检验编号			报告日期	
工程名称			使用部位	
试样编号	种类	生产厂家	产地	颜色

质量证明书编号	检验日期	检验依据	检验条件

续表

<table>
<tr><td colspan="2">检验项目</td><td>吸水率</td><td>耐急热急冷性</td><td>抗冻性</td><td>弯曲强度/(N/mm)</td></tr>
<tr><td colspan="2">标准要求</td><td></td><td></td><td></td><td></td></tr>
<tr><td colspan="2" rowspan="4">检验结果</td><td></td><td></td><td></td><td></td></tr>
<tr><td></td><td></td><td></td><td></td></tr>
<tr><td></td><td></td><td></td><td></td></tr>
<tr><td></td><td></td><td></td><td></td></tr>
<tr><td colspan="2">平均值</td><td></td><td></td><td></td><td></td></tr>
<tr><td>结论</td><td colspan="5"></td></tr>
<tr><td>备注</td><td colspan="5"></td></tr>
<tr><td colspan="6">施工单位:
建设(监理)单位:</td></tr>
</table>

试验单位		负责人		审核人		试验人	

3. 建筑给排水与采暖、电气、电梯和智能建筑工程物资资料

1)给排水与采暖工程物资资料

给排水与采暖工程物资资料应包括:各类管材的质量证明文件;阀门调压装置、消防设备、给水设备、中水设备、排水设备、采暖设备、安全阀、水位计等的产品合格证和相关检验报告;绝热材料的产品质量合格证和材质检验报告;主要设备、器具等的安装使用说明书。

2)电气工程物资资料

电气工程物资资料应包括:电力变压器、柴油发电机组、高压成套配电柜、不间断电源柜、控制柜等的出厂合格证、生产许可证、随带技术文件和试验记录,实行安全认证制度的产品应有安全认证标志;低压成套配电柜,动力、照明配电箱(盘、柜)等的出厂合格证、生产许可证、试验记录、CCC 认证标志和认证证书复印件、试验记录;电动机、电加热器、电动执行机构、低压开关设备的出厂合格证、生产许可证、CCC 认证标志和认证证书复印件、随带技术文件。

3)电梯工程物资资料

电梯工程物资资料应包括电梯主要设备、材料和附件的出厂合格证、产品说明书、安装技术文件等。

4)智能建筑工程物资资料

智能建筑工程物资资料应包括智能建筑工程的各智能化系统中使用的材料、硬件设备、软件产品和智能建筑工程中应用的各种系统接口的产品质量检查文件。

5)常用物资所需的质量证明文件及其要求

建筑给排水与采暖、电气、电梯和智能建筑工程常用物资所需的质量证明文件及其要求见表 4-44。

表 4-44　建筑给排水与采暖、电气、电梯和智能建筑工程常用物资所需的质量证明文件及其要求

序号	物资名称	供货单位提供的质量证明文件	检验报告应含的基本检测项目
1	镀锌钢管	质量证明书	—
2	无缝钢管	质量证明书	—
3	焊接钢管	质量证明书	—
4	二次镀锌钢管及其附件	质量证明书、检验报告	镀锌层厚度、外观
5	建筑给水塑料管	质量证明书、检验报告、备案证明	生活饮用给水管道的卫生性能、纵向回缩率、维卡软化温度等
6	建筑排水塑料管	质量证明书、检验报告、备案证明	纵向回缩率、维卡软化温度、螺旋消声管材的消声检测证明
7	铜管道及其配件	质量证明书、检验报告	生活饮用给水管道的卫生性能
8	柔性接口排水铸铁管	质量证明书、产品合格证、备案证明	—
9	不锈钢管	质量证明书、检验报告	生活饮用给水管道的卫生性能
10	外涂塑料钢管（室外景观）	质量证明书	涂覆材料、涂层颜色、外观质量、涂层厚度、针孔检测、附着力
11	法兰	产品合格证或质量证明书、检验报告	国标或行标
12	沟槽连接件	质量证明书、检验报告	用于生活饮用水系统应有胶圈卫生性能
13	快速接头（园林绿化）	产品合格证、检验报告	壳体试验、密封试验、上密封试验、连接尺寸、标志包装、铸件质量、表面质量、装配质量、阀体壁厚
14	刚性密封套管	出厂检验报告、产品合格证	—
15	柔性防水套管	产品合格证、质量证明书	—
16	人防密闭套管	质量证明书（外购）	—
17	型钢（角钢、槽钢、扁钢、工字钢）	质量证明书	—
18	电焊条	产品合格证、质量证明书	—
19	水表、热量表	产品合格证、计量检定证书	—
20	压力表、温度计	产品合格证	—
21	各种阀门（截止阀、闸阀、蝶阀、球阀等）	产品合格证、质量证明书	—
22	安全阀、减压阀	产品合格证、调试报告、定压合格证书	—
23	消防供水设备、消火栓箱	产品合格证、检验报告	强制检验
24	消火栓、灭火器、消防接口、消防枪炮、防火阻燃材料	产品合格证、检验报告	形式认可
25	洒水喷头、湿式报警阀、水流指示器、消防用压力开关、消防水带	产品合格证、检验报告	强制认证

续表

序号	物资名称	供货单位提供的质量证明文件	检验报告应含的基本检测项目
26	散热器	质量证明书、检验报告	耐压强度、热工性能
27	整体或拼装水箱	产品合格证、检验报告(生活水箱)	卫生性能
28	卫生洁具	质量证明书、检验报告、备案证明	冲击性能、吸水率、抗龟裂试验、水封试验、污水排放试验、环保检测
29	疏水器、过滤器、除污器	质量证明书	—
30	地漏、清扫口	产品合格证	—
31	金属波纹补偿器	质量证明书、检验报告、成品补偿器预拉伸证明书	外观、尺寸偏差、形位偏差、补偿量、刚度、应变、耐压力、气密性、稳定性
32	绝热材料	产品合格证、检验报告	容重、导热性能、燃烧性能
33	布基胶带	产品合格证、检验报告	总厚度、初黏、持黏、剥离力、抗拉强度
34	锅炉、压力容器	质量证明书、检验报告、安装使用说明书	焊缝无损探伤
35	热交换器	质量证明书、安装使用说明书	—
36	水泵、变频供水设备	产品合格证或质量证明书、安装使用说明书	—

4. 通风与空调工程物资资料

通风与空调工程物资资料应包括:制冷机组、空调机组、风机、水泵、冰蓄冷设备、热交换设备、冷却塔、除尘设备、风机盘管、诱导器、水处理设备、加热器、空气幕、空气净化设备、蒸汽调压设备、热泵机组、去(加)湿机(器)、装配式洁净器、变风量末端装置、过滤器、消声器、软接头、风口、风阀、风罩等和防爆超压排气活门、自动排气活门等与人防有关的物资的产品合格证或其他质量证明文件;阀门、疏水器、水箱、分(集)水器、减震器、储冷罐、集气罐、仪表、绝热材料等的产品合格证、质量证明书和检验报告;压力表、温度计、湿度计、流量计、水位计等的产品合格证和检验报告;各类板材、管材等的质量证明文件;主要设备的安装使用说明书。

通风与空调工程常用物资所需的质量证明文件及其要求见表 4-45。

表 4-45　通风与空调工程常用物资所需的质量证明文件及其要求

序号	物资名称	供货单位提供的质量证明文件	检验报告应含的基本检测项目
1	冷水机组	质量监督检验证书、产品合格证、安装使用说明书	—
2	各类泵	产品合格证或质量证明书、安装使用说明书	—
3	热交换器	质量证明书、安装使用说明书	—

续表

序号	物资名称	供货单位提供的质量证明文件	检验报告应含的基本检测项目
4	空调箱、新风机组	检验报告、产品合格证、安装使用说明书	外观、主要零部件、启动与运转、风量、出口全压、输入功率、漏风量、振动速度
5	风机盘管	产品合格证、质量证明书、安装使用说明书	—
6	冷却塔	质量证明书、安装使用说明书	—
7	减压阀、水位差浮球阀、浮球阀	检验报告、产品合格证	—
8	气压罐、分水器、低压硅磷晶加药设备、紫外线消毒器、集水器、综合水处理器	产品合格证、CCC认证、设备保修卡、质量证明书、安装使用说明书	—
9	金属风管	质量证明书、形式检验报告	漏风量
10	金属风管配件	产品合格证、质量证明书	—
11	镀锌钢管	质量证明书	—
12	无缝钢管	质量证明书	—
13	焊接钢管	质量证明书	—
14	钢板卷管	质量证明书、焊缝射线探伤报告	—
15	各类法兰	产品合格证或质量证明书	—
16	各类管件	产品合格证或质量证明书	—
17	刚性密封套管	出厂检验报告、产品合格证	—
18	柔性防水套管	产品合格证、质量证明书	—
19	型钢（角钢、槽钢、扁钢、工字钢）	质量证明书	—
20	各种阀门（截止阀、闸阀、蝶阀、球阀等）	产品合格证、质量证明书	—
21	各类水箱	质量证明书	—
22	金属波纹补偿器	产品合格证、检验报告	外观、尺寸偏差、形位偏差、补偿量、刚度、应变、耐压力、气密性、稳定性
23	保温材料	产品合格证、检验报告	燃烧性能
24	布基胶带	产品合格证、检验报告	总厚度、初黏、持黏、剥离力、抗拉强度
25	消声静压箱	产品合格证	—
26	液体消声器	产品合格证	—
27	电动调节阀	产品合格证、检验报告	严密性
28	防火调节阀	产品合格证、检验报告	严密性
29	排烟阀	产品合格证、检验报告	严密性
30	多叶调节阀	产品合格证、检验报告	严密性
31	防火风管	产品合格证、质量证明书	—

续表

序号	物资名称	供货单位提供的质量证明文件	检验报告应含的基本检测项目
32	橡胶减震垫	产品合格证、质量证明书	—
33	管道支架底部减震垫	产品合格证、质量证明书	—
34	橡塑吊架减震器	产品合格证、质量证明书	—
35	橡胶剪切减震器	质量证明书	—
36	电动阀、定流量阀	设备进场验收报告	—
37	消声设备	产品合格证	—
38	橡胶软接头	质量证明书	—
39	金属软管	检验报告	外观、尺寸、压力试验、气密性

四、施工试验记录

1. 通用记录

建筑工程施工通用试验记录包括施工试验记录、设备单机试运转记录、系统试运转调试记录。

1)施工试验记录

通用的施工试验记录见表 4-46,其填写要求如下。

(1)应由具备相应等级资质的检测单位出具施工试验记录,并随相关资料进入资料流程(后续的各种专用施工试验记录与此相同)。

(2)在汇总检验批的过程中,由施工单位的试验负责人负责制作施工试验试件,之后送至具备相应等级资质的检测单位进行试验。

(3)检测单位根据相关标准对送检的试件进行试验后,出具试验报告并将报告返给施工单位。

(4)施工单位将施工试验记录作为检验批报验的附件,随检验批资料进入审批程序。

(5)按照设计要求和规范规定应做的施工试验,且无相应的施工试验表的,应填写施工试验记录(通用);采用新技术、新工艺、特殊工艺时,应对试验方法和试验数据进行记录,也应填写施工试验记录(通用)。

表 4-46　施工试验记录(通用)

<table>
<tr><td colspan="2" rowspan="3">施工试验记录(通用)</td><td>编号</td><td></td></tr>
<tr><td>试验编号</td><td></td></tr>
<tr><td>委托编号</td><td></td></tr>
<tr><td>工程名称和施工部位</td><td colspan="3"></td></tr>
<tr><td>试验日期</td><td></td><td>规格、品质</td><td></td></tr>
<tr><td>试验项目</td><td colspan="3"></td></tr>
</table>

续表

试验内容					
结论					
批准人		审核人		试验人	
试验单位					
报告日期					

注:本表由建设单位、施工单位各保存一份。

2)设备单机试运转记录

通用的设备单机试运转记录见表4-47,其填写要求如下。

(1)以设计要求和规范规定为依据,适用条款要准确。

(2)根据试运转的实际情况填写实测数据,数据要准确,内容要齐全,不得漏项。设备单机试运转后应逐台填写记录,一台(组)设备填写一张表格。

(3)设备单机试运转是系统试运转调试的基础工作,一般情况下如设备单机试运转达不到设计要求,则系统试运转调试也达不到设计要求。

(4)工程若采用施工总承包管理模式,则签字人员应为施工总承包单位的相关人员。

表4-47　设备单机试运转记录(通用)

工程名称				编号	
施工单位				试运转时间	
设备名称				设备编号	
规格、型号				额定数据	
生产厂家				设备所在系统	
序号	试验项目		试验记录		试验结论
1					
2					
3					
4					
5					
签字栏	施工单位	专业技术负责人	专业质检员		专业工长
	监理或建设单位		专业工程师		

注:本表由施工单位填写,建设单位、监理单位、施工单位、城建档案馆各保存一份。

3)系统试运转调试记录

通用的系统试运转调试记录见表4-48,其填写要求如下。

(1)根据试运转调试的实际情况填写实测数据,数据要准确,内容要齐全,不得漏项。

(2)以设计要求和规范规定为依据,适用条款要准确。

(3)工程采用施工总承包管理模式的,签字人员应为施工总承包单位的相关人员。

表 4-48　系统试运转调试记录(通用)

<table>
<tr><td colspan="2" rowspan="2">工程名称</td><td colspan="3" rowspan="2"></td><td colspan="2">编号</td><td></td></tr>
<tr><td colspan="2">试运转时间</td><td></td></tr>
<tr><td colspan="2">试运转调试项目</td><td colspan="3"></td><td colspan="2">试运转调试部位</td><td></td></tr>
<tr><td colspan="2">试运转调试内容</td><td colspan="6"></td></tr>
<tr><td colspan="2">试运转调试结论</td><td colspan="6"></td></tr>
<tr><td rowspan="3">签字栏</td><td colspan="2" rowspan="2">施工单位</td><td>专业技术负责人</td><td colspan="2">专业质检员</td><td colspan="2">专业工长</td></tr>
<tr><td></td><td colspan="2"></td><td colspan="2"></td></tr>
<tr><td colspan="2">监理或建设单位</td><td></td><td colspan="2">专业工程师</td><td colspan="2"></td></tr>
</table>

注:本表由施工单位填写,建设单位、监理单位、施工单位、城建档案馆各保存一份。

2. 建筑与结构工程施工试验记录

建筑与结构工程施工试验记录主要包括回填土试验报告(应附图),钢筋连接试验报告,砂浆配合比申请单,砂浆配合比通知单,砂浆抗压强度试验报告,砌筑砂浆试块抗压强度统计、评定记录,混凝土配合比申请单,混凝土配合比通知单,混凝土抗压强度试验报告,混凝土试块抗压强度统计、评定记录,混凝土抗渗试验报告,饰面砖黏结强度试验报告,钢结构工程施工试验记录,木结构工程施工试验记录,幕墙工程施工试验记录等。

1)回填土试验报告

回填土试验报告应附图,其填写要求如下。

(1)由具备相应等级资质的检测单位出具后随相关资料进入资料流程。

(2)土的干密度试验报告中的委托单位、工程名称、施工部位、填土种类、要求最小干密度应由施工单位填写清楚、齐全;步数、取样位置由取样单位填写清楚。

(3)施工部位一定要写清楚。

(4)填土种类。具体填写素土、m:n 灰土(如 3:7 灰土)、砂或砂石等。

(5)土质。土质分为黏质粉土、粉质黏土、黏土等。

(6)要求最小干密度。设计图纸有要求的,应填写设计要求值;设计图纸无要求的,应符合下列标准。

①素土。在一般情况下其干密度应不小于 1.65 g/cm^3,黏土不小于 1.49 g/cm^3。

②灰土。黏质粉土要求最小干密度为 1.55 g/cm^3,粉质黏土要求最小干密度为 1.5 g/cm^3。

③砂的最小干密度应不小于其在中密状态下的干密度。中砂为 1.55~1.60 g/cm^3。

④砂石的最小干密度为 2.1~2.2 g/cm^3。

2)钢筋连接试验报告

钢筋连接试验报告见表 4-49,其填写要求如下。

(1)由具备相应等级资质的检测单位出具后随相关资料进入资料流程。

(2)焊接、机械连接钢筋的力学性能和工艺性能应符合现行国家标准。

(3)在焊(连)接工程正式开始前和施工过程中,应对每批进场钢筋在现场条件下进行工艺检验,工艺检验合格后方可进行焊接或机械连接的施工。

(4)对承重结构工程中的钢筋连接接头应按规定实行有见证取样和送检。

(5)采用机械连接接头形式施工时,技术提供单位应提交由具有相应等级资质的检测机构出具的形式检验报告。

(6)焊(连)接工人必须持有效的岗位证书上岗。

(7)试验报告中应写明工程名称、接头类型、代表数量、检验形式、试验数据、试验日期和试验结果等。

表 4-49　钢筋连接试验报告

<table>
<tr><td colspan="2">工程名称和部位</td><td colspan="3"></td><td colspan="2">试件编号</td><td colspan="2"></td></tr>
<tr><td colspan="2">委托单位</td><td colspan="3"></td><td colspan="2">试验委托人</td><td colspan="2"></td></tr>
<tr><td colspan="2">接头类型</td><td colspan="3"></td><td colspan="2">检验形式</td><td colspan="2"></td></tr>
<tr><td colspan="2">设计要求接头性能等级</td><td colspan="3"></td><td colspan="2">代表数量/个</td><td colspan="2"></td></tr>
<tr><td colspan="2">连接钢筋种类和牌号</td><td></td><td>公称直径/mm</td><td></td><td colspan="2">原材试验编号</td><td colspan="2"></td></tr>
<tr><td colspan="2">操作人</td><td></td><td>来样日期</td><td></td><td colspan="2">试验日期</td><td colspan="2"></td></tr>
<tr><td colspan="3">接头试件</td><td colspan="2">母材试件</td><td colspan="3">弯曲试件</td><td rowspan="2">备注</td></tr>
<tr><td>公称面积/mm²</td><td>抗拉强度/MPa</td><td>断裂特征和位置</td><td>实测面积/mm²</td><td>抗拉强度/MPa</td><td>弯心直径/mm</td><td>角度/°</td><td>结果</td></tr>
<tr><td></td><td></td><td></td><td></td><td></td><td></td><td></td><td></td><td></td></tr>
<tr><td></td><td></td><td></td><td></td><td></td><td></td><td></td><td></td><td></td></tr>
<tr><td>结论</td><td colspan="8"></td></tr>
<tr><td>批准人</td><td colspan="2"></td><td>审核人</td><td colspan="2"></td><td>试验人</td><td colspan="2"></td></tr>
<tr><td>试验单位</td><td colspan="3"></td><td colspan="2">报告日期</td><td colspan="3"></td></tr>
</table>

3)砂浆配合比申请单

砂浆配合比申请单见表 4-50,其填写要求如下。

(1)砂浆配合比申请单由施工单位根据设计图纸的要求填写,所有项目都必须填写清楚、明了,不得有遗漏、空项。

(2)水泥、砂子尚未做试验的,应先进行试验,试验合格后再试配。试验编号必须填写准确、清楚。

表 4-50　砂浆配合比申请单

委托单位			试验委托人		
工程名称			部位		
砂浆种类			强度等级		
水泥品种		等级		厂别	
水泥进场日期			试验编号		
砂产地		种类		试验编号	
掺和料种类			外加剂种类		
申请日期			要求使用日期		

4)砂浆配合比通知单

砂浆配合比通知单见表 4-51,其填写要求如下。

(1)砂浆配合比通知单是由试验单位根据试配结果选取最佳配合比填写签发的。

(2)要严格按砂浆配合比计量施工,施工单位不能随意变更。

(3)砂浆配合比通知单应字迹清晰,无涂改,签字齐全。

(4)施工单位应验看砂浆配合比通知单,并注意通知单上的备注。

表 4-51　砂浆配合比通知单

强度等级		试验日期		配合比编号		
配合比						
材料名称	水泥	砂	水	掺和料	外加剂	白灰膏
每立方米用量/kg						
比例						
备注:砂浆稠度为 70~100 mm,灰膏度为 120 mm。						

负责人		审核人		计算人		试验人		报告日期	

5)砂浆抗压强度试验报告

砂浆抗压强度试验报告的填写要求如下。

(1)砂浆试块试压报告中上半部分的项目应由施工单位填写齐全、清楚,施工中没有的项目应画斜杠或填写“无”。

(2)工程名称和部位要填写详细、具体,配合比要依据砂浆配合比通知单填写,水泥品种和强度等级、砂子产地、细度模数、掺和料、外加剂要据实填写,并和原材料试验单、砂浆配合比通知单对应。

(3)进行抗压强度评定的试块必须是标准养护 28 d 的试块,龄期 28 d 不能迟或者早,要推算准确的试压日期,填写在“要求试压日期”栏内,交实验室试验。

(4)领取砂浆试块试压报告时,应验看报告字迹是否清晰,有无涂改,签章是否齐全,结论是否明确,试压日期与要求试压日期是否符一致。

(5)同组试块抗压强度的离散性和达到设计强度的百分数是否符合规范的要求,合格的存档,否则应通知有关部门和单位进行处理或更正后再归档保存。

6)砌筑砂浆试块抗压强度统计、评定记录

砌筑砂浆试块抗压强度统计、评定记录的填写要求如下。

(1)由具备相应等级资质的检测单位出具后随相关资料进入资料流程。

(2)应有按规定留置的龄期为28 d的标准养护试块的抗压强度试验报告。

(3)应有砂浆配合比申请单和实验室签发的砂浆配合比通知单。

(4)用于承重结构的砌筑砂浆试块应按规定实行有见证取样和送检。

(5)砌筑砂浆试块的留置数量和必试项目应符合规程的要求。

(6)应有单位工程砌筑砂浆试块抗压强度统计、评定记录,按同一类型、同一强度等级的砂浆为一个验收批进行统计。

7)混凝土配合比申请单

混凝土配合比申请单的填写要求如下。

(1)混凝土配合比申请单中的项目都应填写,不要有空项,没有的项目填写“无”或画斜杠。混凝土配合比申请单至少一式三份。

(2)工程名称要具体,施工部位要注明。

(3)承重结构所用水泥必须进行复试,如尚未做试验,须等试验合格后再试配。

(4)进场日期指水泥运到施工单位的时间。

(5)混凝土用砂、石应先做试验,混凝土配合比申请单中砂、石的各项目要依照砂、石试验报告填写。一般高于或等于C30和有抗冻、抗渗或其他特殊要求的混凝土用砂含泥量按重量计不大于3%,石子含泥量不大于1%;低于C30的混凝土用砂含泥量不大于5%,石子含泥量不大于2%。

(6)其他材料、掺和料、外加剂有则按实际填写,没有则写“无”或画斜杠,不应空缺。

8)混凝土配合比通知单

混凝土配合比通知单的填写要求如下。

(1)实验室经试配、选取最佳配合比后填写签发混凝土配合比通知单。要严格按此混凝土配合比计量施工,不得随意修改。

(2)施工单位领取混凝土配合比通知单时,要验看是否字迹清晰、签章齐全、无涂改并与混凝土配合比申请单中的要求吻合,并注意通知单上的备注。

(3)混凝土配合比申请单和通知单是混凝土施工试验的重要资料,要归档妥善保存,不得遗失、损坏。

9)混凝土抗压强度试验报告

混凝土抗压强度试验报告的填写要求如下。

(1)表中上半部分的项目由施工单位填写,其余部分由实验室负责填写。所有项目均应根据实际情况填写,不应空缺,加盖实验室试验章后方可生效。

(2)工程名称和部位要写具体。

(3)拟配强度等于混凝土配合比申请单中申请的强度等级,即试配强度。

(4)实测坍落度填写实测坍落度值。

(5)水泥、砂、石和配合比依据原材料试验单、混凝土配合比通知单填写齐全。

(6)要求龄期按施工要求的龄期填写,用于评定结构或构件混凝土抗压强度质量的试块龄期必须是28 d。

(7)要求试验日期=制模日期+龄期。

(8)试块养护条件为标准养护或同条件养护,按实际情况填写。

10)混凝土试块抗压强度统计、评定记录

混凝土试块试压后,应将试压报告按时间的先后顺序装订在一起并编号,及时登记在混凝土试块抗压强度统计、评定记录表中。混凝土试块抗压强度统计、评定记录由施工单位填写并报送建设单位、监理单位备案。

11)混凝土抗渗试验报告

混凝土抗渗试验报告的填写要求如下。

(1)由具备相应等级资质的检测单位出具后随相关资料进入资料流程。

(2)现场搅拌混凝土应有混凝土配合比申请单和混凝土配合比通知单,预拌混凝土应有实验室签发的混凝土配合比通知单。

(3)应有按规定留置的龄期为28 d的标准养护试块和相应数量的同条件养护试块的抗压强度试验报告,冬季施工还应有受冻临界强度试块和转常温试块的抗压强度试验报告。

(4)抗渗混凝土、特种混凝土除应具备上述资料外还应有专项试验报告。

(5)统计、评定方法和合格标准应符合规范的要求。

(6)抗压强度试块、抗渗性能试块的留置数量和必试项目应符合规范的要求。

(7)用于承重结构的混凝土抗压强度试块应按规定实行有见证取样和送检。

(8)结构由不合格批混凝土构建的,或未按规定留置试块的,应有结构处理的相关资料;需要检测的,应有具有相应资质的检测机构出具的检测报告,并有设计单位出具的认可文件。

9)处于潮湿环境并直接与水接触的混凝土工程和外部有供碱环境并处于潮湿环境的混凝土工程,应预防混凝土碱集料反应,并按有关规定执行,有相关检测报告。

12)饰面砖黏结强度试验报告

饰面砖黏结强度试验报告见表4-52,其填写要求如下。

(1)由具备相应等级资质的检测单位出具后随相关资料进入资料流程。

(2)在外墙饰面砖粘贴前和粘贴过程中,应在相同的基层上做样板件,并对样板件的饰面砖黏结强度进行检验，有饰面砖黏结强度检验报告，检验方法和结果的判定应符合相关标准的规定。

表 4-52　饰面砖黏结强度试验报告

工程名称					编号		
					试验编号		
委托单位					试验委托人		
饰面砖品种和牌号					粘贴层次		
饰面砖生产厂和规格					粘贴面积/mm²		
基本材料			黏结材料		黏结剂		
抽样部位			龄期/d		施工日期		
检验类型			环境温度/℃		试验日期		
仪器及其编号							
1	试件尺寸		受力面积/mm²	拉力/kN	破坏状态	黏结强度/MPa	平均强度/MPa
	长/mm	宽/mm					
2							
3							
批准人			审核人		试验人		
试验单位							
报告日期							

注：本表由建设单位、施工单位各保存一份。

13）钢结构工程施工试验记录

钢结构工程施工试验记录的填写要求如下。

（1）由具备相应等级资质的检测单位出具后随相关资料进入资料流程。

（2）高强度螺栓连接应有摩擦面抗滑移系数检验报告和复试报告，并实行有见证取样和送检。

（3）对施工中首次使用的钢材、焊接材料、焊接方法、焊后热处理等应进行焊接工艺评定，并应有焊接工艺评定报告。

（4）建筑安全等级为一级、跨度在 40 m 及以上的公共建筑钢网架结构，且设计有要求的，应对其焊接（螺栓）球节点进行节点承载力试验，并实行有见证取样和送检。

（5）设计要求为一、二级的焊缝应进行缺陷检验，并由有相应等级资质的检测单位出具超声波、射线探伤检验报告或磁粉探伤报告。

（6）钢结构工程中所使用的防腐、防火涂料应进行涂层厚度检测，其中防火涂层应有具有相应资质的检测单位出具的检测报告。

(7)焊(连)接工人必须持有效的岗位证书上岗。

14)木结构工程施工试验记录

木结构工程施工试验记录的填写要求如下。

(1)由具备相应等级资质的检测单位出具后随相关资料进入资料流程。

(2)胶合木结构工程中的层板胶缝应有脱胶试验报告、胶缝抗剪试验报告和层板抗弯曲强度试验报告。

(3)轻型木结构工程中的木基结构板材应有力学性能试验报告。

(4)木构件防护剂的保持量和透入度应有试验报告。

15)幕墙工程施工试验记录

幕墙工程施工试验记录的填写要求如下。

(1)由具备相应等级资质的检测单位出具后随相关资料进入资料流程。

(2)幕墙中使用双组分硅酮结构胶时应有混匀性和拉断试验报告。

(3)后置埋件应有现场拉拔试验报告。

3. 建筑给水、排水与采暖工程施工试验记录

建筑给水、排水与采暖工程施工试验记录包括灌(满)水试验记录、通水试验记录、强度严密性试验记录、吹(冲)洗(脱脂)试验记录、排水管道通球试验记录、补偿器安装记录、消火栓试射记录、安全附件安装检查记录、锅炉封闭和烘炉(烘干)记录、锅炉煮炉试验记录、锅炉试运行记录、安全阀调试记录。

1)灌(满)水试验记录

灌(满)水试验记录见表4-53,其填写要求如下。

(1)依据设计要求和规范规定填写,适用条款要准确。

(2)根据试运转调试的实际情况填写实测数据,数据要准确,内容要齐全,不得漏项。

(3)工程采用施工总承包管理模式的,签字人员应为施工总承包单位的相关人员。

表4-53　灌(满)水试验记录

工程名称		部位	
试验项目		试验日期	
材质		试验部位	
规格			
试验要求			
试验记录			
施工单位 试验结论	专业工长(施工员):　　记录人员: 项目专业质检员:　　专业技术负责人: 年　月　日		

续表

监理(建设)单位 验收意见	专业监理工程师： 建设单位专业技术负责人：　　　　年　月　日

注：本表由施工单位填报并保存。

2)通水试验记录

通水试验记录见表4-54，其填写要求如下。

(1)依据设计要求和规范规定填写，适用条款要准确。

(2)根据试验的实际情况填写实测数据，数据要准确，内容要齐全，不得漏项。

(3)通水试验为系统试验，一般在系统形成后统一进行。

(4)工程采用施工总承包管理模式的，签字人员应为施工总承包单位的相关人员。

(5)通水流量(m^3/h)按卫生器具供水管径核算获得。

表4-54　通水试验记录

工程名称					验收日期		编号	
试验部位					依据标准			
编号	规格	规范或设计要求			试验结果			备注
		材质	允许渗水量	计量时间	灌水情况	实际渗水量	试验时间	
评定意见								
参加人员	监理(建设)单位		施工单位					
			专业技术负责人		质检员		试验员	

3)强度严密性试验记录

强度严密性试验记录的填写要求如下。

(1)依据设计要求和规范规定填写，适用条款要准确。

(2)对单项试验和系统试验、强度试验和严密性试验有不同的要求，在试验和验收时要特别留意；系统试验、严密性试验的前提条件应充分满足，如自动喷水灭火系统水压严密性试验在水压强度试验和管网冲洗合格后才能进行；常见做法是先根据区段验收或隐检项目验收的要求完成单项试验，然后在系统形成后进行系统试验，最后根据系统的特殊要求进行严密性试验。

(3)根据试验的实际情况填写实测数据,数据要准确,内容要齐全,不得漏项。

(4)工程采用施工总承包管理模式的,签字人员应为施工总承包单位的相关人员。

4)吹(冲)洗(脱脂)试验记录

吹(冲)洗(脱脂)试验记录的填写要求如下。

(1)依据设计要求和规范规定填写,适用条款要准确。

(2)根据试验的实际情况填写实测数据,数据要准确,内容要齐全,不得漏项。

(3)吹(冲)洗(脱脂)试验为系统试验,一般在系统形成后统一进行。

(4)工程采用施工总承包管理模式的,签字人员应为施工总承包单位的相关人员。

5)排水管道通球试验记录

排水管道通球试验记录的填写要求如下。

(1)依据设计要求和规范规定填写,适用条款要准确。

(2)根据试验的实际情况填写实测数据,数据要准确,内容要齐全,不得漏项。

(3)排水管道通球试验为系统试验,一般在系统形成后统一进行。

(4)排水管道通球试验所用的球宜为硬质空心塑料球,投入时试验人员应做好标记,以便与排出的试验球进行比对。

(5)工程采用施工总承包管理模式的,签字人员应为施工总承包单位的相关人员。

6)补偿器安装记录

补偿器安装记录的填写要求如下。

(1)补偿器的预拉伸数值应根据设计给出的最大补偿量得出(一般为其数值的50%),要注意不同位置的补偿器由于管段长度、运行温度、安装温度不同而有所不同。

(2)根据试验的实际情况填写实测数据,数据要准确,内容要齐全,不得漏项。

(3)工程采用施工总承包管理模式的,签字人员应为施工总承包单位的相关人员。

7)消火栓试射记录

消火栓试射记录的填写要求如下。

(1)依据设计要求和规范规定填写,适用条款要准确。

(2)试验前应对消火栓组件、栓口安装(含减压、稳压装置)等进行系统检查。

(3)根据试验的实际情况填写实测数据,数据要准确,内容要齐全,不得漏项。

(4)消火栓试射为系统试验,一般在系统形成、消防水泵试运行合格后进行。

(5)工程采用施工总承包管理模式的,签字人员应为施工总承包单位的相关人员。

8)安全附件安装检查记录

安全附件安装检查记录的填写要求如下。

(1)依据设计要求和规范规定填写,适用条款要准确。

(2)根据试验的实际情况填写实测数据,数据要准确,内容要齐全,不得漏项。

(3)工程采用施工总承包管理模式的,签字人员应为施工总承包单位的相关人员。

9)锅炉封闭和烘炉(烘干)记录

锅炉封闭和烘炉(烘干)记录的填写要求如下。

(1)依据设计要求和规范规定填写,适用条款要准确。

(2)根据试验的实际情况填写实测数据,表格中的数字和曲线应对应,内容要齐全,不得漏项。

(3)工程采用施工总承包管理模式的,签字人员应为施工总承包单位的相关人员。

10)锅炉煮炉试验记录

锅炉煮炉试验记录的填写要求如下。

(1)依据设计要求和规范规定填写,适用条款要准确。

(2)根据试验的实际情况填写实测数据,数据要准确,内容要齐全,不得漏项。

(3)工程采用施工总承包管理模式的,签字人员应为施工总承包单位的相关人员。

11)锅炉试运行记录

锅炉试运行记录的填写要求如下。

(1)锅炉在烘炉、煮炉合格后,应进行48 h的带负荷连续试运行,同时应进行安全阀热状态的定压检验和调整,并作记录。

(2)根据试验的实际情况填写实测数据,数据要准确,内容要齐全,不得漏项。

(3)工程采用施工总承包管理模式的,签字人员应为施工总承包单位的相关人员。

12)安全阀调试记录

安全阀调试记录的填写要求如下。

(1)锅炉的安全阀在投入运行前应由有资质的试验单位按设计要求进行调试,并出具安全阀调试记录。

(2)锅炉上装有两个安全阀时,其中一个按规范规定的较高值定压,另一个按较低值定压;装有一个安全阀时,按较低值定压。

(3)定压工作完成后,应做一次安全阀自动排气试验,启动合格后应加锁或铅封,并应记录正确的开启压力、回座压力。

4.建筑电气工程施工试验记录

建筑电气工程施工试验记录包括电气接地电阻测试记录、电气防雷接地装置隐检与平面示意图、绝缘电阻测试记录、电气器具通电安全检查记录、电气设备空载试运行记录、建筑物照明通电试运行记录、大型照明灯具承载试验记录、漏电开关模拟试验记录、大容量电气线路节点测温记录、避雷带支架拉力测试记录。

1)电气接地电阻测试记录

电气接地电阻测试记录的填写要求如下。

(1)电气接地电阻测试记录应由建设(监理)单位和施工单位共同检查。

(2)测试结果和结论应齐全。

(3)电气接地电阻测试应及时,必须在接地装置敷设之后、隐蔽之前进行。

(4)应绘制建筑物和接地装置的位置示意图。

(5)“编号”栏应参照隐蔽工程检查记录填写,但因表示不同的顺序号,所以应重新编号。

2)电气防雷接地装置隐检与平面示意图

电气防雷接地装置隐检与平面示意图的填写要求如下。

(1)电气防雷接地装置隐检与平面示意图应由建设(监理)单位和施工单位共同检查。

(2)绘制接地装置平面示意图时,应标出建筑物轴线、各测试点的位置和阻值。

(3)检验日期应与电气接地电阻测试记录一致。

(4)检验结论应齐全。

(5)“编号”栏的填写应与电气接地电阻测试记录一致。

3)绝缘电阻测试记录

绝缘电阻测试记录的填写要求如下。

(1)绝缘电阻测试记录应由建设(监理)单位和施工单位共同检查。

(2)“编号”栏应参照隐蔽工程检查记录填写,但因表示不同的顺序号,所以应重新编号,一、二次测试记录的顺序号应连续编写。

(3)当同一配电箱(盘、柜)内支路较多,又在同一天测试时,一张表格填不下,可续表格进行填写,但编号应连续。

(4)电阻值必须符合规范、标准的要求,若不符合,应查找原因并进行处理,直到符合方可填写此表。

(5)测试结果和结论应齐全。

4)电气器具通电安全检查记录

电气器具通电安全检查记录见表 4-55,其填写要求如下。

(1)电气器具通电安全检查记录应由施工单位的专业技术负责人、专业质检员、专业工长填写。

(2)“编号”栏应参照隐蔽工程检查记录填写,但因表示不同的顺序号,所以应重新编号。

(3)检查符合要求的画“√”,反之则画“×”。当检查不符合要求时,应进行修复并在检查结论中说明修复结果。当检查部位为同一楼门单元(或区域场所),同一天又检查了很多检查点时,一张表格填不下,可续表格进行填写,但编号应连续。

(4)检查结论应齐全。

表 4-55 电气器具通电安全检查记录

工程名称		检查日期	
部位或 区域场所			

续表

<table>
<tr><td rowspan="2">部位</td><td colspan="6">开关</td><td colspan="6">灯具</td><td colspan="6">插座</td></tr>
<tr><td>1</td><td>2</td><td>3</td><td>4</td><td>5</td><td>6</td><td>1</td><td>2</td><td>3</td><td>4</td><td>5</td><td>6</td><td>1</td><td>2</td><td>3</td><td>4</td><td>5</td><td>6</td></tr>
<tr><td></td><td></td><td></td><td></td><td></td><td></td><td></td><td></td><td></td><td></td><td></td><td></td><td></td><td></td><td></td><td></td><td></td><td></td><td></td></tr>
<tr><td></td><td></td><td></td><td></td><td></td><td></td><td></td><td></td><td></td><td></td><td></td><td></td><td></td><td></td><td></td><td></td><td></td><td></td><td></td></tr>
<tr><td></td><td></td><td></td><td></td><td></td><td></td><td></td><td></td><td></td><td></td><td></td><td></td><td></td><td></td><td></td><td></td><td></td><td></td><td></td></tr>
<tr><td></td><td></td><td></td><td></td><td></td><td></td><td></td><td></td><td></td><td></td><td></td><td></td><td></td><td></td><td></td><td></td><td></td><td></td><td></td></tr>
<tr><td></td><td></td><td></td><td></td><td></td><td></td><td></td><td></td><td></td><td></td><td></td><td></td><td></td><td></td><td></td><td></td><td></td><td></td><td></td></tr>
<tr><td colspan="19">检查结论：</td></tr>
</table>

<table>
<tr><td rowspan="3">签字栏</td><td>施工单位</td><td colspan="2"></td></tr>
<tr><td>专业技术负责人</td><td>专业质检员</td><td>专业工长</td></tr>
<tr><td></td><td></td><td></td></tr>
</table>

注：本表由施工单位填写，建设单位、施工单位各保存一份。

5）电气设备空载试运行记录

电气设备空载试运行记录的填写要求如下。

（1）电气设备空载试运行记录应由建设（监理）单位和施工单位共同检查和填写。

（2）试运行情况记录应详细。记录成套配电（控制）柜、台、箱、盘的运行电压、电流情况，各种仪表的指示情况；记录电动机转向和机械转动有无异常情况，机身和轴承的温升、电流、电压、运行时间等有关数据；记录电动执行机构的动作方向和指示是否与工艺装置的设计要求相一致。

（3）当测试设备的相间电压时，应把相对零电压划掉。

（4）“编号”栏应参照隐蔽工程检查记录填写，但因表示不同的顺序号，所以应重新编号。

6）建筑物照明通电试运行记录

建筑物照明通电试运行记录见表4-56，其填写要求如下。

（1）建筑物照明通电试运行记录应由建设（监理）单位和施工单位共同检查。

（2）“编号”栏应参照隐蔽工程检查记录填写，但因表示不同的顺序号，所以应重新编号。

（3）试运行情况记录应详细。

①照明系统通电、灯具回路控制应与照明配电箱、回路的标识一致。

②开关与灯具的控制顺序相对应，风扇的转向、调速开关应正常。

③记录电流、电压、温度、运行时间等有关数据。

④应在配电箱内的电气线路节点处进行温度测量，且温升值应稳定（不大于设计值）。

⑤在配电箱内的电气线路节点处测温应使用远红外摇表测量仪，且仪器应在检定有效期内。

（4）当测试线路的相对零电压时，应把相间电压划掉。

（5）表格中凡需填空的地方，若实际已发生，应如实填写；未发生的，则应在空白处画“/”。

（6）对于选择框的内容，若有此项内容，在选择框内画“√”；若无此项内容，可空着，不必画“×”。

（7）除“签字栏”必须亲笔签字外，其余栏均须打印。

表 4-56　建筑物照明通电试运行记录

<table>
<tr><td colspan="2" rowspan="2">工程名称</td><td colspan="4" rowspan="2"></td><td>编号</td><td colspan="2"></td></tr>
<tr><td>分项工程名称</td><td colspan="2">公建□/民用□</td></tr>
<tr><td colspan="2">试运行项目</td><td colspan="4"></td><td>填写日期</td><td colspan="2"></td></tr>
<tr><td colspan="2">试运行时间</td><td colspan="7">自 日 时 分开始，至 日 时 分结束</td></tr>
<tr><td rowspan="5">运行负荷记录</td><td rowspan="2">运行时间</td><td colspan="3">运行电压/V</td><td colspan="3">运行电流/A</td><td rowspan="2">温度/℃</td></tr>
<tr><td>L1-N
（L1-L2）</td><td>L2-N
（L2-L3）</td><td>L3-N
（L3-L1）</td><td>L1 相</td><td>L2 相</td><td>L3 相</td></tr>
<tr><td></td><td></td><td></td><td></td><td></td><td></td><td></td><td></td></tr>
<tr><td></td><td></td><td></td><td></td><td></td><td></td><td></td><td></td></tr>
<tr><td></td><td></td><td></td><td></td><td></td><td></td><td></td><td></td></tr>
<tr><td>运行负荷记录</td><td colspan="8"></td></tr>
<tr><td rowspan="3">签字栏</td><td rowspan="2" colspan="2">监理（建设）单位</td><td colspan="2">施工单位</td><td colspan="4"></td></tr>
<tr><td colspan="2">专业技术负责人</td><td colspan="2">专业质检员</td><td colspan="2">专业工长</td></tr>
<tr><td colspan="2"></td><td colspan="2"></td><td colspan="2"></td><td colspan="2"></td></tr>
</table>

注：本表由施工单位填写，建设单位、施工单位各保存一份。

7）大型照明灯具承载试验记录

大型照明灯具承载试验记录的填写要求如下。

（1）大型照明灯具承载试验记录应由建设（监理）单位和施工单位共同检查。

（2）“编号”栏应参照隐蔽工程检查记录填写，但因表示不同的顺序号，所以应重新编号。

（3）检查结论应齐全。

8）漏电开关模拟试验记录

漏电开关模拟试验记录的填写要求如下。

（1）漏电开关模拟试验记录应由建设（监理）单位和施工单位共同检查。

（2）“编号”栏应参照隐蔽工程检查记录填写，但因表示不同的顺序号，所以应重新编号。

(3)若一天内检查点很多,一张表格填不下,可续表格进行填写,但编号应连续。

(4)检查结论应齐全。

9)大容量电气线路节点测温记录

大容量电气线路节点测温记录的填写要求如下。

(1)大容量电气线路节点测温记录应由建设(监理)单位和施工单位共同检查。

(2)对于选择框的内容,若有此项内容,在选择框内画“√”;若无此项内容,可空着,不必画“×”。

(3)表格中凡需填空的地方,实际已发生的,如实填写;未发生的,则在空白处画“/”。

(4)检查结论应齐全。

10)避雷带支架拉力测试记录

避雷带支架拉力测试记录的填写要求如下。

(1)避雷带支架拉力测试记录应由建设(监理)单位和施工单位共同检查。

(2)若一天内检查点很多,一张表格填不下,可续表格进行填写,但编号应连续。

(3)测试结论应齐全。

5. 通风与空调工程施工试验记录

通风与空调工程施工试验记录包括风管漏光检测记录,风管漏风检测记录,现场组装除尘器、空调机漏风检测记录,各房间室内风量、温度测量记录,管网风量平衡记录,空调系统试运转调试记录,空调水系统试运转调试记录,制冷系统气密性试验记录,净化空调系统测试记录,防排烟系统联合试运行记录。

1)风管漏光检测记录

风管漏光检测记录的填写要求如下。

(1)漏光检测时为便于观察,应选择地下室管道或在晚间进行。检测时应重点对板材拼缝和管段间的连接处进行检查。

(2)所使用的照明设备应为低压电源。

(3)工程名称应与施工文件一致,且各专业应统一。

(4)应根据试验的情况真实填写,内容要齐全,不得漏项;应以规程、规范为依据,结论要准确。

(5)“签字栏”必须由本人手签,不得打印或由他人代签。

2)风管漏风检测记录

风管漏风检测记录的填写要求如下。

(1)系统的工作压力不能简单地用风机、空调机组等设备出口处的静压、余压进行判断,而应由设计确定。

(2)试验时应缓慢升压。

(3)分段表面积应为实测的面积,未测到的支管等不计在内,但应包括临时设置的盲板、消声器等阀部件的表面积。

（4）在进行系统的分段试压时，不能因某段的漏风量超标就判定整个系统不合格，应将各测试段的漏风量平均后与允许值比较再判断。

（5）数值的计算详见《通风与空调工程施工质量验收规范》（GB 50243—2016）。

（6）工程名称应与施工文件一致，且各专业应统一。

（7）应根据试验的情况真实填写，内容要齐全，不得漏项；应以规程、规范为依据，结论要准确。

（8）"签字栏"必须由本人手签，不得打印或由他人代签。

3）现场组装除尘器、空调机漏风检测记录

现场组装除尘器、空调机漏风检测记录的填写要求如下。

（1）应根据试验的情况真实填写，内容要齐全，不得漏项；应以规程、规范为依据，结论要准确。

（2）"签字栏"必须由本人手签，不得打印或由他人代签。

4）各房间室内风量、温度测量记录

各房间室内风量、温度测量记录的填写要求如下。

（1）应根据试验的情况真实填写，内容要齐全，不得漏项；应以规程、规范为依据，结论要准确。

（2）"签字栏"必须由本人手签，不得打印或由他人代签。

5）管网风量平衡记录

管网风量平衡记录的填写要求如下。

（1）应根据试验的情况真实填写，内容要齐全，不得漏项；应以规程、规范为依据，结论要准确。

（2）管网风量平衡记录的最终目的是比较出实测风量与设计风量之差，因此，应采用风速风量法则测量风压值。若风量测试仪能够直接、有效、准确地测试出风口风量，则风压值栏可空着不填。

（3）"签字栏"必须由本人手签，不得打印或由他人代签。

6）空调系统试运转调试记录

空调系统试运转调试记录的填写要求如下。

（1）应根据试验的情况真实填写，内容要齐全，不得漏项；应以规程、规范为依据，结论要准确。

（2）"签字栏"必须由本人手签，不得打印或由他人代签。

7）空调水系统试运转调试记录

空调水系统试运转调试记录的填写要求如下。

（1）通风与空调工程在进行无生产负荷联合试运转和调试时，应对空调冷（热）水、冷却水总流量，供回水温度进行测量、调整，并作记录。

（2）空调冷（热）水、冷却水总流量的实际值与设计值的相对偏差不大于10%为调试合格，空调冷（热）水、冷却水进出口温度应符合设计要求和规范规定。

（3）工程名称应与施工文件一致，且各专业应统一。

（4）应根据试验的情况真实填写，内容要齐全，不得漏项；应以规程、规范为依据，结论要准确。

（5）"签字栏"必须由本人手签，不得打印或由他人代签。

8）制冷系统气密性试验记录

制冷系统气密性试验记录的填写要求如下。

（1）应对制冷系统的工作性能进行试验，并作记录。

（2）对组装式制冷机组和现场充注制冷剂的机组，必须进行吹污、气密性试验、真空试验和充注制冷剂检漏试验，相应的技术数据必须符合产品技术文件和有关现行国家标准、规范的规定。

（3）应根据试验的情况真实填写，内容要齐全，不得漏项；应以规程、规范为依据，结论要准确。

（4）"签字栏"必须由本人手签，不得打印或由他人代签。

9）净化空调系统测试记录

净化空调系统测试记录的填写要求如下。

（1）净化空调系统无生产负荷试运转时，应对系统中的高效过滤器进行泄漏测试，对室内洁净度进行测定，并作记录。

（2）应根据试验的情况真实填写，内容要齐全，不得漏项；应以规程、规范为依据，结论要准确。

（3）"签字栏"必须由本人手签，不得打印或由他人代签。

10）防排烟系统联合试运行记录

防排烟系统联合试运行记录的填写要求如下。

（1）在防排烟系统联合试运行和调试的过程中，应对测试楼层及其上下两层的排烟系统的排烟风口、正压送风系统的送风口进行联动调试，并对各风口的风速、风量进行测量、调整，对正压送风口的风压进行测量、调整，并作记录。

（2）防排烟系统联合试运行与调试的结果（风量、正压）必须符合设计与消防的规定。

（3）本表由施工单位填写，建设单位、施工单位、城建档案馆各保存一份。

（4）应根据试验的情况真实填写，内容要齐全，不得漏项；应以规程、规范为依据，结论要准确。

（5）"签字栏"必须由本人手签，不得打印或由他人代签。

五、隐蔽工程检查验收记录

隐蔽工程指施工过程中关系到建筑物的安全，但最终被隐蔽而看不到的部分，此部分工程的上一道工序被下一道工序掩盖，使其质量无法得到检查。隐蔽工程检查验收记录是对隐蔽工程进行检查，并通过表格的形式将工程隐检项的隐检内容、质量情况、检查意见、复查结论等记录下来，作为以后工程维护、改造、扩建等的技术资料。

隐蔽工程检查验收记录（通用）见表 4-57，其填写要求如下。

（1）应收集隐蔽工程所涉及的施工试验报告等资料。

（2）工程名称、隐检项目、隐检部位或构件名称、检验日期、隐蔽日期必须填写准确。

（3）隐检依据，主要材料的名称、规格、型号应准确，尤其是设计变更、洽商等易遗漏的资料应填写完整。

（4）隐检内容应规范填写，必须符合各种规程、规范的要求。

（5）检查意见应明确，将隐检内容是否符合要求表述清楚。

（6）复查结论主要是对上一次隐检发现的问题进行复查得出的结论，因此要将质量整改的结果描述清楚，签字应完整，严禁由他人代签。

表 4-57　隐蔽工程检查验收记录（通用）

<table>
<tr><td>工程名称</td><td colspan="2"></td><td>检验日期</td><td></td><td>隐蔽日期</td></tr>
<tr><td>隐检项目</td><td colspan="2"></td><td>隐检部位或构件名称</td><td></td><td></td></tr>
<tr><td>隐蔽工程
内容或图示</td><td colspan="5"></td></tr>
<tr><td>检查意见</td><td colspan="5"></td></tr>
<tr><td>复查结论</td><td colspan="5"></td></tr>
<tr><td>原材料
质量文件</td><td colspan="5"></td></tr>
<tr><td colspan="2">建设单位：</td><td colspan="2">施工单位：</td><td colspan="2">其他单位：</td></tr>
<tr><td colspan="2">现场代表：
年 月 日</td><td colspan="2">记录人：
质检员：
技术负责人：　　年 月 日</td><td colspan="2">代表：
年 月 日</td></tr>
</table>

常规隐蔽工程检查项目和主要内容见表 4-58。

表 4-58　常规隐蔽工程检查项目和主要内容

序号	隐检项目	隐检主要内容
（一）	地基基础工程与主体结构工程	
1	土方工程	基槽、房心回填前检查基底清理情况、基底标高等

续表

序号	隐检项目	隐检主要内容
2	支护工程	检查锚杆、土钉的品种、规格、数量、位置、插入长度，钻孔的直径、深度、角度等。检查地下连续墙的成槽宽度、深度、垂直度，钢筋笼的规格、位置，槽底清理情况、沉渣厚度等
3	桩基工程	检查成孔、清孔情况，沉渣厚度，钢筋笼的规格、尺寸
4	地下防水工程	检查混凝土变形缝、施工缝、穿墙套管、预埋件等的形式或构造，防水层基层处理和防水材料的规格、厚度、铺设方式、阴阳角处理、搭接处理等，人防、地下车库等出入口的止水做法
5	结构工程（基础、主体）	检查用于绑扎的钢筋的品种、规格、数量、位置、锚固和接头位置、搭接长度，保护层的厚度和除锈、除污情况，钢筋代用变更和胡子筋处理等。检查钢筋的连接形式、连接种类、接头位置、数量，焊条、焊剂、焊口形式，焊缝长度、厚度，表面清渣情况和连接质量等
6	预应力工程	检查预留孔道的规格、数量、位置、形状、端部预埋垫板，预应力筋的下料长度、切断方法、竖向位置偏差、固定、护套的完整性，锚具、夹具、连接点的组装等
7	钢结构工程	检查地脚螺栓的规格、数量、位置、埋设方法、紧固程度等
8	外墙保温工程	检查内外节点的连接方法、保温构造等
（二）	装饰装修工程	
1	地面工程	检查各基层（垫层、找平层、隔离层、防水层、填充层、地龙骨）材料的品种、规格、铺设厚度、方式、坡度，标高，表面情况，密封处理，黏结情况等
2	抹灰工程	具有加强措施的抹灰应检查其加强构造的材料的规格、铺设、固定、搭接等
3	门窗工程	检查预埋件、锚固件和螺栓等的规格、数量、位置、间距、埋设方式、与框的连接方式、防腐处理、缝隙的嵌填、密封材料的黏结等
4	吊顶工程	检查吊顶龙骨和吊件的材质、规格、间距、连接方式、固定方法、表面防火、防腐处理、外观，接缝和边缝情况，填充和吸声材料的品种、规格、铺设、固定等
5	轻质隔墙工程	检查预埋件、连接件、拉结筋的规格、位置、数量、连接方式、与周边墙体和顶棚的连接、龙骨的连接、间距、防火处理、防腐处理、填充材料的设置等
6	饰面板（砖）工程	检查预埋件、后置埋件、连接件的规格、数量、位置、连接方式、防腐处理等。有防水构造的部位应检查找平层、防水层的构造做法，检查方法同地面工程
7	幕墙工程	检查构件之间、构件与主体结构的连接节点的安装和防腐处理，幕墙四周、幕墙与主体结构之间节点的处理、封口的安装，幕墙伸缩缝、沉降缝、防震缝和墙面转角节点的安装，幕墙防雷接地节点的安装等
8	细部工程	检查预埋件、后置埋件和连接件的规格、数量、位置、连接方式、防腐处理等
（三）	屋面工程	主要检查基层、找平层、保温层、防水层、隔离层材料的品种、规格、厚度、铺设方法、搭接宽度、接缝处理、黏结情况，附加层、天沟、泛水、变形缝的做法等
（四）	给水、排水与采暖工程	
1	直埋于地下或结构中，暗敷设于沟槽、管井中，不进入吊顶内的给水、排水、雨水、采暖、消防管道和相关设备，有防水要求的套管	检查管材、管件、阀门、设备的材质与型号、安装位置、标高、坡度，防水套管的定位、尺寸，管道连接的做法、质量，附件的使用，支架的固定，是否已按照设计要求和施工规范的规定完成强度、严密性、冲洗等试验

续表

序号	隐检项目	隐检主要内容
2	有绝热、防腐要求的给水、排水、采暖、消防、喷淋管道和相关设备	检查绝热方式、绝热材料的材质与规格、绝热管道与支吊架之间的防结露措施、防腐处理所用的材料与做法等
3	埋地的采暖、热水管道，在保温层、保护层完工之后，对其所在部位进行回填之前的隐检	检查安装的位置、标高、坡度，支架的做法，保温层、保护层的设置等
（五）	电气工程	
1	埋于结构内的各种电线导管	检查导管的品种、规格、位置、弯曲度、弯曲半径、连接、跨接地线、防腐、管盒固定、管口处理、敷设情况、保护层、需焊接部位的焊接质量等
2	利用结构钢筋做的避雷引下线	检查轴线位置，钢筋的数量、规格、搭接长度、焊接质量，与接地极、避雷网、均压环等的连接点的焊接情况等
3	等电位和均压环暗埋	检查使用材料的品种、规格、安装位置、连接方法、连接质量、保护层厚度等
4	接地极装置埋设	检查接地极的位置、间距、数量、材质、埋深、连接方法、连接质量、防腐情况等
5	金属门窗、幕墙与避雷引下线的连接	检查连接材料的品种和规格、连接位置和数量、连接方法和质量等
6	不进入吊顶内的电线导管	检查导管的品种、规格、位置、弯曲度、弯曲半径、连接、跨接地线、防腐、需焊接部位的焊接质量、管盒固定、管口处理、固定方法、固定间距等
7	不进入吊顶内的线槽	检查材料的品种、规格、位置、连接、跨接地线、防腐、固定方法、固定间距、与其他管线的位置关系等
8	直埋电缆	检查电缆的品种、规格、埋设方法、埋深、弯曲半径、标桩埋设情况等
9	不进入电缆沟敷设的电缆	检查电缆的品种、规格、弯曲半径、固定方法、固定间距、标识情况等
（六）	通风与空调工程	
1	敷设于竖井中、不进入吊顶内的风道（包括各类附件、部件、设备等）	检查风道的标高、材质，接头、接口的严密性，附件、部件的安装位置，支、吊、托架的安装、固定，活动部件是否灵活可靠、方向正确，风道分支、变径处理是否符合要求，是否已按照设计要求和施工规范的规定完成风管的漏光、漏风检测和空调水管道的强度、严密性、冲洗等试验
2	有绝热、防腐要求的风管、空调水管、设备	检查绝热形式与做法，绝热材料的材质和规格，防腐处理材料和做法，绝热管道与支、吊架之间应垫以绝热衬垫或经防腐处理的木衬垫，其厚度应与绝热层厚度相同，表面平整，衬垫接合面的空隙应填实
（七）	电梯工程	检查电梯承重梁、起重吊环的埋设，电梯钢丝绳头的灌注，电梯井内导轨、层门的支架、螺栓的埋设等
（八）	智能建筑工程	
1	埋于结构内的各种电线导管	检查导管的品种、规格、位置、弯曲度、弯曲半径、连接、跨接地线、防腐、需焊接部位的焊接质量、管盒固定、管口处理、敷设情况、保护层等

续表

序号	隐检项目	隐检主要内容
2	不进入吊顶内的电线导管	检查导管的品种、规格、位置、弯曲度、弯曲半径、连接、跨接地线、防腐、需焊接部位的焊接质量、管盒固定、管口处理、固定方法、固定间距等
3	不进入吊顶内的线槽	检查材料的品种、规格、位置、连接、跨接地线、防腐、固定方法、固定间距等
4	直埋电缆	检查电缆的品种、规格、埋设方法、埋深、弯曲半径、标桩埋设情况等
5	不进入电缆沟敷设的电缆	检查电缆的品种、规格、弯曲半径、固定方法、固定间距、标识情况等

六、施工记录

施工记录是施工过程中对重要工程项目或关键部位的施工方法、使用材料、构配件、操作人员、时间、施工情况等进行的记载，并经有关人员签字。

1. 交接检查验收记录

交接检查验收记录见表 4-59，其填写要求如下。

（1）各参建单位在对所施工工程交接时，应进行交接检查验收。

（2）交接内容包括质量情况、遗留问题、工序要求、注意事项、成品保护等。

（3）只有交接双方和见证单位全部签字认可，交接才算完成，才能进入后续的工作。

表 4-59　交接检查验收记录

<table>
<tr><td rowspan="2">工程名称</td><td rowspan="2" colspan="2"></td><td>编号</td><td></td></tr>
<tr><td>检查日期</td><td></td></tr>
<tr><td>移交单位</td><td colspan="2"></td><td>见证单位</td><td></td></tr>
<tr><td>交接部位</td><td colspan="2"></td><td>接受单位</td><td></td></tr>
<tr><td colspan="5">交接内容：</td></tr>
<tr><td colspan="5">检查结论：</td></tr>
<tr><td colspan="5">复查结论：
复查人：　　复查日期：</td></tr>
<tr><td colspan="5">见证单位意见：</td></tr>
<tr><td rowspan="2">签字栏</td><td>移交单位</td><td>接受单位</td><td colspan="2">见证单位</td></tr>
<tr><td></td><td></td><td colspan="2"></td></tr>
</table>

2. 地基验槽（孔）检查记录

地基验槽（孔）检查记录见表 4-60，其填写要求如下。

（1）地基验槽（孔）检查记录的内容包括基坑（孔）位置、平面尺寸、持力层核查、基底的绝对高程和相对标高、基底土质、地下水位等。

（2）由建设、监理、设计、勘察、施工单位共同验收签字。

表 4-60　地基验槽（孔）检查记录

<table>
<tr><td>工程名称</td><td colspan="2">××工程</td><td>验收日期</td><td>××××年××月××日</td></tr>
<tr><td>验槽部位</td><td colspan="4">基槽</td></tr>
<tr><td>验槽内容</td><td colspan="4">建筑物范围内浅部地层的类别、深度、分布、工程特性和变化规律符合要求，无不良地质现象，基槽内无地下水，土质和地基土层承载力符合设计要求</td></tr>
<tr><td>核验意见</td><td colspan="4">基底土均匀、密实，与地质报告相符，无软弱下卧层，基槽平面尺寸、基槽标高、边坡坡度符合设计要求，同意进行下一道工序施工</td></tr>
<tr><td>建设单位：××
（公章）

项目负责人：××</td><td>监理单位：××
（公章）

项目负责人：××</td><td>设计单位：××
（公章）

项目负责人：××</td><td>勘察单位：××
（公章）

项目负责人：××</td><td>施工单位：××
（公章）

项目负责人：××</td></tr>
</table>

3. 地基处理记录

地基处理记录的填写要求如下。

（1）验槽后，对出现的异常现象，确实需要进行地基处理的，先由勘察、设计单位提出处理方案，施工单位记录并形成书面处理方案，按地基处理方案实施并验收。

（2）施工单位应依据设计单位出具的处理方案进行地基处理，报勘察、设计、监理（建设）单位检查验收。

4. 预拌混凝土运输交接记录

预拌混凝土运输交接记录的填写要求如下。

（1）预拌混凝土供应单位应随车向施工单位提供预拌混凝土运输交接记录。

（2）应检查运输单上的混凝土等级等指标与委托单合同是否相符，实际坍落度是否符合要求。冬期施工时应测量现场出罐温度。

5. 混凝土开盘鉴定

混凝土开盘鉴定的填写要求如下。

（1）本表应由施工单位填写。

（2）按照实验室提供的混凝土配合比在现场首次配制混凝土时，应由施工单位、监理单位搅拌机组、混凝土试配单位共同进行开盘鉴定，保证现场施工所用材料、拌和物的性能与试验条件相符，以满足设计要求和施工需要。预拌混凝土由混凝土供应单位进行开盘鉴定并保存相应的资料。

（3）鉴定结论由参加开盘鉴定的各方协商填写。

6. 混凝土工程施工记录

混凝土工程施工记录的填写要求如下。

（1）本表应由施工单位填写。

（2）在混凝土工程施工过程中应对混凝土施工情况，包括搅拌过程、浇筑过程、试块留置情况、材料使用情况、监理单位旁站见证情况进行记录。

7. 混凝土浇灌、拆模申请批准单

混凝土浇灌、拆模申请批准单的填写要求如下。

（1）本表应由施工单位填写。

（2）在浇筑混凝土前，施工单位应对要隐蔽的钢筋工程、模板工程、水电安装工程进行检查验收，合格后填写混凝土浇灌申请批准单，经监理单位审批同意后方可浇筑混凝土。

（3）在拆除现浇混凝土结构板、梁、悬臂构件等的底模前，混凝土强度应满足设计要求；当设计无要求时，应满足现行规范的要求。应填写混凝土拆模申请批准单，并附混凝土强度等级报告，报项目专业负责人审批后报监理单位审核，审核通过后方可拆模。

8. 混凝土养护测温记录

混凝土养护测温记录的填写要求如下。

（1）本表应由施工单位填写。

（2）混凝土冬季施工养护应根据冬期施工方案的要求进行测温，记录大气温度、各测温孔的实测温度、同一时间测得的各测温孔的平均温度和间隔时间等，并绘制测温点布置图，内容包括测温点的部位、深度等。

9. 大体积混凝土养护测温记录

大体积混凝土养护测温记录的填写要求如下。

（1）本表应由施工单位填写。

（2）大体积混凝土施工应对混凝土入模时的大气温度、养护温度、内外温差和裂缝进行检查并记录，并附测温点布置图和温度曲线分析图。

10. 混凝土结构同条件养护试件测温记录

混凝土结构同条件养护试件测温记录的填写要求如下。

（1）本表应由施工单位填写。

（2）应对混凝土结构同条件养护试件进行测温，并在达到等效养护龄期时进行强度试验。

11. 构件吊装记录

构件吊装记录的填写要求如下。

（1）本表应由施工单位填写。

（2）在安装预制混凝土结构构件，钢结构，吊装大型钢、木构件时，应对构件的型号、名称、安装位置、外观、楼板堵孔、清理、锚固、接头处理、固定方法、标高、垂直偏差，构件支点的搁置与搭接长度等进行检查，应符合设计和现行标准、规范的要求。

12. 焊接材料烘焙记录

焊接材料在使用前应进行烘焙，对烘焙方法、烘焙温度、要求烘焙时间、实际烘焙时间和保温要求等内容应进行记录。

13. 木结构施工记录

在木结构工程施工中应对制作、安装等进行记录，由施工单位提供施工记录。应对防腐、防火处理等施工情况进行记录，仿古建筑木结构工程的施工记录应由专业施工单位提供，并单独组卷。

14. 支护与桩(地)基工程施工记录

支护与桩(地)基工程施工记录的填写要求如下。

(1)桩(地)基施工单位应在施工过程中进行施工记录，主要包括对孔位、孔径、孔深、桩体垂直度、桩顶标高、桩位偏差、桩顶完整性和接桩质量等进行检查并记录。

(2)在基坑开挖和支护结构使用期间，当有设计指标时，应以设计指标和要求为依据进行监测；如设计无要求，则应按规范的规定对重要的支护结构进行监测，并做好变形监测记录。

(3)支护与桩(地)基工程施工记录由施工单位自行记录或设计表格进行填写，或按照当地管理部门要求的表格填写。

七、工程质量事故报告和事故调查处理资料(记录)

工程质量事故指在工程建设过程中或交付使用后，因勘察、设计、施工等的过失造成工程质量不符合有关技术标准、设计文件和施工合同的要求，需加固补强、返工、报废、造成人身伤亡或者重大经济损失的事故。对其发生和处理情况进行记录形成工程质量事故报告和工程质量事故处理记录。

1. 工程质量事故报告

工程质量事故报告的填写要求如下。

(1)报告日期为填表日期，事故发生部位、直接责任人按实际情况填写。

(2)事故性质。填写技术问题(事故)或责任问题(事故)。

(3)事故等级。填写重大事故或一般事故。

(4)事故经过和原因分析。要填写事故发生的经过和事故发生的主要原因。

(5)预计损失。预计损失指因工程质量事故导致的材料、设备、建筑和人员伤亡等的预计损失费用。

2. 事故调查处理资料(记录)

事故调查处理资料(记录)的填写要求如下。

(1)事故初步处理意见。填写事故发生后采取的紧急防护措施，需制定的事故处理方案，对责任单位、责任人的处理意见。

(2)事故处理结果。填写经处理后，工程实体的质量是否符合事故处理方案的要求，是否满足工程原来对结构安全和使用功能的要求。

（3）事故处理后由监理（建设）、设计、施工单位的技术负责人共同对事故处理结果进行验收，填写验收意见并签字、盖章。

（4）工程质量事故报告应由施工单位的技术负责人、施工项目经理、专业技术负责人共同签字，并加盖施工单位的公章。

（5）工程质量事故处理记录应由施工项目经理、专业技术负责人、质检员、施工工长签字。

项目4　安全和使用功能管理资料

一、地下工程防水效果检查记录

地下工程防水效果检查的依据是工程的设计要求和《地下防水工程质量验收规范》（GB 50208—2011）的有关规定，检查记录的内容包括裂缝、渗漏部位和大小、渗漏情况、处理意见等。按渗漏情况将地下工程的防水等级分为4级，各级标准应符合规范的规定。具体工程的防水等级应由设计来确定。

地下工程的防水效果检查记录见表4-61，其填写要求如下。

（1）地下工程的防水等级。

①1级。不允许渗水，结构表面无湿渍。

②2级。不允许漏水，结构表面可有少量湿渍。工业与民用建筑的湿渍总面积不大于总防水面积的0.1%，单个湿渍面积不大于0.1 m^2，任意100 m^2的防水面积不超过1处。

③3级。允许有少量漏水点，不得有线流和漏泥砂，单个湿渍面积不大于0.3 m^2，单个漏水点的漏水量不大于2.5 L/d，任意100 m^2的防水面积不超过7处。

④4级。允许有漏水点，不得有线流和漏泥砂，整个工程的平均漏水量不大于2 L/（m^2·d），任意100 m^2防水面积的平均漏水量不大于4 L/（m^2·d）。

（2）渗漏检查。

①在进行地下工程防水质量验收时，施工单位必须提供背水内表面的结构工程展开图。

②房屋建筑地下室只检查围护结构内墙和底板。

（3）施工单位必须在背水内表面的结构工程展开图上详细标示以下内容。

①在工程自检时发现的裂缝，标明位置、宽度、长度和渗漏现象。

②经修补、堵漏的渗漏部位。

③防水等级标准容许的渗漏现象的位置。

④在进行地下工程防水质量验收时，必须将经检查、核对标示好的背水内表面的结构工程展开图附于地下工程防水效果检查记录后。

表 4-61　地下工程防水效果检查记录

<table>
<tr><td colspan="2">工程名称</td><td colspan="2"></td><td>编号</td><td></td></tr>
<tr><td colspan="2">检查部位</td><td colspan="2"></td><td>检查日期</td><td></td></tr>
<tr><td colspan="6">检查方法和内容：</td></tr>
<tr><td colspan="6">检查结论：</td></tr>
<tr><td colspan="6">复查结论：　　　　复查人：　　　　复查日期：</td></tr>
<tr><td rowspan="3">签字栏</td><td colspan="2">施工单位</td><td>专业技术负责人</td><td>专业质检员</td><td>专业工长</td></tr>
<tr><td colspan="2"></td><td></td><td></td><td></td></tr>
<tr><td colspan="2">监理或建设单位</td><td></td><td>专业工程师</td><td></td></tr>
</table>

二、防水工程试水检查记录

防水工程试水检查记录见表 4-62，其填写要求如下。

（1）本表应由施工单位填写，报送建设单位、监理单位，由各相关单位保存。

（2）应收集背水内表面的结构工程展开图，相关图片、照片和说明文件等。

（3）在进行地下工程验收时，应对渗漏现象进行检查，主要检查内容应包括裂缝、渗漏部位和处理意见等。发现渗漏现象时应制作并标示好背水内表面的结构工程展开图。

表 4-62　防水工程试水检查记录

<table>
<tr><td colspan="2">工程名称</td><td colspan="2"></td><td>编号</td><td></td></tr>
<tr><td colspan="2">检查部位</td><td colspan="2"></td><td>检查日期</td><td></td></tr>
<tr><td colspan="2" rowspan="2">检查方式</td><td colspan="2">□第一次蓄水　□第二次蓄水</td><td rowspan="2">蓄水时间</td><td rowspan="2">从　年　月　日
至　年　月　日</td></tr>
<tr><td colspan="2">□淋水　□雨期观察</td></tr>
<tr><td colspan="6">检查方法和内容：</td></tr>
<tr><td colspan="6">检查结论：</td></tr>
<tr><td colspan="6">复查结论：　　　　复查人：　　　　复查日期：</td></tr>
<tr><td rowspan="3">签字栏</td><td colspan="2">施工单位</td><td>专业技术负责人</td><td>专业质检员</td><td>专业工长</td></tr>
<tr><td colspan="2"></td><td></td><td></td><td></td></tr>
<tr><td colspan="2">监理、建设单位</td><td></td><td>专业工程师</td><td></td></tr>
</table>

三、建筑物垂直度、标高测量记录

建筑物垂直度、标高测量记录见表 4-15。

四、沉降观测记录

沉降观测记录见表 4-16。

五、建筑抽气(通风)道检查记录

建筑抽气(通风)道检查记录见表 4-63,其填写要求如下。

(1)本表由施工单位填写并保存,按监理单位的要求报送。

(2)应收集相关的图片、照片和文字说明等。

(3)建筑通风道(烟道)应做全数通(抽)风和漏风、串风试验,要求 100%检查,并做好检查记录。

表 4-63　建筑抽气(通风)道检查记录

<table>
<tr><td colspan="2">工程名称</td><td colspan="2"></td><td>编号</td><td></td></tr>
<tr><td colspan="2" rowspan="2">检查部位</td><td rowspan="2">主(气)风道</td><td rowspan="2">副(气)风道</td><td>检查日期</td><td></td></tr>
<tr><td>检查人</td><td>复查人</td></tr>
<tr><td colspan="2"></td><td></td><td></td><td></td><td></td></tr>
<tr><td colspan="2"></td><td></td><td></td><td></td><td></td></tr>
<tr><td colspan="2"></td><td></td><td></td><td></td><td></td></tr>
<tr><td rowspan="3">签字栏</td><td colspan="2">施工单位</td><td>专业技术负责人</td><td>专业质检员</td><td>专业工长</td></tr>
<tr><td colspan="2"></td><td></td><td></td><td></td></tr>
<tr><td colspan="2">监理或建设单位</td><td></td><td>专业工程师</td><td></td></tr>
</table>

注:本表由施工单位填写,建设单位、监理单位、施工单位各保存一份。

六、室内环境检测报告

室内环境检测报告见表 4-64,其填写要求如下。

(1)本表由有资质的检测单位填写。

(2)检验依据应符合相应的标准。

表 4-64　室内环境检测报告

<table>
<tr><td colspan="2">工程名称</td><td colspan="2"></td><td>检验日期</td><td></td><td>编号</td><td></td></tr>
<tr><td colspan="2">检验项目</td><td>氡</td><td>游离甲醛</td><td>苯</td><td>氨</td><td>TVOC</td><td rowspan="2">单项评定</td></tr>
<tr><td colspan="2">计量单位</td><td>mg/m³</td><td>mg/m³</td><td>mg/m³</td><td>mg/m³</td><td>mg/m³</td></tr>
<tr><td rowspan="2">质量指标</td><td>Ⅰ</td><td>≤200</td><td>≤0.08</td><td>≤0.09</td><td>≤0.2</td><td>≤0.5</td><td></td></tr>
<tr><td>Ⅱ</td><td>≤400</td><td>≤0.12</td><td>≤0.09</td><td>≤0.5</td><td>≤0.6</td><td></td></tr>
<tr><td>检测结果</td><td colspan="7"></td></tr>
</table>

续表

检测单位					
批准人		审核人		监制人	

七、外窗气密性、水密性、耐风压检验报告

外窗气密性、水密性、耐风压检验报告见表 4-65，其填写要求如下。

（1）本表由有资质的检测单位填写。

（2）检验依据应符合相应的标准。

表 4-65　外窗气密性、水密性、耐风压检验报告

检验项目			计量单位	实测值			单项评定	
				第一樘	第二樘	第三樘		
建筑外窗的气密性	10 Pa 下单缝长空气渗透量	正压	$m^3/(m\cdot h)$	0.7	0.61	0.68	0.7	4 级
		负压		0.57	0.56	0.56	0.6	4 级
	10 Pa 下单位面积空气渗透量	正压	$m^3/(m\cdot h)$	1.94	1.7	1.9	0.6	4 级
		负压		1.58	1.57	1.55	1.8	4 级
建筑外窗的水密性			Pa	100	100	100	1.6	1 级
建筑外窗的耐风压性			kPa	2.9	2.5	2.7	2.5	1 级
门窗示意图：								
备注								
批准人		审核人		主检人				

项目 5　质量验收资料

一、检验批质量验收记录

检验批质量验收记录见表 4-66，其填写要求如下。

1. 工程名称等的填写

（1）工程名称应填写全称，与合同中的单位工程名称相一致。

（2）施工单位、分包单位应填写名称的全称，与合同中的公章名称相一致。

（3）检验批部位应填写具体。

（4）施工单位、分包单位的项目负责人应是合同中指定的项目负责人，这些人员由填表人填写，不需本人签字。

（5）施工执行标准的名称、编号。施工执行标准是企业标准或引用的推荐性标准（必须经企业认可为企业标准），由企业自行检验。

2. 内容的填写

（1）对定性项目，可填写“符合要求”或“不符合要求”。

（2）对定量项目，如允许偏差、计算合格点百分率，可直接填写检查数据。对计算合格点百分率，超过企业标准但没有超过国家标准的数值用“○”圈起来；超过国家标准的用“△”圈起来。

3. 验收结果

（1）对定性项目可填写“符合要求”或“不符合要求”，对定量项目可填写“合格”或“不合格”。

（2）施工单位检查结果可填写“检查符合标准规定”，项目专业质量检查员签字并加盖岗位资格章。

（3）监理单位验收结论可填写“验收合格”或“验收不合格”，专业监理工程师签字并加盖岗位资格章。

表 4-66　检验批质量验收记录

________检验批质量验收记录　　　　　　　　　　　　　　　　　　　　编号：________

单位（子单位）工程名称		分部（子分部）工程名称		分项工程名称	
施工单位		项目负责人		检验批容量	
分包单位		项目负责人		检验批部位	
施工依据		验收依据			

验收项目			设计要求和规范规定	最小/实际抽样数量	检查记录	检查结果
主控项目	1					
	2					
	3					
	4					
	5					
	6					
	7					

续表

一般项目	1					
	2					
	3					
	4					
	5					
施工单位检查结果		专业工长： 项目专业质量检查员： 年 月 日				
监理单位验收结论		专业监理工程师： 年 月 日				

二、分项工程质量验收记录

分项工程质量应由监理工程师组织项目技术负责人等进行验收。分项工程质量验收记录见表4-67，其填写要求如下。

（1）将工程名称填写具体，应和检验批质量验收记录中的名称一致。

（2）将检验批逐项填写，并注明部位、区段。

（3）施工单位检查结果可填写“符合设计要求和标准 ×× 的规定”。

（4）监理单位验收结论可填写“合格”或“不合格”。

（5）“施工单位检查结果”栏可填写“检查符合设计要求和标准 ×× 的规定”，由项目专业技术负责人签字。

（6）“监理单位验收结论”栏可填写“验收合格”或“验收不合格”，专业监理工程师签字并加盖岗位资格章。

表4-67 分项工程质量验收记录

单位（子单位）工程名称		分部（子分部）工程名称			
分项工程数量		检验批数量			
施工单位		项目负责人		项目技术负责人	
分包单位		项目负责人		分包内容	

续表

序号	检验批名称	检验批容量	部位/区段	施工单位检查结果	监理单位验收结论
1					
2					
3					
4					
5					
6					
7					
8					
9					
10					
11					
说明：					
施工单位检查结果	项目专业技术负责人： 年　月　日				
监理单位验收结论	专业监理工程师： 年　月　日				

三、分部（子分部）工程质量验收记录

分部（子分部）工程完成后，经施工单位自行检验合格，由项目经理交总监理工程师填写施工质量验收记录相应部分的内容，由总监理工程师组织相关人员进行验收。

在编制、整理分部工程、子分部工程施工质量验收资料时，内容均应包括质量控制资料检验结果、安全和功能检验结果、观感质量检验结果，区别只是工程质量验收记录的填写不同。另外，在检查验收地基、基础和主体结构分部工程时，设计单位和勘察单位都要参加，并签署意见。

分部（子分部）工程质量验收记录见表4-68，其填写要求如下。

（1）分项工程名称。应按照《建筑工程施工质量验收统一标准》（GB 50300—2013）的规定填写相应的分项工程，也可根据当地主管部门的规定，在国家标准的基础上增加分项工程。

（2）检验批数量。分别填写分项工程所含有的实际检验批的数量。

（3）施工单位检查结果。可填写“符合设计要求和标准 ×× 的规定”。

(4)监理单位验收结论。由监理工程师进行检查，根据检查结果填写验收意见，对验收合格的填写“分项和检验批划分合理，验收完整，符合设计要求和标准 ×× 的规定”；对验收不合格的，应写出原因和处理意见。

(5)质量控制资料检验结果。

①施工单位检查结果。可填写“符合要求”或“不符合要求”。

②监理单位验收结论。由监理工程师根据资料核查和现场检查的情况填写“符合要求”或“不符合要求”。

(6)安全和功能检验结果。

①施工单位检查结果。施工单位对安全和功能两方面的资料进行检查，根据检查结果填写“符合要求”或“不符合要求”。

②监理单位验收结论。由监理工程师根据检查结果填写“符合要求”或“不符合要求”。

(7)观感质量检验结果。由总监理工程师组织专业监理工程师会同参加验收的人员共同进行。通过现场检查，共同对质量进行评价，填写“经现场检查评价，共同确认为‘好’(‘一般’‘差’)”。

表 4-68　分部(子分部)工程质量验收记录

________分部(子分部)工程质量验收记录　　　　编号:________

<table>
<tr><td colspan="2">单位(子单位)
工程名称</td><td colspan="2"></td><td>子分部工程数量</td><td></td><td>分项工程数量</td><td></td></tr>
<tr><td colspan="2">施工单位</td><td colspan="2"></td><td>项目负责人</td><td></td><td>项目技术负责人</td><td></td></tr>
<tr><td colspan="2">分包单位</td><td colspan="2"></td><td>项目负责人</td><td></td><td>分包内容</td><td></td></tr>
<tr><td>序号</td><td>子分部
工程名称</td><td>分项工程
名称</td><td>检验批
数量</td><td colspan="2">施工单位检查结果</td><td colspan="2">监理单位验收结论</td></tr>
<tr><td>1</td><td></td><td></td><td></td><td colspan="2"></td><td colspan="2"></td></tr>
<tr><td>2</td><td></td><td></td><td></td><td colspan="2"></td><td colspan="2"></td></tr>
<tr><td>3</td><td></td><td></td><td></td><td colspan="2"></td><td colspan="2"></td></tr>
<tr><td>4</td><td></td><td></td><td></td><td colspan="2"></td><td colspan="2"></td></tr>
<tr><td>5</td><td></td><td></td><td></td><td colspan="2"></td><td colspan="2"></td></tr>
<tr><td>6</td><td></td><td></td><td></td><td colspan="2"></td><td colspan="2"></td></tr>
<tr><td>7</td><td></td><td></td><td></td><td colspan="2"></td><td colspan="2"></td></tr>
<tr><td>8</td><td></td><td></td><td></td><td colspan="2"></td><td colspan="2"></td></tr>
<tr><td colspan="4">质量控制资料检验结果</td><td colspan="2"></td><td colspan="2"></td></tr>
<tr><td colspan="4">安全和功能检验结果</td><td colspan="2"></td><td colspan="2"></td></tr>
<tr><td colspan="4">观感质量检验结果</td><td colspan="2"></td><td colspan="2"></td></tr>
<tr><td>综合
验收
结论</td><td colspan="7"></td></tr>
</table>

续表

施工单位 项目负责人： 年　月　日	勘察单位 项目负责人： 年　月　日	设计单位 项目负责人： 年　月　日	监理单位 项目负责人： 年　月　日

注：1. 地基与基础分部工程的验收应由施工、勘察、设计单位的项目负责人和总监理工程师参加并签字；

2. 主体结构、节能分部工程的验收应由施工、设计单位的项目负责人和总监理工程师参加并签字（主体结构分部工程的验收勘察单位也要参加）。

四、单位（子单位）工程观感质量检查记录

单位（子单位）工程观感质量检查记录见表3-35，其填写要求如下。

（1）质量检查由总监理工程师组织专业监理工程师会同参加检查的人员共同进行，通过对现场的全面检查，共同对质量进行评价，并在相应检查项目的“抽查质量状况”处填写检查结果。

（2）在“质量评价”栏中填写“好”“一般”或“差”。

（3）由总监理工程师填写“好”“一般”或“差”的结论。

（4）由施工单位项目负责人和总监理工程师签字，并加盖岗位资格章。

五、建筑节能分部工程质量验收记录

建筑节能分部工程使用的材料的燃烧性能等级和阻燃处理应符合设计要求和现行国家标准《建筑内部装修设计防火规范》（GB 50222—2017）和《建筑设计防火规范》（GB 50016—2014）等的规定。

建筑节能分部工程质量验收记录见表4-69，其填写要求如下。

（1）分项工程应全部合格。

（2）质量控制资料应完整。

（3）外墙节能构造现场实体检测结果应符合设计要求。

（4）严寒、寒冷和夏热冬冷地区的外窗气密性现场实体检测结果应合格。

（5）建筑设备工程系统节能性现场检测结果应合格。

表4-69　建筑节能分部工程质量验收记录

工程名称			施工单位		
结构类型		层次		建筑面积	
开工 日期		完工 日期		验收 日期	

续表

<table>
<tr><td rowspan="9">节能设计措施</td><td>墙体</td><td rowspan="2">采用SO型胶粉聚苯颗粒外墙外保温</td><td rowspan="2">采暖</td><td rowspan="2"></td></tr>
<tr><td>施工面积/m^2</td></tr>
<tr><td>屋面</td><td rowspan="2">采用35 mm挤塑聚苯板保温</td><td rowspan="2">通风与空调</td><td rowspan="2"></td></tr>
<tr><td>施工面积/m^2</td></tr>
<tr><td>门窗（遮阳）</td><td>采用中空玻璃塑料钢窗</td><td>空调与采暖系统
冷热源和管网</td><td></td></tr>
<tr><td>幕墙（遮阳）</td><td rowspan="2"></td><td rowspan="2">配电与照明</td><td rowspan="2"></td></tr>
<tr><td>施工面积/m^2</td></tr>
<tr><td>地面（架空层顶板等）</td><td></td><td>检测与控制</td><td></td></tr>
<tr><td>其他</td><td colspan="3"></td></tr>
<tr><td rowspan="4">验收内容和自评意见</td><td>分项工程检查</td><td colspan="3">共　个分项，经查符合标准和设计要求　个分项</td></tr>
<tr><td>质量控制资料核查</td><td colspan="3">质量控制资料共　项，经查符合要求　项</td></tr>
<tr><td>节能工程现场检查</td><td colspan="3">经核定符合规范要求　项
外墙节能构造现场实体检测：
外窗气密性现场实体检测：
建筑设备工程系统节能性现场检测：
围护结构节能性现场检测：</td></tr>
<tr><td>分包单位和
分包内容明细</td><td colspan="3"></td></tr>
<tr><td colspan="2">验收意见</td><td colspan="3"></td></tr>
</table>

<table>
<tr><td>项目经理：

（公章）
年　月　日</td><td>项目经理：

（公章）
年　月　日</td><td>项目经理：

（公章）
年　月　日</td><td>项目经理：

（公章）
年　月　日</td><td>项目经理：

（公章）
年　月　日</td></tr>
</table>

<table>
<tr><td>总监理工程师（签字）：

（公章）
年　月　日</td><td>设计负责人（签字）：

（公章）
年　月　日</td><td>项目负责人（签字）：

（公章）
年　月　日</td></tr>
</table>

项目 6　竣工验收资料

一、工程竣工报告

建筑工程竣工后，由施工单位填写工程竣工报告（表 4-70），由建设单位组织竣工验收。

表 4-70　工程竣工报告

工程名称		建筑面积		地点	
建设单位		结构类型		造价	
项目经理		计划工期		实际工期	
开工日期			竣工日期		
技术资料 齐全情况					
竣工标准 达到情况					
甩项项目 和原因		监理单位审核意见： 签名（公章） 年　月　日		建设单位审核意见： 签名（公章） 年　月　日	

工程竣工的验收标准是竣工单位工程实际包含的分部工程必须全部完工；建筑设备安装工程必须调整、试运行合格，达到使用条件，不准甩项。验收重点是结构安全和使用功能。工程技术资料要能真实反映工程的质量状况。楼地面、屋面、门窗、暖卫、电气等建筑与建筑设备经观感检查、技术资料核查，要能保证其使用功能。

1. 工程竣工验收的内容

（1）核查单位工程的全部质量保证资料。

（2）评定单位工程的观感质量。

（3）全项抽检不同分部、不同工种的 4 个以上分项工程，例如地面、墙面、屋面、水暖、电气、粉刷、油漆等（包括对保证项目、基本项目、允许偏差项目进行全面检查并进行等级评定），汇总核定各分部工程的质量等级。

2. 工程竣工验收的方法

确定抽检点，对建筑物的室内外、各楼层、各单元都要宏观看一遍，一方面查看是否达到竣工标准，另一方面查看质量是否均衡一致。然后随机抽样检查任意 2 个房间和部位的工程质量。室外和屋面工程应全数检查，可划分为5~10片，每片作为1个检查点（外墙每20 m左右为1个检查片）；室内检查原则上按有代表性的自然间（住宅可按有代表性的户）抽查10%，但每个单元和每个楼层不少于1间（1户）；卫生间、厨房、楼梯，每层、每单元不得少于1处。

二、工程竣工决算资料

工程竣工决算资料主要指工程竣工决算书，工程竣工决算书是由建设单位编制的反映工程项目的实际造价和投资效果的资料，是竣工验收资料的重要组成部分。

1. 工程竣工决算的内容

工程竣工决算的内容包括从筹划到竣工投产全过程的实际费用，即建筑安装工程费用，设备、工器具购置费用，工程建设其他费用，预备费，建设期利息等。

2. 工程竣工决算资料的组成

工程竣工决算资料一般由竣工财务决算说明书、竣工财务决算报表、工程项目竣工图、工程造价对比分析报告四个部分组成。

（1）竣工财务决算说明书。

竣工财务决算说明书主要包括：①工程项目概况；②会计财务的处理情况、财产物资情况和债权债务的清偿情况；③资金结余和结余资金的分配处理情况；④主要技术经济指标的分析、计算情况；⑤工程项目管理和决算中存在的问题和提出的建议；⑥需要说明的其他事项。

（2）竣工财务决算报表。

按照财政部发布的《基本建设财务管理规定》《基本建设项目竣工财务决算报表》《建设项目竣工财务决算报表填表说明》，大、中型项目的竣工财务决算需填报工程项目竣工财务决算审批表、项目概况表、竣工财务决算表、交付使用资产总表、工程项目交付使用资产明细表，小型项目需填报工程项目竣工财务决算审批表（同大、中型项目）、竣工财务决算总表、交付使用资产明细表。

（3）工程项目竣工图。

工程项目竣工图是真实地反映各种地上、地下建筑物、构筑物等情况的技术文件，是工程进行交工验收、维护、改建和扩建的依据，是重要的技术档案。国家规定各项新建、扩建、改建的基本建设工程，特别是基础、地下建筑、地下结构、峒室、桥梁、隧道、水坝、设备安装位置等隐蔽部位，都要编制工程项目竣工图。

（4）工程造价对比分析报告。

工程造价对比分析应侧重以下内容：①完成的实物工程量；②用于工程的材料消耗量，如月、季度、年度材料消耗量和月、季度、年度完成的实物工程量的对比分析等；③建设单位管理费，建筑安装工程其他直接费、现场经费和间接费。

三、施工资料移交书

施工资料移交书(表4-71)是工程资料进行移交的凭证,应有移交日期、移交单位和接收单位的盖章。

表4-71　施工资料移交书

××建筑工程公司(全称)按有关规定向××学校(全称)办理××教学楼工程资料移交手续。共计××套××册,其中图样材料××册,文字材料××册,其他材料××册(　)。 附:工程资料移交目录 工程移交单位(公章):　　　　　　接收单位(公章): 单位负责人:　　　　　　技术负责人: 移交人:　　　　　　接收人: 移交日期:　　　年　月　日

四、房屋建筑工程质量保修书

《建设工程质量管理条例》规定,建设工程实行质量保修制度,即建设工程承包单位在向建设单位提交工程竣工验收报告时,应当向建设单位出具质量保修书。质量保修书中应当明确建设工程的保修范围、保修期限和保修责任。施工单位签署质量保修书也是建设工程竣工验收的必备条件。以下为某房屋建筑工程质量保修书。

房屋建筑工程质量保修书

(示范文本)

发包人(全称):××学校

承包人(全称):××建筑工程公司

发包人、承包人根据《中华人民共和国建筑法》《建设工程质量管理条例》和《房屋建筑工程质量保修办法》,经协商一致,对××教学楼签订工程质量保修书。

一、质量保修范围和内容

承包人在质量保修期内,按照有关法律、法规、规章的规定和双方的约定,承担本工程的质量保修责任。

质量保修范围包括地基基础工程,主体结构工程,屋面防水工程,有防水要求的卫生间、房间和外墙面的防渗漏,供热与供冷系统,电气管线,给排水设施,设备安装工程,装修工程,以及双方约定的其他项目。

二、质量保修期

双方根据《建设工程质量管理条例》和有关规定,约定本工程的质量保修期如下。

1. 地基基础工程和主体结构工程为设计文件规定的该工程的合理使用年限。

2. 屋面防水工程,有防水要求的卫生间、房间和外墙面的防渗漏为5年。

3. 装修工程为2年。

4. 电气管线、给排水管道、设备安装工程为 2 年。

5. 供热与供冷系统为 2 个采暖期、供冷期。

6. 住宅小区内的给排水设施、道路等配套工程为 2 年。

7. 其他项目的质量保修期约定如下:(略)。

质量保修期自工程竣工验收合格之日起计算。

三、质量保修责任

1. 属于质量保修范围、内容的项目,承包人应当在自接到保修通知之日起 7 天内派人保修,承包人不在约定期限内派人保修的,发包人可以委托他人修理。

2. 发生紧急抢修事故的,承包人在接到事故通知后应当立即到达事故现场抢修。

3. 对于涉及结构安全的质量问题,应当按照《房屋建筑工程质量保修办法》的规定,立即向当地建设行政主管部门报告,并采取安全防范措施,由原设计单位或者具有相应等级资质的设计单位提出保修方案,由承包人实施保修。

4. 质量保修完成后,由发包人组织验收。

四、质量保修费用

质量保修费用由造成质量缺陷的责任方承担。

五、其他

双方约定的其他工程质量保修事项:(略)。

本工程质量保修书由施工合同的发包人、承包人双方在竣工验收前共同签署,作为施工合同附件,其有效期至保修期满。

发包人(公章):× ×　　　　承包人(公章):× ×

法定代表人(签字):× ×　　　　法定代表人(签字):× ×

× × × × 年 × × 月 × × 日　　　　× × × × 年 × × 月 × × 日

模块五　竣工图资料及其组成

项目1　竣工图和工程竣工文件的形成和管理要求

一、竣工图和工程竣工文件的形成

竣工图和工程竣工文件的形成过程如图5-1所示。

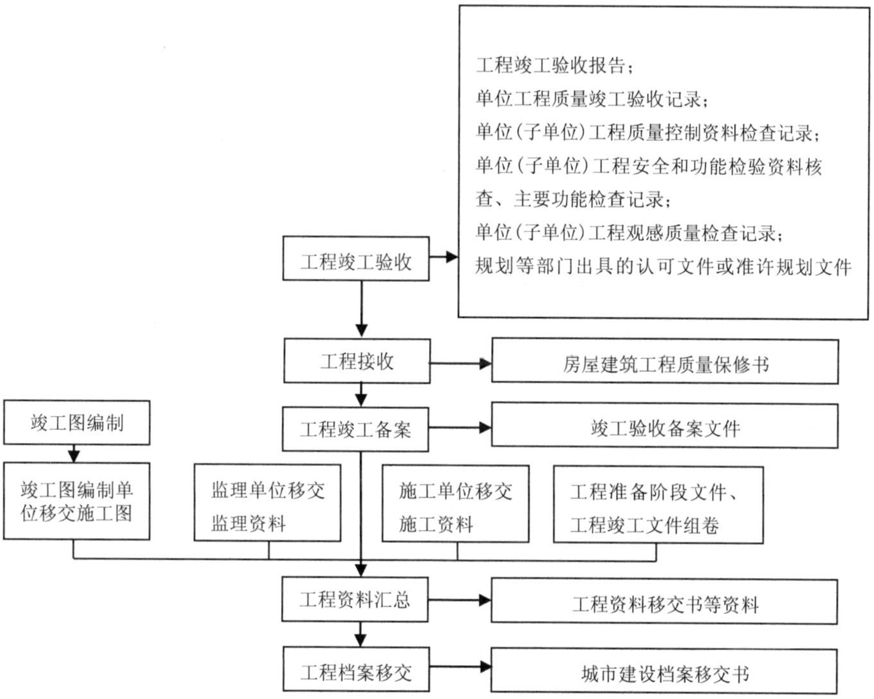

图5-1　竣工图和工程竣工文件的形成过程

二、竣工图和工程竣工文件的管理要求

(1)工程竣工总结由建设单位在工程竣工阶段编制,应真实反映工程建设实施情况。

(2)工程竣工验收报告由建设单位在工程竣工验收后编制,应真实反映工程竣工验收情况。

(3)勘察单位工程质量检查报告是完成与工程勘察相关的工程质量检查后,由勘察单位编制的报告。

(4)设计单位工程质量检查报告是完成对工程设计文件和设计单位签署的变更通知的实施情况的检查后,由设计单位编制的报告。

项目2 竣工图的作用、编制单位与分工

一、竣工图的作用

1. 竣工图是建筑工程新建、改建、扩建和工程管理、维修的技术依据

在建筑工程开始建设时,施工单位一般要通过查阅原工程竣工图或实地调查来了解周围工程的概况,特别是在敷设地下管线或进行隐蔽工程维修时,要通过查阅竣工图来掌握地下管线的走向、管径、标高和转折点、交叉点的详细位置;在建筑工程改建、扩建时,也必须通过查阅竣工图来弄清楚它的基础、结构形式,盲目改建、扩建必将造成重大安全隐患;对建筑工程原有的电线、电缆、给排水管线等进行维修、增容时,也必须通过查阅完整、准确的竣工图来获得原有管线的走向、位置、管沟大小等信息。

2. 竣工图是城市规划、建设、管理等工作的重要依据

随着城市现代化程度的不断提高,地下隐蔽工程越来越多,在城市规划、建设、管理特别是地下建筑和地下管线空间规划中,完整、准确的竣工图是必不可少的基础资料。2000年冬季发生在西安市莲湖路的天然气地沟爆炸事故就是因为天然气管道与电力通信线路的安全距离不够,随着天然气泄漏浓度的增大,电力通信线路的放电火花引起地沟爆炸。如果已建工程管线位置在建设时发生变更而没有改绘标注,新建工程管线规划又与原工程在同一位置,那么在施工时就会经常发生挖断光缆、电缆、管线等事故,造成经济损失和人员伤亡。因此,必须借助竣工图来合理安排新建地下建筑物和地下管线的位置。

3. 竣工图是司法鉴定、裁决建筑纠纷的法律凭证

在作重大工程质量事故的技术鉴定时,首先要对工程图纸进行核对,检查施工单位是否严格按图施工,有变更的部位是否经过设计单位同意,签字手续是否完备;其次才对设计计算、原材料是否合格、施工过程是否符合规范的要求等进行检查。1999年重庆市綦江区彩虹桥因严重的质量问题突然整体垮塌,造成死40人、伤14人,直接经济损失600余万元的严重后果。国务院事故调查领导小组在对事故进行调查时首先采取的一项措施是封存彩虹桥项目的所有工程监理资料和工程档案资料。

4. 竣工图是工程结算的依据

竣工图能用于准确计算已完工程的工程量，复核认定已完工程量的真实性，正确判定变更项目的合理性和合规性。对已完成竣工图编制并且通过竣工验收的工程项目，审计人员能通过竣工图正确计算出工程造价。竣工图在投资、审计、决算中与施工图、中标价、施工合同、施工签证、地方定额、当期材料价格等一样均是重要的结算依据。

二、竣工图的编制单位与分工

（1）竣工图由建设单位负责编制与整理，也可由建设单位委托施工单位、监理单位、设计单位或其他单位编制。

（2）建设项目实行总包制的，各分包单位应负责编制各自承包的工程的竣工图；总包单位除编制自行施工的工程的竣工图外，还应负责审核、整理和汇总各分包单位编制的竣工图。总包单位在交工时应向建设单位提交全部工程的竣工图。

（3）建设单位将建设项目分包给几个施工单位时，各施工单位应负责编制各自承包的工程的竣工图，建设单位负责审核、整理和汇总。

（4）竣工图的编制工作应遵循“谁施工谁负责”的原则。

①建筑工程的竣工图由项目部施工技术人员编制，由项目技术负责人审核、批准和汇总。

②安装工程的竣工图由各专业施工技术人员编制，由项目技术负责人审核、批准和汇总。

③施工技术人员调离时应将个人负责的竣工图整理完毕，经审核无误后与项目技术负责人做好交接。

④大中型工程的竣工图由项目技术负责人主持编制，经公司技术部门复核，交总工程师审批和主管档案部门验收。

项目3　施工现场安全管理资料的编制与常用表格

一、工程项目安全管理资料

工程施工总平面布置图如图 5-2 所示，工程项目安全管理资料的具体内容见表 5-1~表 5-37。

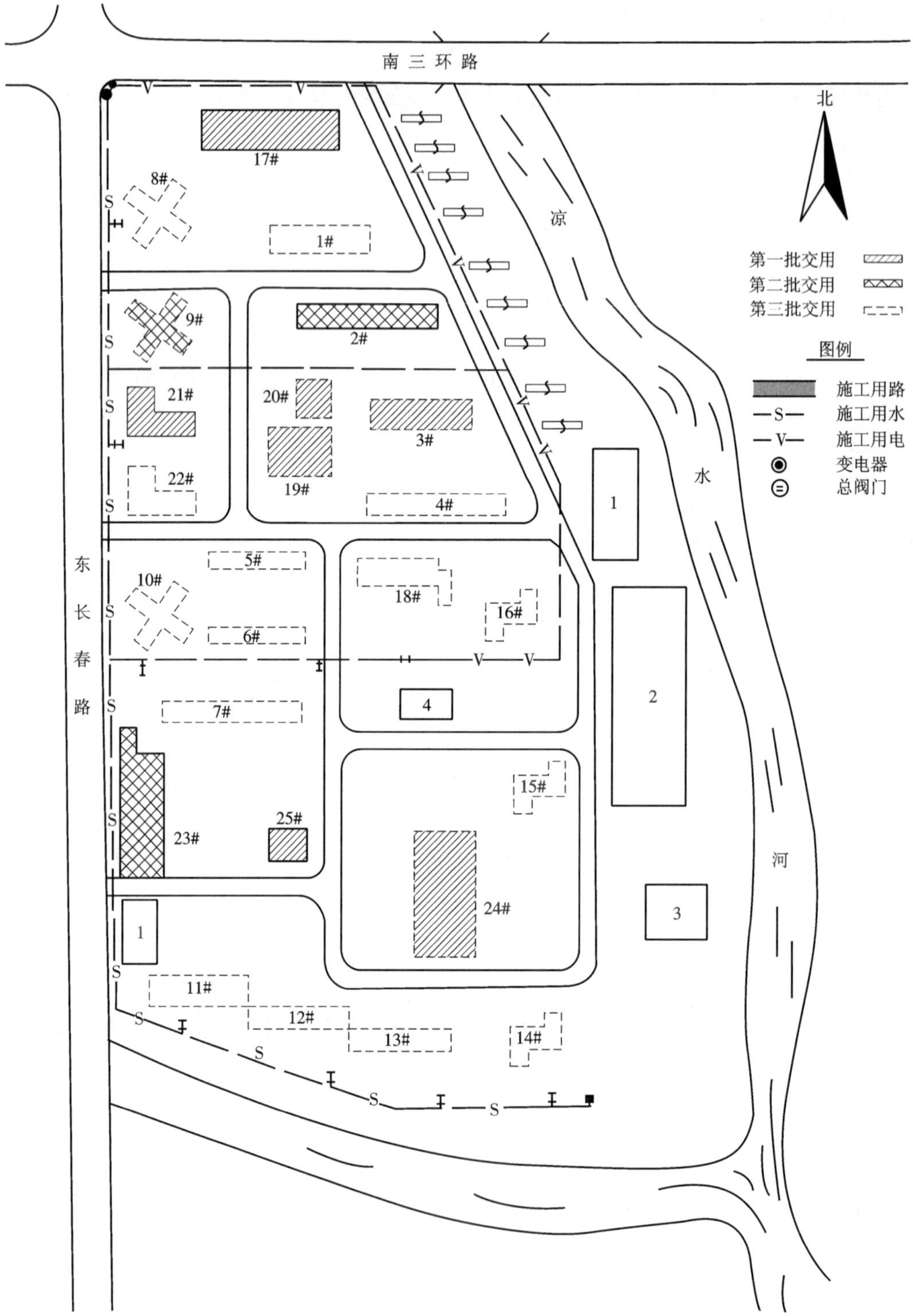

1—工地办公用房；2—钢筋加工、材料堆放棚；3—料具房；4—搅拌站；5—施工生活区

图 5-2　工程施工总平面布置图

模块五　竣工图资料及其组成

表 5-1　工程概况表

编号：_____

工程名称			工程地点		
建筑面积/m^2		幢数		结构类型	
层数/层		建筑物檐高/m		基底标高/m	
工程总造价/元		合同工期/d		计划竣工日期	
开工日期	计划开工日期		施工许可证号和发证机关		
	实际开工日期		施工企业安全生产许可证号		
相关单位名称			主要负责人		联系电话
建设单位					
勘察单位					
设计单位					
施工单位					
监理单位					
安监机构					
序号	主要分包单位		分包内容		
主要安全管理人员姓名			证书号		联系电话
项目经理					
项目技术负责人					
项目安全员					
工程项目安全生产管理目标					
工程项目安全控制重点部位					

表 5-2　项目重大危险源控制措施表

编号：_____

工程名称		施工单位	
重大危险源			
作业/活动/设施/场所		可能导致的事故	
责任部门		相关部门	
控制目标			

续表

<table>
<tr><td>危险源控制措施</td><td colspan="3"></td></tr>
<tr><td>实施负责人</td><td></td><td>责任部门负责人</td><td></td></tr>
</table>

表 5-3　项目重大危险源识别汇总表

编号：_____

施工单位					
序号	作业	危险源	可能导致的事故	危险级别	控制措施要点
1	基础施工	坍塌	人员伤亡	2 级	b、c、d、e
		高处坠落	人员伤亡	2 级	c、e
2	脚手架搭设	高处坠落	人员伤亡	2 级	c、e
		倾覆	财产损失、人员伤亡	2 级	a、c、d、e
3	模板安拆	物体打击	人员伤亡	2 级	c、f
4	施工用电	触电	人员伤亡	2 级	a、b、c、d、e
5	焊接作业	火灾	财产损失、人员伤亡	2 级	a、b、c、d、e
		爆炸	财产损失、人员伤亡	2 级	a、b、c、d、e
		触电	人员伤亡	2 级	a、b、c、d、e
		电光刺眼	电光眼	2 级	f
6	混凝土施工	吸入水泥	水泥尘肺	2 级	f
7	木工作业	火灾	财产损失、人员伤亡	2 级	a、b、c、d、e
8	起重机械安装和起重吊装	倒塌	财产损失、人员伤亡	2 级	a、c、d、e
		物体打击	人员伤亡	2 级	c、f
		高处坠落	人员伤亡	2 级	c、e

续表

序号	作业	危险源	可能导致的事故	危险级别	控制措施要点
9	机械作业	噪声	噪声聋	2级	f
		机械伤害	人员伤亡	2级	f
10	龙门架和外用电梯安装	倒塌	财产损失、人员伤亡	2级	a、b、c、d、e
		高处坠落	人员伤亡	2级	a、b、c、d、e
11	防水和保温作业	中毒	人员伤亡	2级	c、d、e
		火灾	人员伤亡	2级	a、b、c、d、e
		灼烫	人员伤亡	2级	f
12	装修作业	中毒	人员伤亡	2级	c、d、e
		火灾	财产损失、人员伤亡	2级	a、b、c、d、e
13	暑季施工	中暑	人员伤亡	2级	c、d、e
14	生活区	中暑	人员伤亡	2级	c、d、e
15	办公区	火灾	财产损失、人员伤亡	2级	a、b、c、d、e

编制：　　　　　　　　　　批准：　　　　　　　　　　时间：　　年　月　日

注：a 表示制定管理方案；b 表示制定管理规定；c 表示组织培训与教育；d 表示制定应急预案；e 表示加强现场监督检查；f 表示保持现有的措施。

表 5-4　危险性较大的分部分项工程汇总表

工程名称：　　　　　　　　　　　　　　　　　　编号：____

施工单位			监理单位
危险性较大的分部分项工程	1	基坑支护与降水工程：基坑（槽）开挖深度超过 5 m（含 5 m）并采用支护结构调整施工的工程；基坑（槽）开挖深度虽未超过 5 m，但地质条件和周围环境复杂，地下水位在坑底以上的工程（　）	
	2	土方开挖工程：开挖深度超过 5 m（含 5 m）的基坑（槽）的土方开挖（　）	
	3	模板工程：各类工具式模板工程，包括滑模、爬模、大模板等；水平混凝土构件模板支撑系统和特殊结构模板工程（　）	
	4	起重吊装工程：大型构件（　）；大型设备或设施（　）	
	5	脚手架工程：高度超过 24 m 的落地式钢管脚手架（　）；附着式升降脚手架，包括整体提升与分片提升（　）；悬挑式脚手架（　）；门式脚手架（　）；外挂脚手架（　）；吊篮脚手架（　）；卸料平台（　）	
	6	拆除、爆破工程：采用人工、机械拆除或爆破拆除的工程（　）	
	7	其他危险性较大的工程：建筑幕墙安装施工（　）；预应力结构张拉施工（　）；隧道工程施工（　）；桥梁工程施工（含架桥）（　）；特种设备施工（　）；网架和索膜结构施工（　）；6 m 以上的边坡施工（　）	
	8	大江、大河的导流、截流施工（　）	
	9	港口工程、航道工程（　）	
	10	采用新技术、新工艺、新材料，可能影响建设工程质量安全，已经行政许可，尚无技术标准的施工（　）	

续表

应当组织专家组论证的工程	1	深基坑工程：开挖深度超过 5 m 或地下室为三层及以上，或开挖深度虽未超过 5 m（含 5 m），但地质条件、周围环境和地下管线极其复杂的工程（　）；专家论证情况（　）
	2	地下暗挖工程和遇溶洞、暗河、断层等复杂地质或有瓦斯爆炸、岩爆、涌泥等风险的隧道工程（　）；专家论证情况（　）
	3	高大模板工程：高度超过 8 m 或跨度超过 18 m，施工总荷载大于 10 kN/m² 或集中线荷载大于 15 kN/m 的水平混凝土构件模板支撑系统（　）；专家论证情况（　）
	4	30 m 及以上的高空作业工程（　）；专家论证情况（　）
	5	城市房屋拆除爆破和其他土石爆破工程（　）；专家论证情况（　）

表 5-5　危险性较大的分部分项工程专家论证表

工程名称：　　　　　　　　　　　　　　　　　　　　　　　　编号：____

总承包单位			项目负责人			
分包单位			项目负责人			
危险性较大的分部分项工程名称						
专家组人员简介						
姓名	性别	年龄	工作单位	职务	职称	专业
专家组论证意见：						

续表

组长(签字):   专家(签字):
项目经理部(章):　　　　　　　　年　月　日

表 5-6　建设工程项目开工现场检查评分记录表

编号:_____

工程名称			施工单位		
序号	检查项目		检查情况	标准分值/分	评定分数/分
1	开工现场	设居民来访接待室		5	
2		施工区、生活区划分明确,责任明确		5	
3		施工现场大门、围挡牢固、整齐		5	
4		现场清洁、整齐,道路硬化,有排水措施		5	
5		临设工程牢固、整齐		5	
6		施工现场主要出入口有施工单位标牌		5	
7		工地大门内有一图四板		5	
8		张贴材料存放布置图		5	
9		料场平整、坚实,有排水措施		5	
10		料具和构、配件码放整齐,符合标准		5	
11		对成品进行保护		5	
12		建筑物内外不晾晒衣服、被褥,零散物料和垃圾、渣土及时清理		5	
13		施工现场无长流水、长明灯等浪费现象		5	
14		建筑垃圾、生活垃圾不混放并及时清理		5	
15		材料保存、保管有相应的保护措施		5	
16	资料	施工组织设计、审批手续		5	
17		施工日志和文明施工管理制度		5	
18		居民来访记录		5	
19		检查、整改记录		5	
20	职工应知应会			5	
应得分:　　　　实得分:　　　　得分率:　　　　折合标准分: 检查员:　　　　　　　　日期:					

表 5-7　安全监督联系单

编号：××

施工单位	×× 建设集团公司	项目负责人	××
工程名称	×× 工程	概算投资/万元	××
详细地址	×× 区 ×× 路	公司/工地电话	××
结构，层数	框架，地下 1 层、地上 17 层	工伤意外保险	已办理
计划开、竣工日期	×××× 年 ×× 月 ×× 日至 ×××× 年 ×× 月 ×× 日	安全监督证号	××
安全监督检查意见			
经检查重大危险源的编制方案与审批情况，施工现场五牌一图、安全宣传标语和安全广告牌的落实情况，进场职工、新工人的安全培训教育情况，安全管理规章制度和主要工种安全操作规程的编制情况，安全达标计划的制订情况，防护措施的落实情况，文明施工、消防、保卫和卫生方面的规定的制定情况，各项均符合要求。			
安监员（签字）：××	项目负责人（签字）：××		

表 5-8　单位工程施工过程安全达标检查评定等级认定书

编号：××

工程名称	×× 工程				
施工单位	×× 建设集团公司	资质等级	总承包 1 级	项目经理	××
开工证号	××	评定形象进度	地下 1 层	安全员（甲）	××
结构类型	框架剪力墙	面积/m^2	31 525.08	安全员（乙）	××
层数	地下 1 层、地上 17 层		开工日期	×××× 年 ×× 月 ×× 日	
工程详细地址	×× 区 ×× 路				

序号	检查项目	标准分值/分	企业自查评定分数/分	安监站审查核定分数/分
1	安全管理	10	8	8

续表

<table>
<tr><td>序号</td><td colspan="2">检查项目</td><td>标准分值/分</td><td>企业自查评定分数/分</td><td>安监站审查核定分数/分</td></tr>
<tr><td rowspan="2">2</td><td rowspan="2">文明施工</td><td>生活区管理</td><td>10</td><td>9</td><td>9</td></tr>
<tr><td>现场、料具管理</td><td>10</td><td>9</td><td>9</td></tr>
<tr><td>3</td><td colspan="2">环境保护</td><td>10</td><td>9</td><td>9</td></tr>
<tr><td>4</td><td colspan="2">脚手架</td><td>10</td><td>9</td><td>9</td></tr>
<tr><td>5</td><td colspan="2">基坑支护与模板工程、“三宝”与“四口”防护</td><td>10</td><td>8</td><td>8</td></tr>
<tr><td>6</td><td colspan="2">施工用电</td><td>10</td><td>10</td><td>10</td></tr>
<tr><td>7</td><td colspan="2">塔吊、起重吊装</td><td>10</td><td>10</td><td>10</td></tr>
<tr><td rowspan="2">8</td><td rowspan="2">机械安全</td><td>物料提升机</td><td>5</td><td>3</td><td>3</td></tr>
<tr><td>外用电梯、工程机具</td><td>5</td><td>3</td><td>3</td></tr>
<tr><td>9</td><td colspan="2">保卫、消防</td><td>10</td><td>9</td><td>9</td></tr>
<tr><td colspan="3">综合评定分数</td><td>100</td><td>87</td><td>87</td></tr>
</table>

<table>
<tr><td rowspan="2">申报单位</td><td rowspan="2">主管经理(签字):××
公章
××××年××月××日</td><td>检查单位</td><td>××</td><td>检查负责人</td><td>××</td></tr>
<tr><td colspan="4">评语:评定等级为优良
××××年××月××日</td></tr>
</table>

表 5-9　建设工程施工安全达标等级认定书

<table>
<tr><td>工程名称</td><td colspan="2">××工程</td><td>建设单位</td><td colspan="2">××公司</td></tr>
<tr><td>设计单位</td><td colspan="2">××设计有限公司</td><td>填表时间</td><td colspan="2">××××年××月××日</td></tr>
<tr><td>工程地点</td><td colspan="5">××区××路</td></tr>
<tr><td>施工单位</td><td colspan="5">××建设集团公司/分公司(处)××工程项目部</td></tr>
<tr><td>层数</td><td>地下××层、地上××层</td><td>高度/m</td><td>86.5</td><td>工程造价/万元</td><td>3 007</td></tr>
<tr><td>开工日期</td><td>××××年××月××日</td><td>竣工日期</td><td>××××年××月××日</td><td>监督申请号</td><td>××</td></tr>
<tr><td>项目经理姓名、证号</td><td>××</td><td>安全员姓名、证号</td><td>××</td><td>监督起止时间</td><td>××××年××月××日至××××年××月××日</td></tr>
<tr><td>序号</td><td colspan="2">检查项目和标准分值</td><td colspan="2">企业评定分数/分</td><td>安监站(监督室)复查分数/分</td></tr>
<tr><td>1</td><td colspan="2">安全管理　10分</td><td colspan="2">8</td><td>8</td></tr>
<tr><td>2</td><td colspan="2">文明施工　20分</td><td colspan="2">18</td><td>18</td></tr>
<tr><td>3</td><td colspan="2">环境保护　10分</td><td colspan="2">9</td><td>9</td></tr>
<tr><td>4</td><td colspan="2">脚手架　10分</td><td colspan="2">9</td><td>9</td></tr>
</table>

续表

序号	检查项目和标准分值	企业评定分数/分	安监站(监督室) 复查分数/分
5	基坑支护与模板工程、“三宝”与“四口”防护 10分	9	9
6	施工用电 10分	8	8
7	塔吊、起重吊装 10分	10	10
8	机械安全 10分	10	10
9	保卫、消防 10分	6	6
综合评分 100分		87	87
参加检查人员		××	
安全施工基本状况和企业自评等级		基本状况:×× 自评等级:省级或市级 企业负责人:×× 单位盖章: ××××年××月××日	
建设(监理)单位意见		负责人:×× 建设(监理)单位盖章: ××××年××月××日	
市安监站(监督科)或县(区)安监站监督结论、初评意见		初评意见:同意 室主任:×× ××××年××月××日	
安监站核定安全达标等级		核定意见:同意 站长(室主任):×× ××××年××月××日	

注:1. 此表在工程完工时由企业自评,建设(监理)单位签署意见后申报;
2. 评定、核定按住房和城乡建设部《建筑施工安全检查标准》(JGJ 59—2011)和省、市建设行政主管部门专项规定执行,以对项目施工过程中的企业检查、安全监督情况进行综合评定;
3. 安全施工基本状况主要填写项目施工过程中的建筑施工安全事故及其处理简况和项目安全管理、安全投入、安全检查、实际效果等基本情况。

表 5-10 安全管理目标考核表

目标管理		轻伤	重伤	死亡	安全达标	文明施工
公司下达的安全生产指标						
项目部目标						
年 月	项目部月总目标					
年 月	项目部月总目标					
年 月	项目部月总目标					
年 月	项目部月总目标					
年 月	项目部月总目标					
年 月	项目部月总目标					
年 月	项目部月总目标					

表 5-11　项目安全责任目标分解表

××××年××月××日

序号	项目	内容
1	项目部	达到公司制定的安全目标
2	项目经理	全面负责项目安全生产、安全目标管理、定期考核的评定
3	安全员	负责项目部安全检查，协助项目部有关人员对隐患整改提出处理意见，参加项目部对作业班组的检查、安全教育、定期评定
4	技术负责人	负责制定施工方案安全技术措施，进行分部分项安全技术交底和安全技术教育
5	队(工)长	协助安全员对作业班组进行安全检查和分部分项安全技术交底检查
6	材料员	参与作业班组文明施工考核的评定
7	作业班组长	负责施工现场料具、设备的统一管理，对作业范围内的安全生产全面负责，搞好作业区内的文明施工、安全生产，进行分项安全交底和作业区的安全检查

表 5-12　项目经理安全责任目标考核表

单位工程名称：××住宅楼　　姓名：××　　××××年××月××日

内容	安全责任目标考核内容	标准分值/分	实得分数/分
安全管理目标 20 分	本月安全管理目标	5	4
	上月安全管理目标	15	12
保证项目 50 分	认真执行国家安全生产法律、法规，与工人签订劳动合同，贯彻执行有关建筑施工安全的强制性条文，落实安全防护经费	10	8
	制定项目部安全管理制度，签订项目部管理人员安全生产责任书	5	4
	组建项目部安全管理机构，配备专(兼)职安全管理人员	5	4
	每月组织一次安全检查和安全设施(备)验收	10	8
	每月组织一次安全例会，组织学习安全知识，通报本月安全生产情况，布置下月安全生产工作，并做好会议记录	10	9
	及时给工人办理工伤意外保险，如发生安全事故及时上报并组织抢救，对事故严格按“四不放过”的原则处理	5	4
	审查项目管理人员安全管理目标，督促落实并组织定期考核	5	4

续表

内容	安全责任目标考核内容	标准分值/分	实得分数/分
一般项目 30分	审批安全技术措施，安排人力、物力计划	5	5
	现场施工用电、建筑施工垂直运输设备安装完毕后组织验收，合格的向有关部门申报	5	3
	组织工人三级安全教育，开展查隐患、堵漏洞等活动	5	4
	严格执行特种工持证上岗制度，不断提高普通工持证上岗率	5	4
	组织开展创建安全文明施工现场活动，不断改善工作环境和生活卫生条件	5	4
	审批本月建筑工程施工安全月报表	5	5
安全总结	优良 被考核人：××		
考核评语	优良 安全领导小组组长：××		
参加考核人	×× ×× ×× ××		

表 5-13 施工技术人员安全责任目标考核表

单位工程名称：××工程　　　　姓名：××　　　　××××年××月××日

内容	安全责任目标考核内容	标准分值/分	实得分数/分
安全管理目标 20分	本月安全管理目标	5	4
	上月安全管理目标执行落实情况	15	13
保证项目 50分	参加项目工程安全技术交底，并有签字记录	12	11
	参加或组织编制安全技术措施，审查安全技术措施的可行性与针对性，并随时检查、监督落实	12	10
	主持安全防护设施和设备的验收，严格控制不符合标准要求的防护设施、设备投入使用	13	12
	收集、整理现场管理资料，保证验收资料与工程进度同步	13	12

续表

内容	安全责任目标考核内容	标准分值/分	实得分数/分
一般项目 30分	贯彻落实安全生产方针、政策，严格执行安全技术规程，并作记录	7	6
	依据施工组织设计和专项方案细化安全技术措施，制定季节性和有针对性的施工方案，并编制安全技术交底单，及时解决执行中出现的问题	8	8
	参加安全生产检查，对施工中存在的不安全因素从技术方面提出整改意见和办法予以消除	8	6
	参加、配合因工伤亡和重大未遂事故的调查，从技术上分析事故发生原因，提出防范措施和意见	7	5
安全总结	优良 被考核人：××		
考核评语	优良 安全领导小组组长：××		
参加考核人	××　××　××　××		

表 5-14　施工管理人员安全责任目标考核表

单位工程名称：××工程　　　　姓名：××　　　　××××年××月××日

内容	安全责任目标考核内容	标准分值/分	实得分数/分
安全管理目标 20分	本月安全管理目标	5	4
	上月安全管理目标执行落实情况	15	12
保证项目 50分	依据法律、法规、规范、标准组织安全生产，贯彻执行施工组织设计和安全技术措施	5	5
	参加项目安全创优计划和安全技术措施的制定，并组织实施	10	9
	参加施工用电、外脚手架、建筑施工垂直运输设备等专项方案的编制，并组织实施，确保安全防护设施与工程进度同步	15	10
	参加对设备、设施的检查验收，提出整改意见，组织整改落实	10	9
	负责现场卫生的整洁和其他文明施工措施的落实	10	8

续表

内容	安全责任目标考核内容	标准分值/分	实得分数/分
一般项目 30分	组织施工人员参加季节性的安全教育，并作记录	5	5
	参与对新进场和转岗工人的三级安全教育	5	4
	合理安排施工作业，做好交叉流水，对操作人员进行交底	5	3
	组织安全技术交底，督促班组长对操作人员进行交底	10	7
	参加施工现场安全检查，杜绝违反劳动纪律、违章作业、违章指挥的“三违”现象发生	5	5
安全总结	合格 被考核人：××		
考核评语	合格 安全领导小组组长：××		
参加考核人	×× ×× ×× ××		

表 5-15 安全员安全责任目标考核表

单位工程名称：××工程　　姓名：××　　××××年××月××日

内容	安全责任目标考核内容	标准分值/分	实得分数/分
安全管理目标 20分	本月安全管理目标	5	4
	上月安全管理目标执行落实情况	15	15
保证项目 50分	参与项目部有关安全制度、措施的制定，提出建设性意见	6	5
	参加对新进场和转岗工人的三级安全教育和安全技术交底	6	6
	参加公司、项目的各种安全检查，检查验收资料与工程进度的同步情况	6	5
	参与班组安全活动，检查班组活动记录	6	5
	监督现场安全防护用品的质量和发放、使用，并作记录	7	7
	及时组织对施工用电、龙门架（井架）、塔吊、外脚手架等设施的检验并定期组织自检	7	5
	参加每月安全例会（邀请领导参加），并作记录；上报每月安全报表	6	5
	组织落实施工现场五牌一图、警示牌、安全宣传标语、黑板报等的设置，组织开展安全月活动	6	5

续表

内容	安全责任目标考核内容	标准分值/分	实得分数/分
一般项目 30分	组织学习国家有关安全生产的方针、政策、规范、规程和《建筑施工安全检查标准》(JGJ 59—2011)	5	5
	严格遵守本企业、本项目的安全管理制度和安全生产责任制	5	4
	开展施工现场安全巡查,防止“四大”伤害事故	5	3
	参加安全事故的调查处理	5	4
	建立本企业、本项目的工伤事故档案,发生事故及时上报	5	5
	制定违章制度,执行安全生产奖惩制度,建立奖罚台账	5	4
安全总结	合格 被考核人:××		
考核评语	合格 安全领导小组组长:××		
参加考核人	××　××　××　××		

表 5-16　班组长安全责任目标考核表

单位工程名称:××工程　　　　姓名:××　　　　××××年××月××日

内容	安全责任目标考核内容	标准分值/分	实得分数/分
安全管理目标 20分	本月安全管理目标	5	4
	上月安全管理目标执行落实情况	15	15
保证项目 50分	组织本班组开展学习安全操作规程的活动	10	8
	每天利用上班前的 15~20 min 组织本班组开展班前安全活动,并作记录	15	12
	认真开展工人转岗安全教育,并进行班前安全技术交底	10	8
	组织本班组人员开展施工作业层的安全巡检,及时消除安全隐患	15	12
一般项目 30分	执行安全管理制度、各工种安全技术规程	5	3
	认真落实安全技术交底制度,并履行签字手续	5	5
	检查本班组人员劳动保护用品的使用情况,纠正违章行为	5	3
	参加安全检查和安全例会,汇报本班组的安全生产情况	5	4
	合理安排本班组人员的工作,加强交叉作业的安全防护,对本班组人员在生产中的安全和健康负责	5	4
	杜绝违反劳动纪律、违章作业、违章指挥的“三违”现象发生	5	4

续表

安全总结	合格 被考核人：× ×
考核评语	合格 安全领导小组组长：× ×
参加考核人	× ×　× ×　× ×　× ×

表 5-17　专项施工组织设计(方案)审批表

<table>
<tr><td>工程名称</td><td colspan="2">× × 工程</td><td>工程地点</td><td>× × 区 × × 路</td></tr>
<tr><td>建设单位</td><td colspan="2">× × 公司</td><td>建设面积/m²</td><td>31 525.08</td></tr>
<tr><td>结构类型</td><td colspan="2">框架剪力墙</td><td>工程造价/万元</td><td>3 007</td></tr>
<tr><td>设计单位</td><td colspan="2">× × 设计有限公司</td><td>监理单位</td><td>× × 监理公司</td></tr>
<tr><td>层数、高度</td><td colspan="2">地下 × × 层、地上 × × 层，共 × × m</td><td>建筑物跨度/m</td><td>× ×</td></tr>
<tr><td>开、竣工日期</td><td colspan="2">× × × × 年 × × 月 × × 日至
× × × × 年 × × 月 × × 日</td><td>编制人</td><td>× ×</td></tr>
<tr><td>项目负责人</td><td colspan="2">× ×</td><td>项目安全负责人</td><td>× ×</td></tr>
<tr><td colspan="5">参加会审人员：× ×　× ×　× ×</td></tr>
<tr><td>单位</td><td>× × 监理公司</td><td colspan="2">× × 建设集团公司</td><td>× × 建设公司</td></tr>
<tr><td>职务</td><td>总监理工程师</td><td colspan="2">总工程师</td><td>项目经理</td></tr>
<tr><td>职称</td><td>高级工程师</td><td colspan="2">工程师</td><td>工程师</td></tr>
<tr><td>签名</td><td>× ×</td><td colspan="2">× ×</td><td>× ×</td></tr>
<tr><td>审批结论</td><td colspan="4">同意
技术负责人签字(盖章)：
× × × × 年 × × 月 × × 日</td></tr>
</table>

续表

建设单位 审批意见	同意 签字（盖章）： ××××年××月××日

表 5-18　安全技术交底书

单位工程名称	××工程	交底日期	××××年××月××日
分部分项工程名称	钢结构	生产班组名称	钢结构安装
安全技术交底内容： 在钢结构工程中，高层和超高层的施工安全问题十分突出，应该采取有力的措施保证安全施工，具体安全措施如下。 1. 在柱、梁安装后而未设置浇筑楼板用的压型钢板时，为便于柱子螺栓等的施工，可在钢梁上铺设适当数量的走道板，走道板可附设吊耳和扶手。 2. 钢结构吊装时，为防止工具、物料飞出和人员坠落，可架设安全平网和安全竖网。平网设置在梁面以上 2 m 处，当楼层高度低于 4.5 m 时，平网可隔层设置。平网应在建筑平面范围内满铺。竖网铺设在建筑物外围，一般为两节柱的高度。 3. 为便于接柱施工，在接柱处要设操作平台。 4. 施工中需要的各种电气、焊接设备要存放在备用平台上，备用平台随结构安装逐渐升高。备用平台的螺栓必须全部加以紧固。电气设备要接地，每层楼面分别设置配电箱，以满足每层楼面的施工用电需要。 5. 为便于施工登高，吊装柱子前要先将登高钢梯固定在钢柱上。为便于在柱梁节点处紧固高强螺栓和焊接，需要在柱梁节点下方安装挂篮脚手架。 6. 当风速为 10 m/s 时，高空吊装施工应停止；当风速达到 15 m/s 时，所有工作均应停止。 7. 施工时还应注意防火，配备必要的灭火设备和消防人员。			

交底人（签字）	××	安全员（签字）	××	接受交底人（签字）	××

表 5-19　夜间施工申报表

致××行政执法局： 由我单位施工的××工程，浇筑一层混凝土需夜间连续施工，现我单位申报从××××年××月××日至××××年××月××日连续浇筑混凝土。 项目部（盖章）： ××××年××月××日	
企业主管部门意见（签章）	同意 ××××年××月××日

续表

有关部门审批意见(签章)	同意 ××××年××月××日
备注	

表 5-20　项目部安全检查记录表

工程名称	××工程	检查时间	××××年××月××日
检查人员	××	受检队、组	钢筋
检查记录: 现场钢筋堆放混乱,使用的机械无警示牌(标志)。 记录人:×× 工地负责人:××			
整改要求: 将现场钢筋原材料整理并堆放整齐,使用的机械悬挂警示牌(标志)。 负责整改人:×× 整改时间:自××月××日 到××月××日			
复查意见: 现场钢筋原材料已整理并堆放整齐,使用的机械已悬挂普示牌(标志)。 复查人:×× ××××年××月××日			

注:本表一式两份,由项目安全员和受检队、组各存一份。

表 5-21　事故隐患整改通知

××××年××月××日　　　　　　　　　　　　　　　　　　　　　　　　　　（××）安监字××号

<table>
<tr><td colspan="2">××建设集团公司：
××××年××月××日，经××市安监站××监督科检查发现你单位存在如下事故隐患。请在接到通知后，于××××年××月××日前按有关安全技术规范和规程的规定采取相应的措施整改，并经公司复查后，将整改完成情况及时反馈给通知发出单位。
存在的问题：
1. 外架脚手板防护不到位；
2. 电梯井未作防护；
3. 临时防护不到位；
4. 楼梯未作防护；
5. 外架连墙局部未采用软拉结。</td></tr>
<tr><td>受检单位签章：
负责人：××
电话：××
××××年××月××日</td><td>通知发出单位签章：
经办人：××
××××年××月××日</td></tr>
</table>

表 5-22 事故隐患整改情况报告书(反馈单)

<table>
<tr><td colspan="3">致 ×× 市安监站(安监科):
我 ×× 工程工地于 ×× 月 ×× 日接到贵站(科)安监字 ×× 号事故隐患整改通知书,现将要求整改的事项的整改落实情况报告如下,请核查。
1. 外架防护已整改到位;
2. 电梯井防护已整改到位;
3. 临时防护已整改;
4. 楼梯防护已按规范整改。</td></tr>
<tr><td>项目负责人签(盖)章:

××××年××月××日</td><td>企业主管部门复查意见:

××××年××月××日</td><td>项目监理机构监督意见:

××××年××月××日</td></tr>
</table>

表 5-23 三级安全教育记录卡

姓名:__________ 出生年月:______ 文化程度:________
部门:__________ 班组:__________ 入队时间:________
带教师傅:______ 家庭地址:________ 身份证号码:______

<table>
<tr><td colspan="2">三级安全教育内容</td><td>教育人</td><td>受教育人</td></tr>
<tr><td rowspan="2">公司教育</td><td rowspan="2">进行有关安全生产的基本知识教育和法制教育,主要内容是:
1. 党和国家的安全生产方针、政策;
2. 安全生产法规、标准和法制观念;
3. 本单位的施工过程和安全生产规章制度、安全纪律;
4. 本单位的安全生产形势、历史上发生的重大事故和应吸取的教训;
5. 发生事故后如何抢救伤员、排险、保护现场和及时报告。</td><td>签名:
××</td><td>签名:
××</td></tr>
<tr><td colspan="2">××××年××月××日</td></tr>
<tr><td rowspan="2">工程项目部教育</td><td rowspan="2">进行现场规章制度教育和遵章守纪教育,主要内容是:
1. 本单位的施工特点和施工安全基本知识;
2. 本单位(包括施工、生产现场)的安全生产制度和安全注意事项;
3. 本工种的安全技术操作规程;
4. 高处作业、机械设备电气安全基础知识;
5. 防火、防毒、防尘、防爆知识和紧急情况安全处置、安全疏散知识;
6. 防护用品发放标准和防护用品、用具的基本知识。</td><td>签名:
××</td><td>签名:
××</td></tr>
<tr><td colspan="2">××××年××月××日</td></tr>
<tr><td rowspan="2">班组教育</td><td rowspan="2">进行本工种岗位安全操作教育和班组安全制度、纪律教育,主要内容是:
1. 本班组的作业特点和安全操作规程;
2. 本班组的安全活动制度和纪律;
3. 爱护和正确使用安全防护装置(设施)和个人劳动防护用品;
4. 本岗位易发生事故的不安全因素及其防范对策;
5. 本岗位的作业环境和使用的机械设备、工具的安全要求。</td><td>签名:
××</td><td>签名:
××</td></tr>
<tr><td colspan="2">××××年××月××日</td></tr>
</table>

表 5-24　安全教育汇总表

工程名称：× × 商住楼　　　　施工单位：× × 公司　　　　编号：_____

序号	姓名	性别	工种	年龄	工龄	进企业日期	教育日期	教育内容	考核得分
1	× ×	男	钢筋工	35	8 年	× × × × 年 × × 月 × × 日	× × × × 年 × × 月 × × 日		86 分
2	× ×	男	钢筋工	41	5 年	× × × × 年 × × 月 × × 日	× × × × 年 × × 月 × × 日		87 分
3	× ×	男	木工	38	7 年	× × × × 年 × × 月 × × 日	× × × × 年 × × 月 × × 日		80 分
4	× ×	男	木工	39	9 年	× × × × 年 × × 月 × × 日	× × × × 年 × × 月 × × 日		82 分
5	× ×	男	普工	39	6 年	× × × × 年 × × 月 × × 日	× × × × 年 × × 月 × × 日		81 分
6									
7									
8									
9									
10									
11									
12									
13									
14									
15									
16									
17									
18									
19									
20									
21									
22									
23									
24									
25									
26									

制表人：× ×　　　　制表日期：× × × × 年 × × 月 × × 日

注：本表是工程项目部对工人进行的安全教育活动的登记汇总，反映安全教育的概括。

表 5-25　变换工种安全教育记录卡

原工种	普工	变换工种	钢筋工	人数	12 人
安全教育内容要求	1. 安全生产纪律和文明施工要求； 2. 危险作业部位和必须遵守的事项； 3. 本工种安全操作规程要点，易发生事故的地方、部位和防范措施； 4. 岗位安全职责，个人防护用品和有关防护装置、设施的正确使用和维护方法； 5. 其他。				
具体教育内容	1. 钢筋绑扎的相关要求； 2. 钢筋弯曲机的正确使用方法； 3. 钢筋切断机的正确使用方法； 4. 其他。				
授课人职务：项目经理		签名：××	教育时间	××××年××月××日	
受教育者签名					

表 5-26　年度安全培训考核记录

姓名	职务	岗位	证件名称	证件编号	考试成绩	考核人签字	备注
××	项目经理	××	项目经理证	××	98 分	××	
××	技术负责人	××	工程师证	××	94 分	××	
××	施工员	××	施工员证	××	96 分	××	
××	安全员	××	安全员证	××	97 分	××	

表 5-27　特种作业人员名册

工程名称：× × 教学楼

序号	姓名	性别	出生年月	工种	发证单位	证件编号	发证日期	复审日期	备注
1	× ×	×	× × × × 年 × × 月	电工	× ×	× ×	× × × × 年 × × 月	× × × × 年 × × 月	
2	× ×	×	× × × × 年 × × 月	焊工	× ×	× ×	× × × × 年 × × 月	× × × × 年 × × 月	
3	× ×	×	× × × × 年 × × 月	架工	× ×	× ×	× × × × 年 × × 月	× × × × 年 × × 月	
4									
5									
6									
7									
8									
9									
10									
11									
12									
13									
14									
15									
16									
17									
18									
19									
20									
21									
22									
23									
24									
25									
26									
27									
28									
29									
30									
31									

项目负责人：× ×　　　　填表人：× ×　　　　填表日期：× × × × 年 × × 月 × × 日

注：应附证书复印件。

表 5-28 特种作业交接班记录

本班设备运行情况： 塔吊运行正常。	
本班设备作业项目和内容： 吊运柱子、钢筋、钢管。	
下一班应注意的事项： 1. 注意外架的直立钢管； 2. 注意其他塔吊的运行。	
接班司机：××	交班司机：××
交接时间： ××××年××月××日××时××分	

注：此表用于操作塔吊、外用电梯、物料提升机、压力容器等的人员作交接班记录。

表 5-29　劳动防护用品、安全设施采购发放登记表

单位：× × 工程公司　　　　　　　　　　　　　　　　　　× × × × 年 × × 月 × × 日

序号	品名	规格	数量	价值/元	使用单位	编号或使用位置	发出日期	使用维修负责人
1	安全帽		60 个	600	钢筋班组		× × × × 年 × × 月 × × 日	× ×
2	安全带		6 个	180	木工班组		× × × × 年 × × 月 × × 日	× ×
3	竹片	0.8 mm × 1.0 mm	300 个	2 400	外架班组	挑架侧面和平层施工面	× × × × 年 × × 月 × × 日	× ×

表 5-30　安全标志台账

工程名称	××工程	填表日期	××××年××月××日
名称	数量/个	悬挂位置	备注
安全帽标志	2	大门口、通道口	
钢筋机械加工规程	3	钢筋车间	
木工机械加工规程	2	木工车间	
安全通道标志	2	通道口	

制表人：××　　　　安全员：××

表 5-31　建设系统企业职工伤亡事故快报表

<table>
<tr><td colspan="3">事故发生的时间</td><td colspan="5">××××年××月××日××时××分</td></tr>
<tr><td colspan="3">发生事故的工程名称</td><td colspan="5">××工程</td></tr>
<tr><td colspan="3">事故发生的地点</td><td colspan="5">××市××路与××路交叉口</td></tr>
<tr><td colspan="8">发生事故的工程所属的企业（包括总、分包企业）</td></tr>
<tr><td>名称</td><td colspan="2">经济性质</td><td>资质等级</td><td colspan="3">直接主管部门</td><td>业别</td></tr>
<tr><td>（总包）</td><td colspan="2">全民所有制</td><td>特级</td><td colspan="3">住房和城乡建设部</td><td>××</td></tr>
<tr><td>（分包）</td><td colspan="2">集体所有制</td><td>一级</td><td colspan="3">省建设厅</td><td>××</td></tr>
<tr><td colspan="8">事故伤亡人员中：死亡 1 人，重伤 1 人，轻伤 0 人</td></tr>
<tr><td>姓名</td><td>伤亡程度</td><td>用工形式</td><td>工种</td><td>级别</td><td>性别</td><td>年龄</td><td>事故类别</td></tr>
<tr><td>××</td><td>死亡</td><td>合同</td><td>钢筋工</td><td>××</td><td>男</td><td>45</td><td>××</td></tr>
<tr><td>××</td><td>重伤</td><td>合同</td><td>钢筋工</td><td>××</td><td>男</td><td>23</td><td>××</td></tr>
<tr><td></td><td></td><td></td><td></td><td></td><td></td><td></td><td></td></tr>
<tr><td></td><td></td><td></td><td></td><td></td><td></td><td></td><td></td></tr>
<tr><td></td><td></td><td></td><td></td><td></td><td></td><td></td><td></td></tr>
<tr><td></td><td></td><td></td><td></td><td></td><td></td><td></td><td></td></tr>
<tr><td></td><td></td><td></td><td></td><td></td><td></td><td></td><td></td></tr>
<tr><td></td><td></td><td></td><td></td><td></td><td></td><td></td><td></td></tr>
<tr><td></td><td></td><td></td><td></td><td></td><td></td><td></td><td></td></tr>
<tr><td></td><td></td><td></td><td></td><td></td><td></td><td></td><td></td></tr>
<tr><td></td><td></td><td></td><td></td><td></td><td></td><td></td><td></td></tr>
<tr><td></td><td></td><td></td><td></td><td></td><td></td><td></td><td></td></tr>
<tr><td></td><td></td><td></td><td></td><td></td><td></td><td></td><td></td></tr>
<tr><td></td><td></td><td></td><td></td><td></td><td></td><td></td><td></td></tr>
<tr><td></td><td></td><td></td><td></td><td></td><td></td><td></td><td></td></tr>
<tr><td></td><td></td><td></td><td></td><td></td><td></td><td></td><td></td></tr>
<tr><td></td><td></td><td></td><td></td><td></td><td></td><td></td><td></td></tr>
<tr><td></td><td></td><td></td><td></td><td></td><td></td><td></td><td></td></tr>
<tr><td></td><td></td><td></td><td></td><td></td><td></td><td></td><td></td></tr>
<tr><td></td><td></td><td></td><td></td><td></td><td></td><td></td><td></td></tr>
<tr><td></td><td></td><td></td><td></td><td></td><td></td><td></td><td></td></tr>
<tr><td></td><td></td><td></td><td></td><td></td><td></td><td></td><td></td></tr>
<tr><td colspan="4">事故的简要经过和原因初步分析（必须说明在进行何种工作时发生的事故，事故发生在现场或工程的部位、起因）</td><td colspan="4">进行钢筋绑扎时，三层楼面木工钢管倾斜，造成作业面坍塌</td></tr>
<tr><td colspan="3">事故发生后采取的措施和事故控制的情况</td><td colspan="5">现场停工，并将伤者送往××医院</td></tr>
<tr><td>报告单位</td><td colspan="2">××</td><td colspan="2">报告时间</td><td colspan="3">××××年××月××日</td></tr>
</table>

表 5-32　企业职工伤亡事故调查报告书

1. 企业名称：　　　　地址：　　　　电话：
2. 经济类型：　　　　行业：　　　　隶属关系：　　　　直接主管部门：
3. 事故发生时间：
4. 事故发生地点：
5. 事故类型：
6. 事故原因：
7. 事故严重级别：　　　　直接原因：
8. 伤亡人员情况：

姓名	性别	年龄	文化程度	用工形式	工种	级别	本工种工龄	安全教育情况	伤害部位	伤害程度	损失程度	损失工作日	死亡者死亡原因	备注

9. 事故损失工作日/工日：
10. 本次事故经济损失/元：　　　　其中直接经济损失/元：
11. 事故详细经过：
12. 事故原因分析：
13. 预防事故分析和对责任者的处理意见：
14. 事故责任分析和对责任者的处理意见：
15. 附件（事故现场照片、伤亡者照片、技术鉴定等资料）
16. 参加调查人员：　　　　负责人：

填表日期：

注：本表由企业填写，每项都必须填写清楚，然后由企业按照规定报送给有关部门；本表只用于报告重伤、死亡事故。

表 5-33　伤亡事故登记表

发生事故单位：____________

事故发生日期：____________

事故类型：_______________　　主要原因：_________　　直接经济损失：___元

姓名	伤亡情况	性别	年龄	工种和级别	本工种工龄	受过何种安全教育	备注
伤害部位和伤害情况说明：							
事故简要经过和原因分析：							
预防事故再次发生的措施：							

单位负责人：　　制表人：　　日期：

表 5-34 施工现场职工伤亡事故月报表

填报工地：__________ ____________年__月

事故类型 / 伤亡程度	物体打击	触电	机械伤害	起重伤害	高处坠落	中毒和窒息	火灾和爆炸	坍塌	车辆伤害	其他伤害	合计
死亡											
重伤											
轻伤											

补充资料：1. 本工地本月全部职工人数__人，负伤者全月歇工总工日__工日，负伤率__%；

2. 本月事故造成经济损失__元；

3. ①企业职工死亡__人，重伤__人，轻伤__人，②其他人员死亡__人，重伤__人，轻伤__人；

4. 自月初累计：死亡__人，重伤__人，轻伤__人，负伤者歇工总工日__工日，负伤率__%，经济损失__元。

工地负责人： 制表人： 实际填报日期：

表 5-35 建设系统企业职工伤亡事故月（年）报表（一）

填报单位（盖章）： 隶属关系： ______年__月

经济类型： 企业资质等级：

职工人数/人				伤亡事故件数/件					伤亡人数/人								损失工作日总数/工日	直接经济损失/万元
总计	本企业职工		分包人员	总计	一级重大事故	二级重大事故	三级重大事故	四级重大事故	总计		本企业职工				分包人员			
	正式工	临时工									正式工		临时工					
									死亡	重伤	死亡	重伤	死亡	重伤	死亡	重伤		

单位负责人签章： 填表人签章： 电话： 填报日期：

表 5-36 建设系统企业职工伤亡事故月（年）报表（二）

填报单位（盖章）： ______年__月

事故原因和伤亡情况 / 事故类型	伤亡人数/人														伤亡人数合计/人		事故件数合计/件
	土石方工程		模板		脚手架		洞口与临边		施工机具		现场临时用电		其他				
	死亡	重伤	死亡	重伤	死亡	重伤	死亡	重伤	死亡	重伤	死亡	重伤	死亡	重伤	死亡	重伤	
物体打击																	
车辆伤害																	
机械伤害																	
起重伤害																	
触电																	
高处坠落																	

续表

事故原因和伤亡情况 事故类型	伤亡人数/人														伤亡人数合计/人		事故件数合计/件
	土石方工程		模板		脚手架		洞口与临边		施工机具		现场临时用电		其他				
	死亡	重伤	死亡	重伤	死亡	重伤	死亡	重伤	死亡	重伤	死亡	重伤	死亡	重伤	死亡	重伤	
坍塌																	
中毒和窒息																	
火灾和爆炸																	
其他伤害																	

单位负责人签章：　　　　填表人签章：　　　　电话：　　　　填报日期：

表 5-37　工伤事故复工报告表

填报单位：

姓名	性别	年龄	工种	级别	本工种工龄	伤害部位	伤害程度

<table>
<tr><td colspan="3">事故发生日期</td><td></td><td>事故类型</td><td>歇工日期</td></tr>
<tr><td colspan="3">复工日期</td><td></td><td></td><td></td></tr>
<tr><td colspan="2">事故经济损失/元</td><td></td><td rowspan="3">工地(队、车间)劳资签字：

年　月　日</td><td rowspan="3">分公司(处、厂)项目部技安部门签批：

年　月　日</td><td rowspan="3">复工教育情况等：</td></tr>
<tr><td rowspan="2">其中</td><td>歇工期间工资/元</td><td></td></tr>
<tr><td>医疗费用/元</td><td></td></tr>
</table>

续表

工地(队、车间)负责人签字: 工地(队、车间)技安员签字:　　　　　　　　　　　　　　　　　　年　　月　　日

注:本报告由工地(队、车间)技安员填写,一式三份,经批准后一份自存,一份报分公司(处、厂)项目部技安部门,一份转报公司安全主管部门。

二、工程项目生活区资料

工程项目生活区资料的具体内容见表5-38和表5-39。

表5-38　临时设施安全检查验收表

工程名称:××工程　　　　　　　　　　　　　　　　　　××××年××月××日

设施名称:办公室	
结构形式:彩钢板房　数量:10间　安设地点:工地东南角	
检查部位	结构设计、安全状况
墙、屋面	结构设计符合要求
参加检验人员	××　××　××　××
检验意见	同意使用
项目负责人(签字):××	检验负责人(签字):××

注:本表适用于施工现场各种临建工棚、办公室、宿舍和散装水泥罐等设施的安全检查验收。

表 5-39　厨房工作人员健康证登记表

编号：× ×

工程名称				× × 教学楼			施工单位	× × 建筑公司
项目负责人				× ×			后勤负责人	× ×
序号	姓名	性别	年龄	职务	健康证编号	发证机关	有效截止日期	登记日期
1	× ×	男	25	× ×	× ×	× × 卫生局	× × × × 年 × × 月 × × 日	× × × × 年 × × 月 × × 日
2	× ×	女	45	× ×	× ×	× × 卫生局	× × × × 年 × × 月 × × 日	× × × × 年 × × 月 × × 日
3	× ×	女	48	× ×	× ×	× × 卫生局	× × × × 年 × × 月 × × 日	× × × × 年 × × 月 × × 日

注：另附健康证复印件。

三、工程项目脚手架资料

工程项目脚手架资料的具体内容见表 5-40~表 5-44。

表 5-40　钢管扣件式支撑体系验收表

编号：× ×

工程名称	× × 工程		
施工单位	× × 建筑公司	分包单位	× × 公司
支撑体系的类别	扣件式支撑体系	高度/m	× ×
验收部位	支撑体系	安装日期	× × × × 年 × × 月 × × 日

续表

<table>
<tr><th>序号</th><th>检查项目</th><th>检查内容与要求</th><th>验收结果</th></tr>
<tr><td rowspan="4">1</td><td rowspan="4">施工方案</td><td>支撑体系工程应有安全专项施工方案(附设计计算书),审批手续完备、有效</td><td>合格</td></tr>
<tr><td>高度超过 8 m 或跨度超过 18 m,施工总荷载大于 10 kN/m² 或集中线荷载大于 15 kN/m 的支撑体系,其安全专项施工方案应经过专家论证,并根据专家意见进行修改</td><td>合格</td></tr>
<tr><td>支撑体系的材质应符合有关要求</td><td>合格</td></tr>
<tr><td>施工前应进行技术交底,交底应有针对性</td><td>合格</td></tr>
<tr><td rowspan="5">2</td><td rowspan="5">构造</td><td>立杆基础必须坚实,满足立杆承载力的要求;立杆下部必须设置纵、横向扫地杆;立杆与结构应可靠拉结</td><td>合格</td></tr>
<tr><td>立杆的构造应符合《建筑施工扣件式钢管脚手架安全技术规范》(JGJ 130—2011)的有关规定</td><td>合格</td></tr>
<tr><td>立杆、横杆的间距必须符合安全专项施工方案(附设计计算书)的要求</td><td>合格</td></tr>
<tr><td>可调丝杆的伸出长度应符合要求</td><td>合格</td></tr>
<tr><td>立杆最上端的自由端长度应符合方案的要求</td><td>合格</td></tr>
<tr><td rowspan="2">3</td><td rowspan="2">剪刀撑</td><td>采用满堂红支撑体系时,四边与中间应每隔 4 排立杆设置 1 道纵向剪刀撑,由底至顶连续设置;支撑体系高于 4 m 时,两端与中间应每隔 4 排立杆从顶层开始向下每隔 2 步设置 1 道水平剪刀撑</td><td>合格</td></tr>
<tr><td>剪刀撑应按规范的要求设置</td><td>合格</td></tr>
<tr><td>4</td><td>其他</td><td>—</td><td>—</td></tr>
<tr><td colspan="4">验收结论:验收结果符合有关规范的要求,同意验收。</td></tr>
<tr><td rowspan="2">验收人签字</td><td>总包单位</td><td>分包单位</td><td>其他验收人员</td></tr>
<tr><td>× ×</td><td>× ×</td><td>× ×　× ×</td></tr>
<tr><td colspan="4">监理单位意见:同意验收。
监理工程师(签字):× ×
× × × × 年 × × 月 × × 日</td></tr>
</table>

注:本表由施工单位填报,施工单位、监理单位各存一份。

表 5-41　落地式(悬挑式)脚手架安全检查验收表

编号:× ×

工程名称	× × 工程	总包单位	× × 公司
作业队伍	× × 建筑工程公司	负责人	× ×
验收部位	落地式脚手架	搭设高度/m	× ×
验收时间	× × × × 年 × × 月 × × 日		

续表

序号	检查项目	检查内容与要求	验收结果
1	施工方案	应符合《建筑施工扣件式钢管脚手架安全技术规范》(JGJ 130—2011)的要求	合格
		悬挑式脚手架和高度在 20 m 以上的落地式脚手架在搭设前必须编制安全专项施工方案(附设计计算书),审批手续齐全;搭设前需进行技术交底;特殊脚手架应经专家论证	合格
2	立杆基础	脚手架的基础必须平整、坚实,有排水措施;架体必须支搭在底座(托)或通长脚手板上;纵、横向扫地杆应符合要求	合格
3	钢管及其扣件	钢管扣件应有复试检测报告;应采用外径为 48~51 mm、壁厚为 3~3.5 mm 的钢管	合格
		钢管应无裂纹、弯曲、压扁、锈蚀	合格
4	架体与建筑结构的拉结	脚手架必须按楼层与结构拉结牢固,拉结点的竖直、水平距离应符合要求	合格
		搭设方拉结必须使用刚性材料;20 m 以上的高大脚手架必须有卸荷措施	合格
5	剪刀撑的设置	脚手架必须设置连续剪刀撑,宽度、角度应符合要求;剪刀撑的搭设方式应符合规范的要求	合格
6	立杆、大横杆、小横杆的设置	立杆间距应符合要求;立杆对接必须符合要求	合格
		大横杆宜设置在立杆内侧,其间距、固定方式应符合要求;大横杆对接须符合有关规定	合格
		小横杆的间距、固定方式、搭接方式等应符合要求	合格
7	脚手架、密目网的设置	操作面脚手板的铺设必须符合规范的要求;操作面防护栏杆和挡脚板的设置应符合要求;操作面下方净空超过 3 m 时,必须设置一道水平网;架体必须用密目网沿内侧进行封闭,并固定牢固	合格
8	悬挑的设置	悬挑梁的设置应符合设计要求;外挑杆件与建筑结构的连接要牢固;悬挑梁应无变形;立杆底部应固定牢固	合格
9	其他	卸料平台、泵管、缆风绳等不能固定在脚手架上;脚手架与外电架空线之间的距离应符合规范的要求,如有特殊情况须采取防护措施;马道的搭设要符合要求;门洞口的搭设要符合要求	合格
10	其他增加的检查项目	—	—

验收结论:验收结果符合有关规范的要求,同意验收。			
验收人签字	项目技术负责人	搭设单位负责人	其他验收人员
	××	××	××
监理单位意见:同意验收。 监理工程师(签字):×× ××××年××月××日			

表 5-42　工具式脚手架安装验收表

编号:××

工程名称	××工程	总包单位	××公司
搭设(安装)单位	××建筑公司	负责人	××

续表

验收部位		工具式脚手架	
序号	检查项目	检查内容与要求	验收结果
1	施工方案	应有安全专项施工方案和设计计算书，审批手续齐全	手续齐全
2	外挂脚手架	架体的制作与组装应符合设计要求；悬挂点部件的材质和制作、埋设应符合设计要求；采用穿墙螺栓的，其材质、强度必须满足要求；悬挂点的结构强度必须满足要求	符合要求
3	吊篮脚手架	吊篮的组装应符合设计要求；挑梁锚固或配重等抗倾覆装置应符合要求；锚固点的建筑物强度必须满足要求；吊篮应设置独立的、符合要求的保险绳和锁绳器，绳径不小于 12.5 mm	符合要求
4	附着式升降脚手架	产品必须通过省级以上建设行政主管部门组织的鉴定；产品应有详细的安装、使用说明书	符合要求
		必须有防坠落、防外倾安全装置；穿墙螺栓的强度必须满足要求；悬挂点的结构强度必须满足要求；吊具、索具应符合要求	符合要求
		安装单位必须具备相应的资质，安装应符合说明书的要求	符合要求
5	卸料平台	应有安全专项施工方案；应有最大载荷标志；搭设应符合设计要求；周边防护应符合要求；锚固点的设置应符合“一锚一绳”的要求	符合要求
6	其他	脚手架外侧应使用密目网封闭；操作层应设防护栏杆和挡脚板；施工负荷应符合说明书或设计书的要求；脚手板应符合有关要求	符合要求
7	其他增加的检查项目	—	—
验收结论：验收结果符合有关规范的要求，同意验收。			
验收人签字	项目技术负责人	安装单位负责人	其他验收人员
	××	××	××
监理单位意见：同意验收。 监理工程师(签字)：×× ××××年××月××日			

表 5-43　吊篮脚手架验收表

编号：××

工程名称	××工程		施工单位	××公司	
架体种类	吊篮脚手架	架体高度/m	××	验收日期	××××年××月××日
架体总长度/m	××	架体荷载	××	分段验收高度/m	××
施工负责人	××	参加验收人员		××	

续表

验收项目	施工方案要求	验收结果
有关技术资料	施工单位有专业资质,架子工经培训持证上岗;有施工方案,内容具体且指导性强,有设计计算书,审批手续完备;脚手架进场有验收手续;每次使用前经检查合格的资料齐全;有安全操作规程和安全技术交底记录	符合要求
架体稳定	挑梁锚固或配重等抗倾覆装置有效;吊篮的组装符合设计要求;电动(手动)葫芦使用合格产品,保险卡有效,吊钩有保险;吊篮的保险绳安全、有效	符合要求
架体防护	脚手板的材质符合要求,满铺,不得有探头板;吊篮外侧立网封闭;吊篮平台宽 0.8~1 m,长度不宜超过 6 m,吊篮与建筑结构有紧固措施;单片吊篮升降两端有防护;两片吊篮连在一起同时升降有同步装置;多层作业有防护顶板	符合要求
其他	—	—
验收结论:验收结果符合有关规范的要求,同意验收。		

验收人签字	搭设负责人	项目负责人	安全技术主管部门负责人
	××	××	××

表 5-44　悬挑式卸料平台验收记录

编号:××

工程名称		××工程	施工单位	××建筑公司
序号	验收项目	具体要求		验收结果
1	方案	方案要根据施工情况由技术部门编制并有审批意见;方案中要有平台长宽尺寸、使用材料规格、钢丝绳直径、卡扣设置、保险装置、荷载计算和安全系数等信息		符合要求
2	材料	使用的材料应符合设计要求和质量等级		符合要求
3	承重与支撑	钢丝绳承重点必须牢固并有防剪措施,卡扣齐全、设置合理,保险绳与承重绳不能在同一个吊点;平台支撑点应平稳、牢固,有足够的承载力		符合要求
4	防护与标志	平台临边必须设置两道防护栏杆,高度不低于 1.5 m,立挂密目安全网封严,设置 18 cm 高的挡脚板;平台要有限荷载标志,并注明码放材料的规格、数量和高度		符合要求
验收意见	验收结果符合有关规范的要求,同意验收			

验收人员	主管工长	施工班组	安全员
	××	××	××

四、工程项目安全防护资料

工程项目安全防护资料的具体内容见表 5-45~表 5-48。

表 5-45　基坑支护安全检查验收表

编号：××

<table>
<tr><td colspan="2">工程名称</td><td>××工程</td><td>总包单位</td><td>××建筑公司</td></tr>
<tr><td colspan="2">验收部位</td><td>基坑支护工程</td><td>施工单位</td><td>××公司</td></tr>
<tr><td>序号</td><td>检查项目</td><td colspan="2">检查内容与要求</td><td>验收结果</td></tr>
<tr><td>1</td><td>各类管线保护</td><td colspan="2">基础施工前，建设单位必须以书面形式向施工单位提供详细的地上（下）管线和毗邻区域内的建（构）筑物资料，施工单位应采取相应的保护措施</td><td>符合要求</td></tr>
<tr><td>2</td><td>基坑支护</td><td colspan="2">开挖深度超过 1.5 m 时，应根据土质和深度按规定放坡或加可靠的支撑，边坡的设置应符合要求；基坑深度超过 5 m 的，或基坑深度不到 5 m，但土质或地下水位情况复杂的，必须编制安全专项施工方案，并组织专家进行论证，经企业技术负责人和总监理工程师签字后，方可施工</td><td>符合要求</td></tr>
<tr><td>3</td><td>临边防护
和排水措施</td><td colspan="2">开挖深度超过 2 m 的，必须设立两道防护栏杆，用密目网封闭，夜间应设红色标志灯；雨期施工必须有良好的排水措施</td><td>符合要求</td></tr>
<tr><td>4</td><td>其他</td><td colspan="2">坑边堆物、堆料，停置机具等必须符合有关规定；马道或爬梯的设置应符合要求；应定期对基坑支护的变形情况、毗邻建筑物的沉降情况等进行监测</td><td>符合要求</td></tr>
<tr><td>5</td><td>其他增加的
检查项目</td><td colspan="2">—</td><td>—</td></tr>
<tr><td colspan="5">验收结论：验收结果符合有关规范的要求，同意验收。

××××年××月××日</td></tr>
<tr><td colspan="5">验收人员：××
总包单位项目技术负责人：××
分包单位项目负责人：××
其他验收人员：××

××××年××月××日</td></tr>
<tr><td colspan="5">监理单位意见：同意验收。

监理工程师（签字）：××
××××年××月××日</td></tr>
</table>

表 5-46　模板工程安全检查验收表

编号：× ×

<table>
<tr><td colspan="3">工程名称</td><td>× × 工程</td><td>架体名称</td><td colspan="2">× ×</td></tr>
<tr><td colspan="3">搭设高度/m</td><td>× ×</td><td>验收日期</td><td colspan="2">× × × × 年 × × 月 × × 日</td></tr>
<tr><td>序号</td><td colspan="3">验收内容</td><td colspan="2">验收要求</td><td>验收结果</td></tr>
<tr><td>1</td><td>施工方案</td><td colspan="2">专项施工方案；
混凝土输送安全措施</td><td colspan="2">有施工方案、编制人、审批人（分公司主任工程师）</td><td>符合要求</td></tr>
<tr><td>2</td><td>支撑系统</td><td colspan="2">支撑设计计算书；
支撑安装</td><td colspan="2">现浇混凝土模板的支撑有设计计算书、编制人、审批人；现场支撑系统的施工符合设计方案的要求</td><td>符合要求</td></tr>
<tr><td>3</td><td>立柱稳定</td><td colspan="2">立柱材料；
立柱垫板；
纵、横向支撑；
立柱间距</td><td colspan="2">支撑模板的主立柱采用碗扣式脚手架，有合格证、检测报告；底部垫 5 cm 厚的脚手板；立柱间距为 1.2 m，符合设计要求</td><td>符合要求</td></tr>
<tr><td>4</td><td>施工荷载</td><td colspan="2">施工荷载；
模板堆放</td><td colspan="2">模板上的施工荷载未超过规定；堆料均匀，未超高</td><td>符合要求</td></tr>
<tr><td>5</td><td>模板存放</td><td colspan="2">大模板存放；
模板堆放</td><td colspan="2">模板存放高度符合要求；模板堆放整齐</td><td>符合要求</td></tr>
<tr><td>6</td><td>模板支拆</td><td colspan="2">警戒措施；
拆模申请；
混凝土强度报告</td><td colspan="2">有警戒带；拆模申请已签字；混凝土强度符合规范的要求</td><td>符合要求</td></tr>
<tr><td>7</td><td>运输道路</td><td colspan="2">宽度；
走道垫板</td><td colspan="2">走道垫板符合要求</td><td>符合要求</td></tr>
<tr><td>8</td><td>作业环境</td><td colspan="2">孔洞、临边防护；
垂直作业防护</td><td colspan="2">有防护措施</td><td>符合要求</td></tr>
<tr><td>验收人签字</td><td colspan="6">搭设负责人：× ×　　使用负责人：× ×
安全负责人：× ×　　项目负责人：× ×</td></tr>
<tr><td>验收结论</td><td colspan="6">符合《建筑施工安全检查标准》（JGJ 59—2011）的规定和有关规范、施工方案的要求，验收合格。

技术负责人：× ×
× × × × 年 × × 月 × × 日</td></tr>
</table>

表 5-47　模板拆除申请报告书

编号：××

工程名称	××工程	拆除部位	四层梁板
设计混凝土标号	C30	浇筑混凝土日期	××××年××月××日
试压混凝土标号	C30	试压报告单号	No.：××

具备拆模条件，申请拆除四层梁板模板。

申请单位：××建筑公司
××××年××月××日

批复意见：同意拆除。

技术负责人：××
××××年××月××日

表 5-48　“四口”和临边防护验收记录表

编号：××

<table>
<tr><td>工程名称</td><td colspan="3">××工程</td><td colspan="2">施工单位</td><td colspan="2">××建筑公司</td></tr>
<tr><td>结构类型</td><td>××</td><td>栋号、层数</td><td>××</td><td>验收楼层</td><td>××</td><td>验收日期</td><td>××</td></tr>
<tr><td>验收项目</td><td colspan="5">防护标准要求</td><td colspan="2">验收结果</td></tr>
<tr><td>洞口</td><td colspan="5">尺寸为 2.5~50 cm 的洞口应封堵或用 2.5~50 cm 长的木板封严；尺寸为 50~150 cm 的洞口应预留通长钢筋，钢筋间距不大于 20 cm，并用脚手板封严；尺寸在 150 cm 以上的洞口四周应有防护栏杆，高度不低于 1.2 m，并立挂密目网封严，洞口下设水平安全网；凡高度超过 80 cm 的洞口必须用密目网封严；大孔径桩口、降水井口应用固定盖板封严</td><td colspan="2">符合要求</td></tr>
<tr><td>电梯井、
竖向管道井、
竖向管道间</td><td colspan="5">电梯井必须安装工具式或可向上开启式金属门，高度不低于 1.5 m，并内按标准设水平安全网（安全网竖直距离不大于 10 m）；竖向管道井必须安装防护门或栏杆，高度不低于 1.5 m，井内按标准设水平安全网；竖向管道间有预留钢筋网片，应加固定盖板或防护门</td><td colspan="2">符合要求</td></tr>
<tr><td>楼梯口</td><td colspan="5">楼梯临空侧应设两道栏杆，高度不低于 1.2 m</td><td colspan="2">符合要求</td></tr>
<tr><td>通道防护棚</td><td colspan="5">多层结构的防护棚距结构或外脚手架不小于 3 m，高层结构的不小于 6 m，高度不低于 3 m，宽出通道两侧各 50 cm，两侧加栏杆并用密目网封严；顶部符合要求，用不薄于 5 cm 的脚手板盖严、绑牢，50 m 以上的高层结构采用双层板，间隔为 30 cm</td><td colspan="2">符合要求</td></tr>
<tr><td>验收人签字</td><td colspan="7">搭设负责人：××　　项目负责人：××　　安全负责人：××

××××年××月××日　××××年××月××日　××××年××月××日</td></tr>
</table>

五、工程项目施工用电资料

工程项目施工用电资料的具体内容见表 5-49~表 5-52。

表 5-49 临时用电安全检查验收表

编号：××

工程名称		××工程	总包单位	××建筑公司
临时用电工程		××	作业电工	××
序号	检查项目	检查内容与要求		验收结果
1	施工组织设计方案	用电设备在5台以上或设备总容量在50 kW以上者，应编制临时用电施工组织设计方案		符合要求
2	外电防护	小于安全距离时应有安全防护措施，安全防护措施应符合要求		符合要求
3	接地与接零保护系统	应采用TN-S系统供电；重复接地应符合要求，电阻值应不大于10 Ω；各种电气设备和施工机械的金属外壳、金属支架和底座必须按规定采取可靠的接零或接地保护		符合要求
4	三级配电	配电室的设置应符合要求；现场实行三级配电，总配电箱应装设电压表、总电流表、总电度表和其他仪表；总配电箱应装设总开关和分路开关，开关均采用自动空气开关；分配电箱应装设总开关和分开关，总开关应采用自动空气开关，分开关可采用漏电开关或刀闸开关并配备熔断器；开关箱内应安装漏电开关熔断器和插座		符合要求
5	漏电保护装置	必须实行两级漏电保护；严格实行“一机、一闸、一漏、一箱”方案；漏电保护装置应灵敏、有效，参数应匹配；总、分配电箱内安装的漏电保护开关的漏电动作电流应为50~100 mA；开关箱必须装漏电保护器，其额定漏电动作电流不大于30 mA，额定漏电动作时间为0.1 s		符合要求
6	配电箱	配电箱的安装位置应符合要求，箱体应用铁板或优质绝缘材料制作，不得用木质材料制作，箱体应牢固、防雨；箱内的电器安装板应为绝缘材料；金属箱体等不带电的金属体必须作接零保护；进线口和出线口应设在箱体的下面，并加护套保护；保护零线应分设接线端子板，并通过端子板接线；箱内接线应采用绝缘导线，接头不得松动，不得有带电体明露；闸具、熔断器的参数与设备容量应匹配，安装应符合要求；不得用其他导线替代熔丝；箱内应设有线路图		符合要求
7	配电线路	电缆的架设或埋设应符合规定的要求；应使用五芯电缆，电缆应完好，无老化、破皮现象		符合要求
8	其他	照明灯具的金属外壳必须作接零保护，使用的行灯和低压灯电源电压不应超过36 V；行灯和低压灯的变压器应装设在电箱内，符合户外电气安装要求；交流电焊机须装设专用防触电保护装置，焊把线应双线到位，电缆线应绝缘、无破损		符合要求
9	其他增加的检查项目	—		—
验收结论：符合要求。 ××××年××月××日				
验收单位	总包单位		分包单位	作业队伍
	××建筑公司		××公司	××电工班
监理单位意见：符合要求。 监理工程师（签字）：×× ××××年××月××日				

表 5-50　接地电阻测试记录

编号：××

<table>
<tr><td>工程名称</td><td colspan="2">××工程</td><td>施工单位</td><td colspan="3">××建筑公司</td></tr>
<tr><td>仪表型号</td><td colspan="2">ZC-8/500 V</td><td>测试日期</td><td colspan="3">××××年××月××日</td></tr>
<tr><td>计量单位</td><td colspan="2">Ω</td><td>天气</td><td>晴</td><td>气温/℃</td><td>20~28</td></tr>
<tr><td colspan="2">接地类型
测试序号</td><td colspan="2">防雷接地</td><td colspan="2">保护接地</td><td>重复接地</td></tr>
<tr><td colspan="2">1</td><td colspan="2">8</td><td colspan="2">9</td><td>9</td></tr>
<tr><td colspan="2">2</td><td colspan="2">8</td><td colspan="2">9</td><td>9</td></tr>
<tr><td colspan="2">3</td><td colspan="2">8</td><td colspan="2">9</td><td>9</td></tr>
<tr><td colspan="2">设计要求</td><td colspan="2">≤10 Ω</td><td colspan="2">≤10 Ω</td><td>≤10 Ω</td></tr>
<tr><td>测试结论</td><td colspan="6">合格</td></tr>
<tr><td rowspan="2">参加人员
签字</td><td>监理负责人</td><td colspan="2">电气负责人</td><td colspan="2">安全员</td><td>测试电工（2人）</td></tr>
<tr><td>××</td><td colspan="2">××</td><td colspan="2">××</td><td>××　××</td></tr>
<tr><td colspan="7">监理单位意见：
符合测试程序，同意使用（√）；
不符合测试程序，重新组织测试（　）。

监理工程师（签字）：××
××××年××月××日</td></tr>
</table>

表 5-51　绝缘电阻测试记录

施工单位：× × 建筑工程公司　　　　× × × × 年 × × 月 × × 日

工程名称	× × 工程	仪表型号	500 V 摇表
天气	晴	气温/℃	20~25
检测人	× ×	负责人	× ×

序号	设备名称	型号、规格	额定电压/V	电阻值/MΩ		
				外壳	相间	一、二次绕组
1	搅拌机	350	380	350	350	—
2	搅拌机	350	380	400	350	—
3	配料机	150	380	300	350	350
4	配料机	150	380	400	350	350
5	泵车	48	380	300	350	—
测试结论：合格。						

施工技术负责人：× ×　　　　测试人：× ×

建设单位代表：× ×　　　　安全检查员：× ×

表 5-52　施工现场电工（巡检维修）记录

编号：× ×

工程名称	× × 工程	施工单位	× × 建筑工程公司
电工姓名	× ×	值班时间	× × × × 年 × × 月 × × 日
供电方式	× ×	额定容量	× ×

续表

序号	巡视检查项目	巡视检查内容	隐患	维修结果
1	高压线防护	按方案进行防护并做到严密、安全、可靠		合格
2	接地或接零保护系统	工作接地、重复接地牢固、可靠，系统保护零线重复接地不少于3处；工作接地电阻值不大于49 Ω，定期检测重复接地，电阻值不大于10 Ω；保护零线正确，采用绿/黄双线，其截面尺寸与工作零线相同或不小于相线的1/2，严禁将绿/黄双线用作负荷线		合格
3	配电箱、开关箱	总配电箱应在电源隔离开关（有可视的明显断开点）的负荷侧装置漏电保护器，并保证其灵敏、可靠；分配电箱设置正确，与开关箱的距离不大于30 m；固定开关箱（一机、一闸、一漏、一箱）的漏电保护装置在设备负荷侧，灵敏、可靠，并距离设备不远于3 m；固定配电箱、开关箱安装位置正确，高度为1.4~1.6 m；移动配电箱、开关箱的安装高度为0.8~1.6 m；箱底进出线不混乱，并应加绝缘护套，采用固定线夹成束卡固在箱体的花栏架构上；箱内无杂物，有门、锁、编号、防触电标志和防雨措施；闸具、保护零线端子、工作零线端子齐全、完好；金属箱门与金属箱体必须通过编织软铜线进行电气连接；明确标示电气用途；箱内不应有带电明露点；箱内应有本箱体的配电系统图		合格
4	现场、生活区照明	现场照明回路有漏电保护器，且动作灵敏、可靠；灯具的金属外壳应作接零保护；室内220 V灯具的安装高度大于2.5 m，低于2.5 m时使用安全电压供电；手持照明灯具必须使用小于36 V（含36 V）的电压照明，电源线必须采用橡套电缆线，不得使用塑胶线，手柄、外防护罩完好无损；低压安全变压器应放置在专用配电箱内；碘钨灯照明必须采用密闭式防雨灯具，金属灯具和金属支架应作接零保护，架杆的手持部位应采取绝缘措施，电源线必须采用橡套电缆线，电源侧应装设漏电保护器		合格
5	配电线路	配电线路无老化、破损、断裂现象，与交通线路交叉的电源线应符合有关安装架设标准，有线路过路保护；架空线路架设应符合有关规定，严禁架在树木、脚手架上		合格
6	变配电装置	露天变压器装置应符合规定的要求，并有可靠、安全的防护措施和正确的悬挂警告标志，门应朝外开，且有锁；配电元器件的间距应符合规范的要求。变配电室内不得堆放杂物，应设有消防器材。发电机组及其配电室内严禁存放储油桶，发电机应设有短路、过负荷保护。配电室必须有相应的配电制度、配电平面图、配电系统图、防火管理制度、值班制度、责任人；具有良好的照明和应急照明；具有防范小动物的措施；具有良好的绝缘操作措施；具有良好的通风条件。易发热元件在正常工作范围内		合格
7	其他	除以上内容外发现的其他隐患		

六、工程项目塔式起重机、起重吊装资料

工程项目塔式起重机、起重吊装资料的具体内容见表5-53。

表 5-53　塔吊安装检查验收记录(自检)

编号：××

<table>
<tr><td>工程名称</td><td colspan="3">××工程</td><td>施工地点</td><td colspan="2">××街道××号</td></tr>
<tr><td>施工单位</td><td colspan="3">××建筑公司</td><td>项目经理</td><td colspan="2">××(盖章)</td></tr>
<tr><td rowspan="3">塔式起重机</td><td>型号</td><td>××</td><td>统一编号</td><td>××</td><td>起升高度/m</td><td>××</td></tr>
<tr><td>幅度/m</td><td>××</td><td>起重力矩/(kN·m)</td><td>××</td><td>最大起重量/t</td><td>××</td></tr>
<tr><td>中心压重重量/t</td><td>××</td><td>平衡重重量/t</td><td>××</td><td>臂端起重量/t(2/4)绳</td><td>××</td></tr>
<tr><td>项目</td><td colspan="5">内容和要求</td><td>验收结果</td></tr>
<tr><td rowspan="4">塔吊结构</td><td colspan="5">部件、附件、连接件安装是否齐全,位置是否正确</td><td>√</td></tr>
<tr><td colspan="5">螺栓拧紧力矩是否达到技术要求,开口销是否可安全撬开</td><td>√</td></tr>
<tr><td colspan="5">结构是否有变形、开焊、疲劳裂纹</td><td>√</td></tr>
<tr><td colspan="5">压重、配重重量、位置是否达到说明书的要求</td><td>√</td></tr>
<tr><td rowspan="5">绳轮钩系统</td><td colspan="5">钢丝绳在卷筒上缠绕是否整齐,润滑是否良好</td><td>√</td></tr>
<tr><td colspan="5">钢丝绳规格是否正确,断丝和磨损是否达到报废标准</td><td>√</td></tr>
<tr><td colspan="5">钢丝绳固定是否符合国家标准</td><td>√</td></tr>
<tr><td colspan="5">各部件滑轮转动是否灵活、可靠,有无卡塞现象</td><td>√</td></tr>
<tr><td colspan="5">吊钩磨损是否达到报废标准,保险装置是否可靠</td><td>√</td></tr>
<tr><td rowspan="3">传动系统</td><td colspan="5">各机构转动是否平稳,有无异常响声</td><td>√</td></tr>
<tr><td colspan="5">各润滑点是否润滑良好,润滑油牌号是否正确</td><td>√</td></tr>
<tr><td colspan="5">制动器、离合器动作是否灵活、可靠</td><td>√</td></tr>
<tr><td rowspan="6">电气系统</td><td colspan="5">电缆供电系统供电是否充分,能否正常工作,电压是否为 380(1 ± 5%)V</td><td>√</td></tr>
<tr><td colspan="5">碳刷、接触器、继电器触点是否良好</td><td>√</td></tr>
<tr><td colspan="5">仪表、照明、报警系统是否完好、可靠</td><td>√</td></tr>
<tr><td colspan="5">控制、操纵装置动作是否灵活、可靠</td><td>√</td></tr>
<tr><td colspan="5">电气各项安全保护装置是否齐全、可靠</td><td>√</td></tr>
<tr><td colspan="5">电气系统对塔吊的绝缘电阻值不小于 0.5 MΩ</td><td>√</td></tr>
<tr><td rowspan="9">安全限位和保险装置</td><td colspan="5">力矩限制器是否灵活、可靠,综合误差不大于额定值的 8%</td><td>√</td></tr>
<tr><td colspan="5">重量限制器是否灵活、可靠,误差不大于额定值的 8%</td><td>√</td></tr>
<tr><td colspan="5">回转限位器是否灵活、可靠</td><td>√</td></tr>
<tr><td colspan="5">行走限位器是否灵活、可靠</td><td>√</td></tr>
<tr><td colspan="5">变幅限位器是否灵活、可靠</td><td>√</td></tr>
<tr><td colspan="5">吊钩保险是否灵活、可靠</td><td>√</td></tr>
<tr><td colspan="5">卷筒保险是否灵活、可靠</td><td>√</td></tr>
<tr><td colspan="5">小车断绳保护器是否灵敏、可靠</td><td>√</td></tr>
<tr><td colspan="5">小车断轴保护器是否灵敏、可靠</td><td>√</td></tr>
</table>

续表

项目	内容和要求					验收结果
路基复验	复查路基资料是否齐全、准确					√
	钢轨顶面纵、横方向的倾斜度不大于 5‰					√
	在空载无风状态下塔身对支承面的垂直度不大于 4‰					√
	止挡装置与钢轨两端的距离不小于 1 m					√
	行走限位装置与止挡装置的距离不小于 1.5 m					√
试运行	空荷载		额定荷载		超载 10%动载	
	幅度/m	重量/t	幅度/m	重量/t	幅度/m	重量/t
	××	××	××	××	××	××
	检查各传动机构工作是否准确、平稳，有无异常声音，液压系统是否渗漏，操作和控制系统是否灵敏、可靠，钢结构是否有永久变形和开焊，制动是否可靠。调整安全装置并进行不少于 3 次的检验					
验收结论	合格，同意使用 施工单位(盖章)：××					
验收责任人签字	施工单位	质量检查员：×× 技术负责人：××	安全员：×× ××××年××月××日			
	设备租赁(或产权)单位	单位负责人：×× 塔吊机长：××	××××年××月××日 ××××年××月××日			
	总包单位	单位负责人：××	××××年××月××日			
	分包单位	单位负责人：××	××××年××月××日			

七、工程项目机械安全资料

工程项目机械安全资料的具体内容见表 5-54~表 5-63。

表 5-54　物料提升机(龙门架、井字架)安全检查验收表

编号：××

工程名称	××工程	设备型号	××
总包单位	××建筑工程公司	分包单位	××建筑公司
租赁单位	××建筑公司	安装单位	××公司

续表

<table>
<tr><td colspan="2">验收项目</td><td>验收结果</td><td colspan="2">验收项目</td><td>验收结果</td></tr>
<tr><td rowspan="2">管理</td><td>安装方案</td><td>√</td><td rowspan="2">吊盘</td><td>两侧防护</td><td>√</td></tr>
<tr><td>安全技术交底</td><td>√</td><td>导轨间隙</td><td>√</td></tr>
<tr><td rowspan="2">基础</td><td>承载能力</td><td>√</td><td rowspan="6">安全装置</td><td>安全停靠装置</td><td>√</td></tr>
<tr><td>水平偏差</td><td>√</td><td>超高(低)限位装置</td><td>√</td></tr>
<tr><td rowspan="6">架体</td><td>标准节连接</td><td>√</td><td>信号装置</td><td>√</td></tr>
<tr><td>垂直度</td><td>√</td><td>断绳保护装置</td><td>√</td></tr>
<tr><td>架体防护</td><td>√</td><td>限重装置</td><td>√</td></tr>
<tr><td>缆风和拉结</td><td>√</td><td>制动装置</td><td>√</td></tr>
<tr><td>自由高度</td><td>√</td><td rowspan="3">防护门</td><td>进料门</td><td>√</td></tr>
<tr><td>防雷装置</td><td>√</td><td>出料门</td><td>√</td></tr>
<tr><td rowspan="3">卷扬机</td><td>锚固</td><td>√</td><td>吊盘防护门</td><td>√</td></tr>
<tr><td>与定滑轮的距离</td><td>√</td><td rowspan="3">首层防护</td><td>护头棚</td><td>√</td></tr>
<tr><td>机棚和护栏</td><td>√</td><td>周边防护</td><td>√</td></tr>
<tr><td rowspan="2">钢丝绳</td><td>钢丝绳过路保护</td><td>√</td><td>其他</td><td>√</td></tr>
<tr><td>钢丝绳</td><td>√</td><td>持证上岗</td><td>操作工</td><td>√</td></tr>
<tr><td>验收结论</td><td colspan="5">符合验收程序,同意使用</td></tr>
<tr><td rowspan="2">验收人签字</td><td>总包单位</td><td>分包单位</td><td colspan="2">租赁单位</td><td>安装单位</td></tr>
<tr><td>× ×</td><td>× ×</td><td colspan="2">× ×</td><td>× ×</td></tr>
<tr><td colspan="6">监理单位意见:
符合验收程序,同意使用(√);
不符合验收程序,重新组织验收(　)。

监理工程师(签字):× ×
× × × × 年 × × 月 × × 日</td></tr>
</table>

表 5-55　施工升降机安装验收表

编号:× ×

使用单位	× × 建筑公司		
安装单位	× × 安装公司(盖章)	工程名称	× × 工程
施工单位	× × 建筑公司	统一编号	× ×
型号	× ×	安装高度/m	× ×
最大载重量/t	× ×	安装负责人	× ×

续表

结构名称	验收内容和标准要求	验收结果
金属结构	零部件是否齐全，安装是否符合产品说明书的标准	符合要求
	结构有无变形、开焊、裂纹、破损等问题	符合要求
	连接螺栓拧紧力矩是否符合产品说明书的要求	符合要求
	相邻标准节立管对接处的错位阶差是否不大于 0.8 mm	符合要求
	对中安装是否符合产品说明书的要求	符合要求
	导轨架对底座水平基准面的垂直度是否符合国家标准	符合要求
电气控制系统	电线、电缆有无破损，供电电压是否为 380(1 ± 5%)V	符合要求
	接地是否符合技术要求，接地电阻值是否小于 4 Ω	符合要求
	电机、电气元件(电子元器件除外)的对地绝缘电阻值是否不小于 0.5 MΩ，电气线路的对地绝缘电阻值是否不小于 1 MΩ	符合要求
	仪表、照明、电箱是否完好、有效	符合要求
	操纵装置动作是否灵活、可靠	符合要求
	是否配备专门的供电电源箱	符合要求
绳轮系统	钢丝绳规格是否正确，是否达到报废标准	符合要求
	滑轮、滑轮组在运行中有无卡塞现象，润滑是否良好	符合要求
	滑轮、滑轮组的防绳脱槽装置是否有效、可靠	符合要求
	钢丝绳的固定方式是否符合国家标准	符合要求
	卷扬机传动时是否有排绳措施，润滑是否良好(对 SS 型)	符合要求
导轨架附着	附着连接方式和紧固是否符合产品说明书的要求	符合要求
	最上一道附着架以上的自由高度是否符合说明书的要求	符合要求
	附着架的间距是否符合说明书的要求	符合要求
安全装置	吊笼门的机电连锁装置是否灵敏、可靠	符合要求
	吊笼顶部活板门的安全开关是否灵敏、可靠	符合要求
	基础防护围栏门的机电连锁装置是否灵敏、可靠	符合要求
	防坠安全器(即限速器)的上次标定时间是否符合国家标准	符合要求
	吊笼的安全钩是否可靠(对 SC 型)	符合要求
	上、下限位开关是否灵敏、可靠	符合要求
	上、下极限开关是否灵敏、可靠	符合要求
	急停开关是否灵敏、可靠	符合要求
	防松(断)绳保护安全装置是否灵敏、可靠	符合要求
	安全标志(限载标志、危险警示、操作标识、操作规程)是否齐全	符合要求

续表

<table>
<tr><td>结构名称</td><td colspan="3">验收内容和标准要求</td><td>验收结果</td></tr>
<tr><td rowspan="6">传动系统</td><td colspan="3">各机构传动是否平稳，是否有漏油等异常现象，润滑是否良好</td><td>符合要求</td></tr>
<tr><td colspan="3">齿轮与齿条的啮合侧隙是否为 0.2~0.5 mm（对 SC 型）</td><td>符合要求</td></tr>
<tr><td colspan="3">相邻两齿条的对接处沿齿高方向的附差是否不大于 0.3 mm（对 SC 型）</td><td>符合要求</td></tr>
<tr><td colspan="3">滚轮与导轨架立管的间隙是否符合产品说明书的要求</td><td>符合要求</td></tr>
<tr><td colspan="3">齿轮齿的磨损是否符合产品说明书的要求</td><td>符合要求</td></tr>
<tr><td colspan="3">靠背轮与齿条背面的间隙是否符合产品说明书的要求</td><td>符合要求</td></tr>
<tr><td rowspan="3">试运行</td><td>空荷载</td><td>额定荷载</td><td>超载 25%动载</td><td rowspan="2">符合要求</td></tr>
<tr><td>××</td><td>××</td><td>××</td></tr>
<tr><td colspan="3">双笼升降机应该分别进行空荷载和额定荷载试运行，应启动、制动正常，运行平稳，无异常现象</td><td>符合要求</td></tr>
<tr><td>坠落试验</td><td colspan="3">吊笼制动停止后，结构和连接应无任何损坏、永久变形，制动距离应符合国家标准</td><td>符合要求</td></tr>
<tr><td colspan="5">验收结论：验收合格，同意使用。

安装单位（盖章）：××
××××年××月××日</td></tr>
<tr><td rowspan="2">验收责任人签字</td><td>安装单位</td><td colspan="3">质量检测员：××　安全员：××
拆装负责人：××　技术负责人：××</td></tr>
<tr><td>设备租赁（或产权）单位</td><td colspan="3">单位负责人：××　外梯机长：××</td></tr>
</table>

注：新安装的施工升降机和在用的施工升降机至少每 3 个月进行 1 次额定荷载的坠落试验，只有新安装和大修后的施工升降机才进行“超载 25%动载”试运行。

表 5-56　施工升降机接高验收表

编号：××

工程名称	××工程	安装单位	××安装公司（盖章）		
使用单位	××建筑公司	设备编号	××		
规格、型号	××	接高前高度/m	××	接高后高度/m	××

续表

检查项目	检查内容与要求	验收结果
接高前检查	天轮、对重是否按要求拆下	符合要求
	附着件、标准节型号是否正确，数量是否齐全	符合要求
	附着件、标准节是否有开焊、变形和裂纹等问题	符合要求
	吊杆是否灵活、可靠，吊具是否齐全	符合要求
	吊笼启动、制动是否正常、无异响	符合要求
	安全装置是否灵敏、可靠	符合要求
	地线是否压接牢固	符合要求
	在使用控制盒操作时，是否其他操作装置均不起作用，但吊笼的安全装置仍起保护作用	符合要求
接高后检查	标准节联合是否可靠，螺栓是否齐全	符合要求
	标准节连接螺栓拧紧力矩是否符合技术要求	符合要求
	导轨架安装的垂直误差是否符合技术要求	符合要求
	天轮、对重的安装是否符合技术要求	符合要求
	限位开关、极限开关的安装是否符合技术要求，是否灵敏、可靠	符合要求
	附着件的安装是否符合设计要求	符合要求
	附着架的安装间距是否不大于 9 m	符合要求
验收结论	验收合格，同意使用 验收单位（盖章）：× × × × × × 年 × × 月 × × 日	
验收责任人签字	安装负责人：× ×　　外梯机长：× × 安装技术负责人：× ×　　安装单位安全员：× × × × × × 年 × × 月 × × 日	

表 5-57　搅拌机安装验收表

编号：× ×

工程名称	× × 工程	设备型号	× ×
施工单位	× × 建筑工程公司	分包单位	× × 建筑公司
租赁单位	× × 建筑公司	机具安装位置	× ×
验收日期	× × × × 年 × × 月 × × 日		

续表

检查内容与要求				验收结果
机体安装在防雨、防砸、防噪声的操作棚内				符合要求
设备周围排水通畅、严禁积水,必须设置沉淀池				符合要求
安装牢固、平稳,轮胎离地并作保护				符合要求
搅拌机离合器的制动、传动部位有防护罩				符合要求
操作手柄有保险装置				符合要求
料斗保险挂钩齐全、完好				符合要求
钢丝绳的使用符合规定的要求				符合要求
开关箱距设备不远于 3 m 且电源线穿管保护				符合要求
挂设安全操作规程表				符合要求
操作人员持证上岗				符合要求
按要求设置喷淋降尘装置				符合要求
验收结论	验收合格,同意使用			
验收人签字	总包单位	分包单位	租赁单位	
	××	××	××	
	××××年××月××日	××××年××月××日	××××年××月××日	
监理单位意见: 符合验收程序,同意使用(√); 不符合验收程序,重新组织验收( )。 监理工程师(签字):×× ××××年××月××日				

表 5-58　钢筋弯曲机安装验收表

编号: ××

工程名称	××工程	设备编号	No.:××
验收项目	验收内容与要求		验收结果
安装	机身安装稳固,工作台和弯曲机台面保持水平		符合要求
	按加工钢筋的直径和弯曲半径装好芯轴、成型轴、挡铁轴或可弯挡架,芯轴直径应为钢筋直径的 2.5 倍		符合要求
安全保护	传动部位防护罩坚固、可靠		合格
	弯曲钢筋的作业半径内无障碍物		符合要求
	操作棚防雨、防砸		合格
运转	试运转正常,无异样		合格
电气	设备外壳作接零保护;使用符合要求的开关箱,操作使用专用按钮开关		符合要求

续表

验收结论	验收合格,同意使用
验收人签字	安全负责人:×× 设备管理员:×× 操作人:×× ××××年××月××日

表 5-59　钢筋冷拉机安装验收表

编号:××

工程名称	××工程	设备编号	No.:××
验收项目	验收内容与要求		验收结果
安装	卷扬机安装稳固,地基坚实,设置前桩后锚		符合要求
	钢丝绳在卷筒上排列整齐,润滑良好,未达到报废标准,工作时卷筒上最少保留3圈钢丝绳		符合要求
	夹具完好、有效,使用时不滑脱		符合要求
安全保护	卷扬机前设置防护挡板		合格
	卷扬机操作棚防雨、防砸		符合要求
	冷拉场地不准站人和通行		合格
电气	设备外壳作接零保护;使用符合要求的开关箱,操作使用专用按钮开关		符合要求

续表

验收结论	验收合格,同意使用
验收人签字	安全负责人:×× 设备管理员:×× 操作人:×× ××××年××月××日

表 5-60 圆盘锯安装验收表

编号: ××

工程名称	××工程	设备编号	No.:××
验收项目	验收内容与要求		验收结果
安装	作业场所有齐全、可靠的消防器材,周围无明火和易燃品		符合要求
	机身安装稳固,台面平整		合格
	锯片安装稳固,无裂纹,无连续断齿		合格
安全装置	锯片上方的防护挡板安全、有效		合格
	锯片防护罩齐全		符合要求
	锯片后 10~15 mm 安装分料器		合格
	传动皮带齐全、完好,防护罩符合要求		符合要求
电气	设备外壳作接零保护;使用符合要求的开关箱,操作使用专用按钮开关;配电线路符合绝缘、防火要求		符合要求
运转	工作平稳、无异响		符合要求
防护	作业车间有围挡,有消防安全措施		符合要求

续表

验收结论	验收合格,同意使用
验收人签字	安全负责人:×× 设备管理员:×× 操作人:×× ××××年××月××日

表 5-61　平刨安装验收表

编号:××

工程名称	××工程	设备编号	No.:××
验收项目	验收内容与要求		验收结果
安装	作业场所有齐全、可靠的消防器材,周围无明火和易燃品		符合要求
	机身安装稳固,台面平整		合格
	刀片重量、厚度一致,刀架夹板吻合,合金刀片不超出刀头;不使用有裂纹的刀具;紧固刀片的螺钉应嵌入槽内,并离刀背不少于 10 mm		合格
安全装置	护手装置安全、有效		合格
	传动皮带齐全、完好,防护罩符合要求		符合要求
	锯片后 10~15 mm 安装分料器		合格
电气	设备外壳作接零保护;使用符合要求的开关箱,操作使用专用按钮开关;配电线路符合绝缘、防火要求		符合要求
运转	工作平稳、无异响		符合要求
其他	禁用多功能木工机械		符合要求

续表

验收结论	验收合格，同意使用
验收人签字	安全负责人：× ×　　设备管理员：× ×　　操作人：× × × × × × 年 × × 月 × × 日

表 5-62　电焊机安装验收表

编号：× ×

工程名称	× × 工程	设备编号	No.：× ×
验收项目	验收内容与要求		验收结果
机体安装	焊机有完整的防护外壳；施焊现场设有防雨、防潮、防晒的机棚，并备有消防用品，10 m 范围内不得堆放装有氧气、乙炔等气体的容器和木材等易燃品		符合要求
导线	一次线长度不超过 5 m，穿管保护；二次线长度不超过 30 m，接头不应超过 3 处，绝缘良好		合格
	一、二次接线柱处应有保护罩，接线螺栓不松动		符合要求
	焊钳与焊把线绝缘良好、连接牢固，不得用钢丝绳或机电设备代替零线		符合要求
电气安全装置	设置二次空载降压保护器或触电保护器		符合要求
	电源使用自动开关控制		符合要求
	使用符合要求的开关箱，设备外壳作接零保护，卷扬机使用专用开关箱		符合要求
验收结论	验收合格，同意使用		

续表

验收人签字	安全负责人:×× 设备管理员:×× 操作人:×× ××××年××月××日

表 5-63 安全防护用具和机械设备使用登记表

编号:××

名称	规格	数量	生产厂家所在地	供货单位	购置时间	使用单位	准用、检验证号
钢筋切断机	GQ40	2台	沈阳	××公司	××××年××月××日	××公司	××
钢筋弯曲机	GW40	3台	大连	××公司	××××年××月××日	××公司	××
钢筋调直机	G16-8	3台	郑州	××公司	××××年××月××日	××公司	××
砂浆搅拌机	HJ-350	2台	济南	××公司	××××年××月××日	××公司	××
混凝土搅拌机	HJ-350	2台	北京	××公司	××××年××月××日	××公司	××

八、工程项目保卫消防资料

工程项目保卫消防资料的具体内容见表 5-64 和表 5-65。

表 5-64　施工现场消防设施、器材验收记录

编号：××

工程名称	××工程	工程地点	××
单位(子单位)工程名称	××工程		
施工单位	××建筑工程公司	项目负责人	××
分包单位	××建筑公司	分包负责人	××

序号	检查项目	检查内容与要求	验收结果
1	管理制度	落实防火管理制度、三级防火责任制，有明显的防火标志和宣传教育	符合要求
		落实动火审批制度，严格执行“十不烧”的规定	符合要求
		成立义务消防队，实行消防器材专人管理	符合要求
		如发现火险隐患，按“三定”原则落实整改，并作记录	符合要求
2	易燃物管理	木工间应有禁烟牌；及时清除易燃物	符合要求
		易燃物与厨房等处的明火应有安全距离	符合要求
		易燃物应分堆垛和分组放置，每个堆垛面积应符合要求，如木材堆垛面积不得大于 300 m^2，堆垛之间应留 3 m 宽的消防通道	符合要求
		易燃液体应用密封容器盛装	符合要求
		废弃的易燃物等不得随便丢弃，应妥善处置	符合要求
3	防火器材配置	8 层以上、20 层以下的工程，一般每 100 m^2 设 2 个灭火器	符合要求
		高度在 24 m 以上的工程应有足够的消防用水，立管直径在 75 mm 以上，有具有足够扬程的高压水泵，每层都设有消防水源接口	符合要求
		危险品仓库、油漆间、木工间、木材仓库每 25 m^2 配 1 个种类合适的灭火器，配电间配有种类合适的灭火器	符合要求
		总面积超过 1 200 m^2 的大型临时设施应备有专供消防用的太平桶、积水桶（池）、黄沙池等	符合要求
		一般临时设施每 100 m^2 配 2 个 10 L 的灭火器	符合要求
		厨房屋面应用防火材料，每 50 m^2 设 2 个灭火器	符合要求
		熔化沥青按规定配备消防器材	符合要求

续表

<table>
<tr><td>序号</td><td>检查项目</td><td colspan="2">检查内容与要求</td><td>验收结果</td></tr>
<tr><td rowspan="7">4</td><td rowspan="7">其他</td><td colspan="2">建筑物内外道路和通道畅通</td><td>符合要求</td></tr>
<tr><td colspan="2">在建工程内不得设置办公室、民工宿舍、仓库</td><td>符合要求</td></tr>
<tr><td colspan="2">高层建筑施工现场上下要有通信报警装置</td><td>符合要求</td></tr>
<tr><td colspan="2">严禁在宿舍使用电炉、电热器具和功率大于 60 W 的灯泡</td><td>符合要求</td></tr>
<tr><td colspan="2">设立吸烟区，施工人员不得在非指定场所吸烟</td><td>符合要求</td></tr>
<tr><td colspan="2">严禁在屋顶用明火熔化沥青</td><td>符合要求</td></tr>
<tr><td colspan="2">施工现场应有可靠的防雷措施</td><td>符合要求</td></tr>
<tr><td colspan="2">验收结论</td><td colspan="3">符合要求</td></tr>
<tr><td colspan="2" rowspan="2">验收人签字</td><td>总包单位</td><td colspan="2">分包单位</td></tr>
<tr><td>× ×</td><td colspan="2">× ×</td></tr>
<tr><td colspan="5">监理单位意见：经检查，各项目符合要求。
专业监理工程师：× ×
× × × × 年 × × 月 × × 日</td></tr>
</table>

表 5-65　动火审批表

编号：× ×

<table>
<tr><td>工程名称</td><td>× × 工程</td><td>施工单位</td><td>× × 建筑公司</td></tr>
<tr><td>申请用火单位</td><td>× ×（盖章）</td><td>用火班组</td><td>× ×</td></tr>
<tr><td>用火部位</td><td>地下室外墙</td><td>用火作业级别、种类（气焊、电焊等）</td><td>电焊</td></tr>
<tr><td>用火作业起止时间</td><td colspan="3">× × × × 年 × × 月 × × 日至 × × × × 年 × × 月 × × 日</td></tr>
<tr><td colspan="4">用火原因、防火的主要安全措施和配备的消防器材：
1. 动火事由：切剖对拉螺栓；
2. 动火用气：氧气、乙炔；
3. 安全措施：易燃物品已清理，配备灭火器和看火人员。
看火人员（签字）：× ×　　申请人（签字）：× ×　　× × × × 年 × × 月 × × 日</td></tr>
<tr><td colspan="4">审批意见：同意。
审批人（签字）：× ×　　× × × × 年 × × 月 × × 日</td></tr>
</table>

九、其他资料

其他资料见表 5-66 和表 5-67。

表 5-66　班组班前安全活动记录

编号：××

<table>
<tr><td rowspan="3">主要工作项目</td><td colspan="3">防护设施</td><td colspan="3">个人防护</td><td rowspan="2">遵章守纪状况</td></tr>
<tr><td>作业面安全与否</td><td>防护设备完善与否</td><td>安全措施</td><td>安全帽</td><td>安全带</td><td>其他防护</td></tr>
<tr><td>××</td><td>××</td><td>××</td><td>××</td><td>××</td><td>××</td><td>××</td></tr>
<tr><td colspan="8">安全技术交底和不安全因素处理情况如下。
1. 进入施工现场的人员必须戴好安全帽，高处作业人员必须佩戴安全带，并应系牢。
2. 经医生检查认为不适宜进行高处作业的人员，不得进行高处作业。
3. 工作前应先检查使用的工具是否牢固，扳手等工具必须用绳、链系挂在身上，钉子必须放在工具袋内，以免掉落伤人。工作时要精力集中，防止钉子扎脚和从空中滑落。
4. 安装与拆除 5 m 以上的模板时，应搭脚手架，并设防护栏杆，防止上下在同一垂直面操作。
5. 高空、复杂结构模板的安装与拆除，事先应采取切实的安全措施。
6. 遇 6 级以上的大风时，应暂停室外的高空作业；雪霜雨后应先清扫施工现场，待略干不滑时再进行作业。
7. 两人抬运模板时要互相配合、协同工作。传递模板、工具应用运输工具或绳子系牢后再升降，不得乱抛。
8. 高空作业要搭设脚手架或操作台，上、下要使用梯子，不许站立在墙上作业，不准在梁底模上行走。操作人员严禁穿硬底鞋、有跟鞋作业。
9. 装、拆模板时，作业人员要站立在安全的地点操作，防止上下在同一垂直面工作；操作人员要主动避让吊物，增强自我保护和相互保护的安全意识。</td></tr>
<tr><td>填写说明</td><td colspan="7">1. 班组长每天必须进行上岗前的口头安全技术交底，每周必须进行一次讲评；
2. 班组安全员组织组员进行上岗安全自查，对发现的不安全因素和处理情况均应说明，并详细记入表内；
3. 班组班前安全活动记录由班组长或班组安全员填写；
4. 安全防护状况填写良好（√）或不好（×）。</td></tr>
<tr><td>班组负责人</td><td colspan="3">××</td><td colspan="2">班组安全员</td><td colspan="2">××</td></tr>
</table>

表 5-67　施工安全管理日志

<table>
<tr><td>作业班组</td><td>××</td><td>层次</td><td>××</td></tr>
<tr><td>工作内容</td><td>××</td><td>高度</td><td>××</td></tr>
<tr><td>安全活动内容和处理意见</td><td colspan="3">1. 模板支撑体系间距过大，进行调整；
2. 搭设临边防护；
3. 下午在对二层作业区进行巡视时发现，有 2 人未佩戴安全帽，对其进行纠正并罚款；
4. 搭设外架，张挂安全网，铺设安全通道。

填写人（签字）××
××××年××月××日</td></tr>
</table>

除上述表格外，很多地区在进行主要分部（单位）工程质量验收前，要向所在地安监站上报相应的表格，只有经安监站复查相应的内容合格后，方可进行后续工作。

项目4　竣工图编制的依据和基本要求

一、竣工图编制的依据

竣工图编制的依据包括原施工图、图纸会审和设计交底记录、设计变更通知单、变更洽商记录、施工记录、工程隐蔽检查记录、测量记录、其他已实施的指令性文件(如合同)。

二、竣工图编制的基本要求

(1)竣工图应是新蓝图,图纸应采用国家标准图幅,做到规格统一。

(2)竣工图应及时编制,应在施工过程中按进度编制,而不是等到竣工后再编制,其内容必须真实、准确,与施工实际相符,做到图、物一致,无遗漏和含糊不清的地方。

(3)在施工蓝图上改绘竣工图,可杠改,不能涂改。

(4)对竣工图上的文字的要求是使用仿宋体或楷体,不允许字迹潦草、模糊不清,不能有错别字等。

(5)竣工图应按单位工程分专业编制,内容必须完整。

(6)竣工图章必须使用不易褪色的红色印泥盖在图标栏上方的空白处或其他空白处,如果图纸正面确实没有空白处就盖在图纸背面,并在竣工图目录的备注中说明。

项目5　竣工图绘制的要求和方法

(1)凡按图施工没有变动的,由施工单位(包括总包和分包施工单位)在原施工图上加盖“竣工图”标志,即可将其作为竣工图。

(2)凡在施工中虽有一般性设计变更,但能将原施工图修改、补充作为竣工图的,可以不重新绘制,由施工单位负责在原施工图(必须是新蓝图)上注明修改的部分,并附设计变更通知单和施工说明,加盖“竣工图”标志,即可将其作为竣工图。具体的修改方法和要求视修改的多少和篇幅大小而定。

①需要删除内容时,可以在原施工图上采用杠改法或叉改法修改,即在原施工图上用“—”或“×”将需要删除的部分划掉,并在下方的空白处注明修改依据或引出索引线,在索引线上方注明修改依据,如“××××年××月××日第××号设计变更第××条”或“××××年××月××日图纸会审和设计交底记录”;

②需要修改内容或增加内容时,可按如下方法修改:

a. 在原图需要修改的实际位置按相关规范的要求绘制，并注明修改依据；

b. 如果在实际位置修改会影响图面的清晰，应采用杠改法或叉改法将需要修改的部分划掉，然后在适当的空白处（一般在其上方）绘制或用索引线引出进行修改，并注明修改依据；

c. 如果原图上无位置可绘制，可用碳素墨水笔将原施工图需变更的部分划掉，按绘图要求绘制在另一张图上，将其附在本专业图纸后面，并注明修改依据；

d. 在修改原施工图的过程中，有的内容如果不能在改动处用简单的图样表示清楚，就需要用适当的文字加以说明。

③修改时应注意以下问题：

a. 施工图纸目录要加盖竣工图章，凡有增加的图纸，要在目录上依序列出相应图纸的名称、图号、图幅，而作废的图纸要在目录上划掉；

b. 图上的各种引出说明一般与图框线平行，引出线不能相互交叉，不能遮盖其他线条，所有变更的部分都应标明变更依据，做到图面整洁、美观、有序，便于查阅。

④使用竣工图章时应注意以下问题：

a. 所有改绘的竣工图都必须用不易褪色的红色印泥加盖竣工图章，竣工图封面和目录同样应该加盖竣工图章，作为竣工图的一部分进行存档；

b. 竣工图章上的相关人员签字必须完整，且竣工图章上的各项内容须按规定填写好；

c. 竣工图章的尺寸应规范。

（3）凡结构形式改变、工艺改变、平面布置改变、项目改变或有其他重大改变，不宜在原施工图上修改、补充的，应重新绘制改变后的竣工图。由设计原因造成的，由设计单位负责重新绘图；由施工原因造成的，由施工单位负责重新绘图；由其他原因造成的，由建设单位自行绘图或委托设计单位绘图。施工单位负责在新图上加盖“竣工图”标志并附有关记录和说明，即可将其作为竣工图。

（4）重大的改建、扩建工程涉及原有工程项目的变更时，应将相关项目的竣工图资料统一整理归档，并在原图纸案卷中增补必要的说明。

（5）竣工图采用标准图幅进行绘制，按照《技术制图 复制图的折叠方法》（GB/T 10609.3—2009）的规定折叠。折叠后的图纸幅面一般为 A4（210 mm × 297 mm）或 A3（297 mm × 420 mm）；需要装订成册又无装订边的图纸折叠后的尺寸可以是 190 mm × 297 mm 或 297 mm × 400 mm。装订线留 20 mm，图纸内容折向内。由于装订时图纸案卷左右厚度不平衡，应在装订线一侧加垫块将脊背垫平，力求整齐、美观，方便查阅，有利于长期保存。在裁剪时应注意不要裁剪到图纸内容，不要把内框线裁剪掉。

模块六　建筑工程资料组卷、归档与利用

项目1　建筑工程资料组卷

一、建筑工程资料组卷的要求

（1）组卷前应保证基建文件、监理资料和施工资料齐全、完整，并符合规程的要求。

（2）案卷不宜过厚，厚度一般不超过40 mm。

（3）单位工程档案总案卷数超过20卷的，应编制总目录卷。

（4）案卷内不宜有重复的文件。

（5）不同载体的文件一般应分别组卷。

（6）编绘的竣工图应反差明显、图面整洁、线条清晰、字迹清楚，能满足微缩和计算机扫描的要求。

（7）向城建档案馆报送的工程档案应按《建设工程文件归档规范（2019年版）》（GB/T 50328—2014）的要求进行组卷。

（8）文字材料和图纸不满足质量要求的一律返工。

二、建筑工程资料组卷的原则

（1）组卷应遵循工程文件的自然形成规律，保持卷内文件的内在联系。

（2）一个建筑工程由多个单位工程组成时，项目应按单位工程组卷。

（3）建筑工程资料应根据收集、整理单位和资料类别的不同，按基建文件、监理资料、施工资料和竣工图分别组卷。

（4）案卷内资料的排列顺序应依据案卷内资料的构成而定，一般顺序为封面、目录、资料部分、备考表和封底，组成的案卷应美观、整齐。

（5）案卷内若存在多类工程资料，同类资料按自然形成的顺序和时间排序，不同类资料可参照《建筑工程资料管理规程》（JGJ/T 185—2009）中规定的顺序排列。

三、建筑工程资料组卷的方法

建筑工程文件可按建设单位和建设程序划分为工程准备阶段文件、监理文件、施工文件、竣工图、工程竣工文件五个部分。五个部分的组卷方法如下。

（1）工程准备阶段文件组卷。工程准备阶段文件可根据类别和数量的多少组成一卷或多卷，如工程决策立项文件卷，征地拆迁文件卷，勘察、测绘与设计文件卷，工程开工文件卷，商务文件卷，工程竣工验收与备案文件卷。同一类基建文件也可根据数量的多少组成一卷或多卷。

（2）监理文件组卷。监理文件可根据单位工程、分部工程、专业、阶段和数量的多少组成一卷或多卷。

（3）施工文件组卷。施工文件应按照单位工程、专业、系统、阶段划分，每一专业、系统的文件再按照资料类别排列顺序，并根据资料数量的多少组成一卷或多卷。

专业化程度高、施工工艺复杂，通常由专业分包施工的子分部（分项）工程应分别单独组卷，如有支护土方、地基（复合）、桩基、预应力、钢结构、木结构、网架（索膜）、幕墙、供热锅炉、变配电室和智能建筑工程的各系统。应单独组卷的子分部（分项）工程资料应按照顺序排列，并根据资料数量的多少组成一卷或多卷。

（4）竣工图组卷。竣工图应按单位工程、专业进行组卷，可分为工艺平面布置竣工图卷、建筑竣工图卷、结构竣工图卷、给排水与采暖竣工图卷、建筑电气竣工图卷、智能建筑竣工图卷、通风与空调竣工图卷、电梯竣工图卷、室外工程竣工图卷等。每一专业的文件可根据图纸数量的多少组成一卷或多卷。

（5）工程竣工文件组卷。工程竣工文件可根据单位工程、分部工程、专业、阶段和数量的多少组成一卷或多卷。

四、案卷内文件的排列

（1）文字材料按事项、专业排列，同一事项的请示与批复、同一文件的印本与定稿、主件与附件不能分开，并按批复在前、请示在后，印本在前、定稿在后，主件在前、附件在后的顺序排列。

（2）图纸按专业排列，同一专业的图纸按图号排列。既有文字材料又有图纸的案卷，文字材料排前，图纸排后。

五、案卷页号的编写

（1）编写页号应以独立卷为单位，在案卷内资料的排列顺序确定后，有书写内容的页面均需编写页号。

（2）每一卷都从阿拉伯数字1开始，用打号机或钢笔逐张连续标注页号，采用黑色、蓝色油墨或墨水。案卷封面、卷内目录和卷内备考表不编写页号。

（3）对于页号编写位置，单面书写的文字材料页号编写在右下角，双面书写的文字材料正面页号编写在右下角，背面页号编写在左下角。

（4）图纸折叠后无论为何种形式，页号一律编写在右下角。

项目 2　建筑工程资料的封面与目录

一、工程资料封面与目录

1. 工程资料案卷封面

工程资料案卷封面上有工程名称、案卷题名、编制单位、技术主管、编制日期（以上由档案移交单位填写）和保管期限、密级、保存档号、电子档案编号、共 × 册　第 × 册等（以上由档案保管部门填写）信息，如图 6-1 所示。

（1）工程名称：填写工程建设项目竣工后使用的名称（或曾用名）。若工程分为几个单位（子单位）工程，应在第二行填写单位（子单位）工程名称。

（2）案卷题名：填写本卷卷名。第一行按单位、专业、类别填写案卷名称；第二行填写案卷内主要资料内容提示。

（3）编制单位：填写本卷档案的编制单位，并加盖公章。

（4）技术主管：编制单位技术负责人签名或盖章。

（5）编制日期：填写卷内资料形成的起（最早）、止（最晚）日期。

（6）保管期限：由档案保管单位按照其保管规定或有关规定填写。

（7）密级：由档案保管单位按照其保密规定或有关规定填写。

工程名称：××办公楼

案卷题名：建筑与结构工程施工文件
隐蔽工程检查记录

编制单位：××建筑工程公司

技术主管：××

编制日期：自××××年××月××日起至××××年××月××日

保管期限：________　密　　级：________

保存档号：________　电子档案编号：________

共×册　第×册

图 6-1　工程资料案卷封面

2. 工程资料卷内目录

工程资料卷内目录包括工程名称、序号、工程资料题名、原编字号、编制单位、编制日期、页次和备注,见表 6-1。卷内目录内容应与案卷内容相符,卷内目录排在封面之后,原资料目录和设计图纸目录不能代替卷内目录。

(1)序号:案卷内资料按排列顺序用阿拉伯数字从 1 开始依次标注。

(2)工程资料题名:填写文字材料和图纸名称,无标题的资料应根据内容拟写标题。

(3)原编字号:资料制发机关的发字号或图纸原编图号。

(4)编制单位:资料的编制单位或主要负责单位的名称。

(5)编制日期:资料的形成时间(文字材料为原资料形成日期,竣工图为编制日期)。

(6)页次:填写每份资料在案卷内的页次或起止页次。

(7)备注:填写需要说明的问题。

表 6-1　工程资料卷内目录

工程名称		×× 办公楼				
序号	工程资料题名	原编字号	编制单位	编制日期	页次	备注
1	钢筋质量证明和试验报告	××	××	××××年××月××日	1~41	
2	水泥质量证明和试验报告	××	××	××××年××月××日	42~52	
3	砂试验报告	××	××	××××年××月××日	53~66	
4	石试验报告	××	××	××××年××月××日	67~77	
5	外加剂质量证明和试验报告	××	××	××××年××月××日	78~84	
6	防水卷材质量证明和试验报告	××	××	××××年××月××日	85~88	
7	防水涂料质量证明和试验报告	××	××	××××年××月××日	89	
8	砌块质量证明和试验报告	××	××	××××年××月××日	90~99	
9	装饰装修材料质量证明	××	××	××××年××月××日	100~150	

3. 分项目录

分项目录(一)适用于施工物质资料产品合格证、检测报告的编目,目录内容包括工程名称、资料类别、序号、物质名称、厂名、品种、型号、规格、数量、使用部位、页次、备注等,见表 6-2,有进场见证试验的,应在“备注”栏中注明。分项目录(二)适用于施工测量记录、施工记录的编目,目录内容包括工程名称、资料类别、序号、施工部位(内容摘要)、日期、页次、备注等,见表 6-3。

(1)工程名称:填写工程建设项目竣工后使用的名称(或曾用名)。

(2)施工部位(内容摘要):填写测量、检查或记录的层、轴线、标高。

(3)日期:填写资料正式形成的年、月、日。

表 6-2　分项目录(一)

工程名称		××办公楼		资料类别		水泥	
序号	物质名称	厂名	品种、型号、规格	数量	使用部位	页次	备注
1	水泥出厂检验报告和 28 d 强度补报单	××	P·042.5	100 t	基础	1	
2	水泥厂家资质证书	××	P·042.5			2~4	
3	水泥试验报告	××	P·042.5	100 t	基础	5	
4	水泥出厂检验报告和 28 d 强度补报单	××	P·042.5		地下一、二层	6~10	
5	水泥出厂检验报告和 28 d 强度补报单	××	P·042.5		地下一、二层	11~12	
6	水泥试验报告	××	P·042.5		地下一、二层	13	

注:本表适用于施工物质资料产品合格证、检验报告的编目。

表 6-3　分项目录(二)

工程名称		××办公楼	资料类别	基础主体结构钢筋工程
序号	施工部位(内容摘要)	日期	页次	备注
1	基础底板钢筋绑扎	××××年××月××日	1	
2	地下二层墙体钢筋绑扎	××××年××月××日	2	
3	地下二层顶板钢筋绑扎	××××年××月××日	3	
4	地下一层墙体钢筋绑扎	××××年××月××日	4	
5	地下一层顶板钢筋绑扎	××××年××月××日	5	
6	首层①~⑥/Ⓐ~Ⓖ轴墙体钢筋绑扎	××××年××月××日	6	
7	首层⑦~⑩/Ⓐ~Ⓖ轴墙体钢筋绑扎	××××年××月××日	7	
8	首层①~⑥/Ⓐ~Ⓖ轴顶板、梁钢筋绑扎	××××年××月××日	8	
9	首层⑦~⑩/Ⓐ~Ⓖ轴顶板、梁钢筋绑扎	××××年××月××日	9	
10	二层①~⑥/Ⓐ~Ⓖ轴墙体钢筋绑扎	××××年××月××日	10	
11	二层⑦~⑩/Ⓐ~Ⓖ轴墙体钢筋绑扎	××××年××月××日	11	
12	二层①~⑥/Ⓐ~Ⓖ轴顶板、梁钢筋绑扎	××××年××月××日	12	
13	二层⑦~⑩/Ⓐ~Ⓖ轴顶板、梁钢筋绑扎	××××年××月××日	13	

注:本表适用于施工测量记录、施工记录的编目。

4. 混凝土(砂浆)抗压强度报告目录

混凝土(砂浆)抗压强度报告应按单位工程、龄期汇总、编目,见表 6-4。有见证试验的应在“备注”栏中注明。

表 6-4 混凝土(砂浆)抗压强度报告目录

工程名称		××办公楼							
序号	试件编号	成型日期	施工部位	设计强度等级	龄期/d	实际抗压强度/MPa	达到设计强度/%	配合比编号	备注
1	001	××××年××月××日	地下一层墙体	C30	28	41.5	138	××-0121	
2	002	××××年××月××日	地下一层顶板	C30	28	38.5	128	××-0124	
3	003	××××年××月××日	首层墙体	C30	28	39.2	130	××-0127	
4	004	××××年××月××日	首层顶板	C25	28	37.4	149	××-0132	
5	005	××××年××月××日	二层墙体	C30	28	36.2	121	××-0137	
6	006	××××年××月××日	二层顶板	C25	28	40.1	160	××-0138	

5. 钢筋(原材)连接试验报告目录

钢筋(原材)连接试验报告目录适用于各种焊(连)接形式,见表 6-5。有见证试验的应在"备注"栏中注明。

表 6-5 钢筋(原材)连接试验报告目录

工程名称		××办公楼							
序号	试件编号	试验日期	种类、规格	施工部位	连接形式	代表数量	抗拉强度/MPa	屈服强度/MPa	备注
1	001	××××年××月××日	HRB335ϕ20	地下一层柱、梁		60.9	590	430	
2	002	××××年××月××日	HRB335ϕ20	首层柱、梁		53.2	567	396	
3	003	××××年××月××日	HRB335ϕ16	首层墙体		50.3	590	428	
4	004	××××年××月××日	HRB335ϕ16	二层柱、梁		61.5	556	389	
5	005	××××年××月××日	HRB335ϕ14	二层墙体		42.6	570	388	

6. 工程资料备考表

工程资料备考表的内容包括卷内文字材料张数、图样张数、照片张数等,立卷单位的立卷人、审核人和保存单位的技术审核人、档案接收人应签字,见表 6-6。

工程资料备考表分为上下两栏，上面一栏由立卷单位填写，下面一栏由保存单位填写。

（1）上面一栏应标明本案卷已编号资料的总张数，即文字材料、图纸、照片等的张数。审核说明填写立卷时资料的完整、准确情况，缺少的资料的名称和原因；“立卷人”处由责任立卷人签名；“审核人”处由案卷审查人签名；日期分别按立卷、审核时间填写。

（2）下面一栏由保存单位根据案卷的完整、准确情况表明审核意见。“技术审核人”处由保存单位的工程档案技术审核人签名；“档案接收人”处由保存单位的档案接收人签名；日期分别按审核、接收时间填写。

表 6-6　工程资料备考表

本案卷已编号的文件共 230 张，其中：文字材料 206 张，图样 20 张，照片 4 张。 立卷单位对本案卷完整、准确情况的审核说明： 本案卷完整、准确。 立卷人：××　　××××年××月××日 审核人：××　　××××年××月××日
保存单位的审核说明： 工程资料齐全、有效，符合规定的要求。 技术审核人：××　　××××年××月××日 档案接收人：××　　××××年××月××日

二、工程档案封面与目录

（1）工程档案案卷封面：使用城市建设档案封面（与图 6-1 完全相同），注明工程名称、案卷题名、编制单位、技术主管、编制日期、保管期限、密级、保存档号、电子档案编号等。

（2）工程档案卷内目录：使用城建档案卷内目录，内容包括序号、文件题名、原编字号、编制单位、编制日期、页次、备注等，见表 6-7。

（3）单位工程档案总案卷数超过 20 卷的，应编制总目录卷。

（4）工程档案卷内备案：使用城建档案案卷审核备考表，内容包括卷内文字材料张数、图样张数、照片张数等，立卷单位的立卷人、审核人和接收单位的技术审核人、档案接收人应签字，见表 6-8。

城建档案案卷审核备考表的下面一栏由城建档案馆根据案卷的完整、准确情况表明审核意见。

表 6-7　城建档案卷内目录

序号	文件题名	原编字号	编制单位	编制日期	页次	备注
1	图纸会审记录	××	××建筑工程公司	××××年××月××日	1~6	
2	工程洽商记录	××	××建筑工程公司	××××年××月××日	7~21	
3	工程定位测量记录	××	××建筑工程公司	××××年××月××日	22~23	
4	基槽验线记录	××	××建筑工程公司	××××年××月××日	24	
5	钢材试验报告	××	××建筑工程公司	××××年××月××日	25~67	
6	水泥试验报告	××	××建筑工程公司	××××年××月××日	68~91	
7	砂试验报告	××	××建筑工程公司	××××年××月××日	92~110	
8	碎(卵)石试验报告	××	××建筑工程公司	××××年××月××日	111~126	
9	预拌混凝土出厂合格证	××	××建筑工程公司	××××年××月××日	127~153	
10	地基验槽检查记录	××	××建筑工程公司	××××年××月××日	154	
11	隐蔽工程检查记录	××	××建筑工程公司	××××年××月××日	155~266	
12	钢筋连接试验报告	××	××建筑工程公司	××××年××月××日	267~283	
13	混凝土试块强度统计、评定记录	××	××建筑工程公司	××××年××月××日	284~301	

表 6-8　城建档案案卷审核备考表

本案卷已编号的文件共450张，其中：文字材料200张，图样230张，照片20张。 立卷单位对本案卷完整、准确情况的审核说明： 本案卷完整、准确。 立卷人：××　　××××年××月××日 审核人：××　　××××年××月××日
接收单位(档案馆)的审核说明： 工程资料齐全、有效，符合规定的要求。 技术审核人：××　　××××年××月××日 档案接收人：××　　××××年××月××日

三、案卷脊背编制

案卷脊背有保存档号、案卷题名等信息，由档案保管单位填写。城建档案的案卷脊背由城建档案馆填写。

四、案卷规格、装具与装订

1. 案卷规格

卷内资料、封面、目录、备考表统一采用 A4（210 mm×297 mm）幅面，图纸可采用 A0（841 mm×1 189 mm）、A1（594 mm×841 mm）、A2（420 mm×594 mm）、A3（297 mm×420 mm）、A4（210 mm×297 mm）幅面。幅面小于 A4 的资料要用 A4 白纸衬托。

2. 案卷装具

案卷采用统一规格、尺寸的装具。属于工程档案的文字材料、图纸一律采用城建档案馆监制的硬壳卷夹或卷盒作为装具，其外表尺寸为 310 mm（高）×200 mm（宽），卷盒厚度有 50 mm、30 mm 两种，卷夹厚度为 25 mm；少量特殊的档案也可采用外表尺寸为 310 mm（高）×430 mm（宽）、厚度为 50 mm 的装具。案卷软（内）卷皮尺寸为 297 mm（高）×210 mm（宽）。

3. 案卷装订

（1）文字材料必须装订成册；图纸可装订成册，也可散装存放。

（2）装订时要剔除金属物，装订线一侧根据案卷的厚薄加垫草板纸。

（3）案卷用棉线在左侧 3 孔装订，棉线装订结打在背面。装订线距左侧边缘 20 mm，上下两孔分别距中孔 80 mm。

（4）装订时须将封面、目录、备考表、封底与案卷一起装订。图纸散装在卷盒内时，需将案卷封订在一起。

项目 3　建筑工程档案资料的利用

一、建筑工程档案资料利用工作的意义

建筑工程档案资料利用工作是指档案部门为了满足利用的需要，向利用者提供工程档案资料，为利用者服务的工作，也就是使利用者利用工程档案资料更好地为工程项目服务的工作。利用是档案工作的根本目的，是档案工作生存和发展的基础，在档案工作中为中心环节，占据突出的地位。充分认识建筑工程档案资料利用工作的重要意义，有利于做好建筑工程档案资料利用工作。

工程档案资料的利用是档案工作的根本目的，为了更好地达到这一目的，提供工程档案资料为社会建设服务，必须做好建筑工程档案资料利用工作，充分发挥工程档案资料的作用，为广大的工程档案资料利用者提供切实有效的、完整的工程档案资料，满足社会的需要。

二、建筑工程档案资料利用工作的要求

城建档案机构和有关单位应积极开发档案信息资源，定期公布档案目录，有计划地编纂档案史料，为城建档案的利用提供便利。有关单位查询、利用工程档案资料时，城建档案机构除收取复印费等工本费外，不得收取其他费用。

随着社会的不断进步，我国的工程档案事业得到了迅猛的发展。进入信息时代后，建筑工程档案资料利用工作的重要性日益显现，工作的内部重心从“档案保管”转到了“档案利用”上，因而，对建筑工程档案资料利用工作也提出了严格的要求。

1. 明确服务方向，坚定服务思想

档案工作的服务性集中表现在档案信息资源的开发、利用工作上，要做好建筑工程档案资料利用工作，首先要明确服务方向。建筑工程档案资料利用工作必须为工程建设项目服务。档案馆（室）应根据各自的特点和条件明确具体的服务重点，档案工作者必须确立全新的观念，即在新形势下档案工作者应确立以下五大观念。

（1）主动服务观念。服务性是档案工作的根本属性，档案工作者只有确立主动服务观念，才能作出自觉的服务行动，才能在档案信息资源的开发、利用工作中发挥应有的作用。

（2）开放观念。档案工作者只有从封闭走向开放，主动融入社会，参与社会活动，并了解、把握各建设单位对工程档案的利用需求，才能提高应变能力，有效地开发和传递档案信息资源。

（3）竞争观念。现代社会是竞争的社会，档案工作者必须增强忧患意识，保有“时不我待”的紧迫感，在档案部门之间、档案部门与其他信息部门之间的广泛竞争中提高自身能力，激发自身开发、提供档案信息资源的强大动力。

（4）协作观念。“广、精、快、准”是信息化社会人们利用信息的基本要求，要满足这一要求，光靠档案部门是不行的。因此，档案工作者必须确立协作观念，走整体化协作发展之路，以实现档案信息资源的共同开发。

（5）市场观念。在市场经济条件下，一切必须以市场需求为导向。因此，档案工作者市场观念的确立十分必要。档案工作者必须具有高度的责任感和群众观念，要千方百计地为利用者提供方便。

2. 为利用者提供科学的、适合多种途径利用的检索工具

档案馆的检索工具是帮助利用者打开档案宝库的钥匙。它是利用者查找工程档案资料的向导，能够为利用者查找工程档案资料提供线索。利用者只有通过检索工具才能方便、快速地查找到所需的工程档案资料。一个档案馆如果没有完善的检索工具，就谈不上提供档案为建设工程项目服务，也就无法实现社会对工程档案资料的利用。随着社会对档案的需求的增加，档案利用出现了新特点，档案利用范围越来越广，档案利用内容越来越丰富。在这种情况下，仅仅依靠“案卷目录”这种检索工具是不能满足社会各方面的需要的。档案馆必须从实际出发，开发科学的、适合多种途径利用的检索工具，并在此基础上逐步建立与完善检索体系。

3. 熟悉档案，了解需要，加强宣传

熟悉档案，即要求档案工作者熟悉馆（室）藏档案的内容、数量、存放位置，熟悉全宗的形成、整理状况、利用价值，特别是要对重点全宗和珍贵档案了如指掌，以提高工作效率。

了解需要，就是要做好档案利用的预判，了解不同时期、不同方面对工程档案资料的不同需要，有的放矢地开展利用工作。

档案部门还要加大宣传力度，采取灵活多样的形式加强对档案信息资源的社会宣传。首先，要加强有关档案的价值、作用、利用效果的宣传，使人们知道档案是什么，档案与经济建设的关系，档案有哪些方面的作用，能解决什么问题，能给利用者带来哪些好处，从而引起人们对工程档案资料的重视，激发人们利用工程档案资料的热情，引导更多的人利用工程档案资料。其次，要加强有关建筑工程档案资料利用工作的宣传，宣传怎样利用档案，如何使用检索工具查找自己需要的档案，从而引导人们用好工程档案资料。再次，要加强对开放工程档案资料目录、内容的宣传，尽可能地通过广播、电视、报刊、信息台等向社会广泛宣传，或者将开放工程档案资料目录编印出版，使广大公众知道哪些档案部门收藏有什么档案，以便公众逐步了解、熟悉档案收藏单位及其收藏的档案，进而有针对性地利用档案。需要强调的是，无论采取何种宣传方式，都应当因时、因事制宜，讲求实效，切忌不分时间、场合、方式地空洞说教。

4. 认真做好档案利用的登记与统计工作，搞好档案信息反馈

对工程档案资料利用进行登记与统计，便于档案工作者了解档案利用效果。对利用工程档案资料产生重大经济效果和重大社会影响的事例，要在全社会广泛宣传，使人们充分认识到工程档案资料和建筑工程档案资料利用工作在社会主义建设中的重大作用。此外，要注重反馈，深层次开发档案信息。反馈方法在档案信息资源的开发、利用中起着重要的作用。通过反馈档案信息资源开发、利用产生的结果，并对其进行分析研究，可以提高档案信息资源开发、利用的科学性、合理性与系统性。例如，用户使用的新型建筑材料能否适应需要、哪些方面需要改进等，这是检验企业为满足市场需求而采取的改革措施是否成功的关键，也是对产品质量作出的评价。在对产品质量的反馈材料进行分析研究的基础上，企业能进行自我调节、评判自省，检查改进产品的目标是否已实现。

5. 正确处理利用与保密的关系

国家保存档案的目的是使用，若长期把档案"禁锢"起来不准使用，就失去了保存档案的意义。但也确有一部分档案是党和国家的机密，关系到党和国家的安危。这就要求正确处理利用与保密的关系，既要积极提供工程档案资料为各项工作服务，又要坚持保密原则。强调保密而拒绝提供利用服务是不对的，强调提供利用服务而忽视保密也是不对的。保密只是把档案的使用限制在一定的范围之内，而且保密要求是随着形势的发展和时间、地点、条件的变化而不断变化的。因此，凡是有利于坚持四项基本原则、促进安定团结的档案，均应积极、大胆地提供利用服务；凡是限制在一定范围内使用的档案，就应

严格保密。

6. 正确处理利用与保护的关系

目前,各档案馆(室)供利用的工程档案资料绝大多数是原件。原件每使用一次,就会或多或少地受到磨损,尤其是静电复印。为了防止档案在利用过程中损坏,应采取必要的措施和手段对其加以保护,如给每份(卷)档案加保护套、尽量向利用者提供复制件等。但档案馆(室)也不能因强调对档案的保护而过分地严加控制利用,要正确处理利用与保护的矛盾,在做好档案保护的前提下,让工程档案资料充分地为社会服务。

7. 加强档案干部队伍的建设,不断提高档案工作者的业务素质

加强档案干部队伍的建设,不断提高档案工作者的业务素质,是做好档案基础工作最重要的条件。档案利用工作做得好坏取决于档案基础工作做得好坏,而档案基础工作是否能达到档案利用工作的要求取决于档案馆是否有一支思想作风好、事业心强、安于本职工作、精通档案业务和网络信息技术的干部队伍。因此,档案馆要做好档案基础工作,必须通过各种途径培养一批精通档案业务、适应信息化社会发展的专业人才。这既是档案工作发展的需要,也是做好档案工作、提高工作效率的重要途径。

三、建筑工程档案资料利用工作的方式

档案工作者要做好两方面的工作。一是要认真处理好档案保护与利用的关系,既不能因为利用而随便、频繁地使用珍贵的馆藏档案原件,也不能因为要保护原件而不向利用者提供档案。解决的办法是,对一些珍贵的馆藏档案进行复制,尽量向利用者提供副本。二是在档案利用方面要制定有关使用、借阅、保密等的规章制度。

档案工作者应根据档案利用的特点为不同的利用者提供不同方式的服务。

(1)开设阅览室。直接提供工程档案资料原件或复制件供借阅。

(2)档案外借。这里的档案外借是指按照一定的制度和手续将档案带出档案馆或档案室阅览、使用。

档案外借须建立严格的制度。经一定的审批手续,档案方能外借;借出期限不宜过长,数量也应有所限制;借阅单位和个人要负责档案的安全,不能转借、私自摘录、复制、翻印,更不能遗失、拆散、调换、抽取和污损,并保证按时交回。档案工作者在档案外借工作中可采取一些有效的工作方法和制度,如借阅者身份审查手续、借阅登记手续、借阅清点手续和借阅证制度、催还续借制度、调离认可制度等,以保证外借档案的安全。

(3)制发档案复制件。根据档案原件制发各种复制件,是开展档案利用工作的一种重要方式。在建设部门、企业的工程档案资料利用中,这项工作通常又被称为复制供应。它包括内供复制和外供复制,外供复制是实现工程档案资料有偿交流的一个途径。

档案复制件分为副本和摘录两种。复制方法主要有复印、手抄、打字、印刷和拍摄等。

(4)出具档案证明。档案证明是档案保管单位向申请核查有关某些事实的档案的利用者出具的书面证明材料。

（5）编研服务。做好档案编研工作是积极主动、系统、广泛地开展档案利用工作的一种方式，它是一种效能较高的提供工程档案资料利用服务的手段。因为档案馆（室）的编研工作是以馆（室）藏档案为主要对象、以满足社会利用工程档案资料的需求为目的，在研究档案内容的基础上汇编和出版档案史料，编制参考资料，编史修志，撰写文章与著作，为经济建设和史学研究服务的一项工作，因此编研工作也是保护档案原件和传承档案史料的一项措施，有利于促进档案事业发展，可激励档案工作者提高业务水平。

（6）咨询服务。这种服务是档案工作者以档案为依据，以自己所掌握的业务知识和专业技术知识为基础，对查询者提出的问题进行解答，或指导利用者获得有关某一方面档案的线索的服务形式。档案利用工作搞活后，档案工作者会接触到各种情况的咨询业务，有一般性咨询，也有专门性咨询；有事实性咨询，也有知识性咨询；有专题研究性咨询，也有情报性咨询。

（7）印发目录。这种方式是将档案目录印制分发到有关部门，包括内部印发（向内部各机构和下属单位印发）和外部交流两种。其目的是交流情况，互通信息。

（8）举办档案展览。根据某种需要，按照一定的主题，系统地陈列档案资料。

综上所述，为了适应档案工作的特点，必须开展多形式、多途径、多渠道的档案利用服务，满足对档案的需要。科学技术突飞猛进，对档案工作的要求也越来越高，不仅要求查找的工程档案资料内容完整，而且要求准确性高、速度快、利用面广。

模块七　建筑工程资料验收、移交与备案

一、建筑工程竣工验收资料

（一）建筑工程竣工验收应具备的条件与内容

为了加强建筑工程施工质量管理，统一建筑工程施工质量验收标准，保证工程质量，2014 年 6 月 1 日实施的住房和城乡建设部《建筑工程施工质量验收统一标准》（GB 50300—2013）对建筑工程施工质量验收作了明确规定。

1. 建筑工程质量验收的条件

（1）工程完成设计文件和合同约定的各项内容后，施工单位进行自评，并提交工程竣工报告（A4 纸打印）。该报告须经项目经理和施工单位法定代表人审核签字，并加盖单位公章。

（2）对于委托监理的工程，监理单位对工程进行质量评估，并提交工程质量评估报告（A4 纸打印）。该报告须经总监理工程师和监理单位法定代表人审核签字，并加盖单位公章。

（3）勘察、设计单位对勘察、设计文件和施工过程中由设计单位签署的设计变更通知单进行检查，并提交质量检查报告（A4 纸打印）。该报告须经勘察、设计项目负责人和勘察、设计单位法定代表人审核签字，并加盖单位公章。

（4）建设单位填报工程竣工前检查申报表，组织设计、监理单位进行竣工前检查，质量监督机构提出竣工前检查意见。建设单位已组织施工等单位将设计、监理单位和质量监督机构等有关部门责令整改的问题全部整改完毕。

（5）上述（1）、（2）、（3）所列的工作完成后，经规划、消防、环保、卫生等部门对工程进行检查，建设单位取得上述部门的认可文件或准许使用文件，在验收前 3 日内将参加综合验收的单位、时间通知质量监督机构，并提交书面验收申请，验收时质量监督机构现场进行监督。

2. 建筑工程质量验收的内容

1）工程竣工前检查

质量监督机构按照有关规定对工程进行竣工前检查，对具备竣工验收条件的工程，通知建设单位按照规定组织有关单位进行竣工验收。

2）建设单位组织实施工程竣工验收

（1）对符合竣工验收条件的工程，建设单位组织建设单位项目负责人，监理单位总监

理工程师与有关技术人员，勘察、设计单位项目负责人，施工单位技术负责人（或分管质量经理）等有关人员组成验收组。

（2）建设单位在工程竣工验收7个工作日前将验收时间、地点和验收组名单书面通知质量监督机构。

（3）质量监督机构对建设单位组织的工程竣工验收的组织形式、验收程序、验收执行标准等情况进行现场监督。

（4）工程竣工验收合格后，建设单位及时提交工程竣工验收报告，内容包括工程概况，建设单位执行基本建设程序的情况，对工程勘察、设计、施工、监理等方面的评价，工程竣工验收的时间、程序、内容与组织形式，工程竣工验收意见等（A4纸打印）。该报告须由项目负责人和单位法定代表人签字，并加盖单位竣工公章。

3）工程竣工验收备案

（1）建设单位在自工程竣工验收合格之日起15日内将备案所需的文件整理齐全，依照《房屋建筑工程和市政基础设施工程竣工验收备案管理暂行办法》的规定，将备案文件报建设行政主管部门申请备案。

（2）建设单位在自工程竣工验收合格之日起15日内未办理工程竣工验收备案的，按照《建设工程质量管理条例》第五十六条和《房屋建筑工程和市政基础设施工程竣工验收备案管理暂行办法》第九条的规定，处20万元以上50万元以下的罚款。

（3）工程竣工验收合格且备案文件齐全的，由备案机关发放房屋建筑工程和市政基础设施工程竣工验收备案证，建设单位凭备案证到房产、供水、供电、供热、燃气等单位办理各项手续。

工程竣工验收备案文件目录如下：

①工程竣工验收报告原件（建设单位）；

②工程竣工报告原件（施工单位）；

③工程质量评估报告原件（监理单位）；

④质量检查报告原件（勘察、设计单位）；

⑤建筑工程施工许可证（复印件）；

⑥施工图和设计文件审查意见（复印件）；

⑦规划、消防、环保、卫生等部门出具的认可文件或准许使用文件（复印件）；

⑧建设单位和施工单位签订的工程质量保修书（复印件）；

⑨验收组人员签署的工程竣工验收意见表原件；

⑩质量监督机构签署的工程质量监督报告原件；

⑪市政基础设施工程应附有质量检测和功能性试验资料。

需要注意的是，以上资料均需用A4纸打印，复印件应加盖建设单位公章并注明原件存放处。

（二）建筑工程竣工验收的程序

1. 建筑工程质量验收的程序和组织

（1）检验批和分项工程应由监理工程师（建设单位项目技术负责人）组织施工单位项目专业质量（技术）负责人等进行验收。

（2）分部工程应由总监理工程师（建设单位项目负责人）组织施工单位项目负责人和技术、质量负责人等进行验收。地基与基础、主体结构分部工程的勘察、设计单位工程项目负责人和施工单位技术质量部门负责人也应参加相关分部工程的验收。

（3）单位工程完工后，施工单位应自行组织有关人员进行检查评定，并向建设单位提交工程验收报告。

（4）建设单位收到工程验收报告后，应由建设单位（项目）负责人组织施工单位（含分包单位）和设计、监理等单位（项目）负责人进行单位（子单位）工程验收。

（5）单位工程由分包单位施工时，分包单位应对所承包的工程项目按本程序进行检查评定，总包单位派人参加。分包工程完工后，分包单位应将工程有关资料交总包单位。

（6）当参加验收的各方对工程质量验收意见不一致时，可请当地建设行政主管部门或工程质量监督机构协调处理。

（7）单位工程质量验收合格后，建设单位应在规定的时间内将工程竣工验收报告和有关文件报建设行政主管部门备案。

2. 建筑工程竣工验收报告

在工程竣工验收合格后，建设单位提供的工程竣工验收报告应当包括工程开工、竣工的时间，建筑工程施工许可证号，施工图和设计文件审查意见，建设、设计、勘察、监理、施工单位分别签署的质量合格文件，验收组人员签署的竣工验收原始文件，有关工程质量的检测资料，备案管理部门认为需要提供的有关资料。

二、建筑工程档案的验收和移交

1. 建筑工程档案的验收

对列入城建档案馆（室）档案接收范围的工程，建设单位在组织工程竣工验收前应提请城建档案管理机构对工程档案进行预验收。建设单位未取得城建档案管理机构出具的认可文件，不得组织工程竣工验收。

城建档案管理机构在进行工程档案预验收时，应重点验收以下内容：

（1）工程档案齐全、系统、完整；

（2）工程档案的内容真实、准确地反映工程建设活动和工程实际状况；

（3）工程档案已整理立卷，立卷符合规定；

（4）竣工图绘制方法、图式、规格等符合专业技术要求，图面整洁，盖有竣工图章；

（5）文件的形成、来源符合实际，要求单位或个人签章的文件，签章手续完备；

（6）文件的材质、幅面、书写、绘图、用墨、托裱等符合要求。

2. 建筑工程档案的移交

对列入城建档案馆（室）档案接收范围的工程，建设单位在工程竣工验收后 3 个月内必须向城建档案馆（室）移交一套符合规定的工程档案。停建、缓建工程的档案暂由建设单位保管。

对改建、扩建和维修的工程，建设单位应当组织设计、施工单位据实修改、补充和完善工程档案。对改变的部位，应当重新编制工程档案，并在工程竣工验收后 3 个月内向城建档案馆（室）移交。

建设单位向城建档案馆（室）移交工程档案时，应办理移交手续，填写移交目录，双方签字、盖章后完成交接。

三、建筑工程竣工验收备案

（一）建筑工程竣工验收备案管理

凡在中华人民共和国境内从事建设工程的新建、改建、扩建等有关活动和实施对建设工程的质量监督管理，都需要进行竣工验收备案。

一般由市、区（县）两级住房和城乡建设委员会委托市、区（县）两级质量监督机构，按现行的工程质量监督范围具体负责房屋建筑工程和市政基础设施工程的竣工验收备案管理工作。

建设工程质量监督站负责的工程竣工验收后，由建设单位到住房和城乡建设委员会竣工验收备案管理部门办理竣工验收备案。

（二）建筑工程竣工验收备案文件

建设单位办理工程竣工验收备案应当提交下列文件：

（1）工程竣工验收备案表；

（2）工程竣工验收报告；

（3）法律、法规规定应当由规划、消防、环保、卫生等部门出具的认可文件或准许使用文件；

（4）房屋建筑工程质量保修书，商品住宅工程还应同时提供由该房地产开发企业签署的住宅质量保证书和住宅使用说明书；

（5）有关法规、规章规定必须提供的其他文件。

（三）建筑工程竣工验收备案程序

1. 备案流程图

建筑工程竣工验收备案流程图如图 7-1 所示。

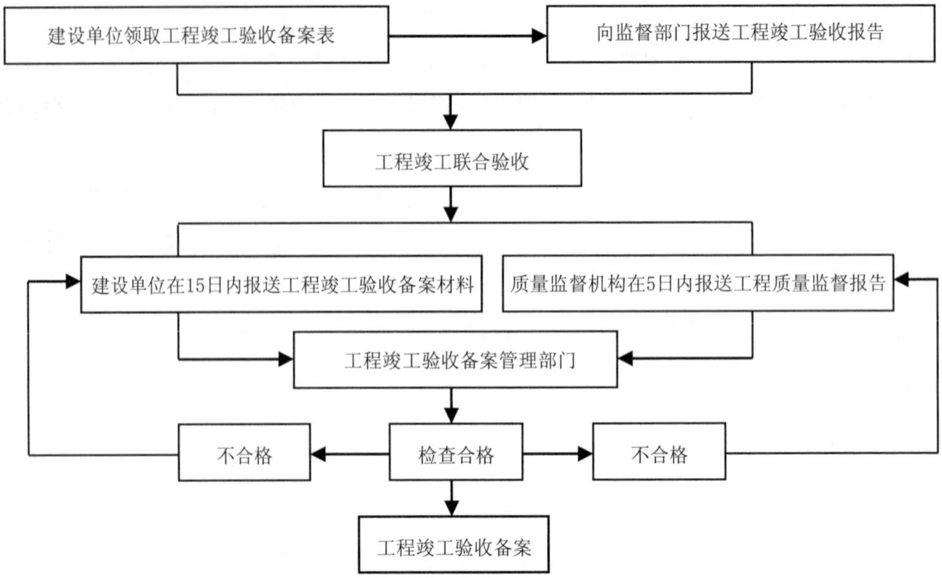

图 7-1　备案流程图

2. 备案程序

（1）在单位工程竣工验收 5 日前，建设单位到承接该工程的监督工作的监督站的工程竣工验收备案管理部门领取工程竣工验收备案表。同时，建设单位将工程竣工验收的时间、地点、验收组名单和各项验收报告报送负责监督该项工程的质量监督机构。该机构准备对该工程竣工验收进行监督。

（2）在自工程竣工验收合格之日起 15 个工作日内，建设单位将工程竣工验收备案表（一式两份）等工程竣工验收备案文件报送工程竣工验收备案管理部门。备案管理部门工作人员初审符合要求后，在表中的备案意见栏加盖“备案文件收讫”章。

（3）在工程竣工验收合格后 5 个工作日内，质量监督机构向工程竣工验收备案管理部门报送工程质量监督报告。

（4）备案管理部门负责人审阅工程竣工验收备案表等工程备案文件，检查合格后，在表中的备案管理部门处理意见栏填写“准予该工程竣工验收备案”的意见，加盖“工程竣工验收备案专用章”。监督管理费结算完毕后，备案管理部门将一份备案表发还给建设单位，将另一份备案表等备案文件和工程质量监督报告留档。

（5）建设单位报送的工程竣工验收备案表等工程竣工验收备案文件如不符合要求，备案管理部门工作人员应填写备案审查记录表，提出备案文件存在的问题，双方签字后交建设单位修改。

（6）建设单位根据规定对存在的问题进行整改和完善，符合要求后重新报送备案管理部门备案。

（7）备案管理部门通过工程质量监督报告或其他途径发现竣工工程存在违反《建设工程质量管理条例》的行为的，应当在收讫工程竣工验收文件 15 个工作日内责令建设单位停止使用违规工程，并重新组织工程竣工验收。建设单位在重新组织工程竣工验收前不得将违规工程自行投入使用，违者按有关规定处理。

（8）建设单位若采用虚假证明文件办理工程竣工验收备案，则工程竣工验收无效。相关部门将责令其停止使用违规工程，重新组织工程竣工验收，并按有关规定对其进行处理。

（9）建设单位在自工程竣工验收合格之日起15日内未办理工程竣工验收备案的，责令其限期改正，并按有关规定对其进行处理。

（四）建筑工程竣工验收备案文件的要求

1. 工程竣工验收备案表填写说明

1）封面

（1）编号：由工程竣工验收备案管理部门统一编写。

（2）工程名称：填写全称。与建设工程规划许可证、建筑工程施工许可证、工程质量监督注册登记表中的名称一致。

（3）建设单位：与建设工程规划许可证、建筑工程施工许可证、工程质量监督注册登记表中的名称相符。

2）第1页

（1）工程名称：同封面上的工程名称。

（2）工程地址：填写详细地址，写明区（县）、街道、门牌号码。

（3）工程规模：建筑工程填写竣工建筑面积，市政、公用等工程填写工程实际造价。若竣工时偏差面积超出规划允许的值，要补办规划手续，并附上补办规划手续的相关文件。

（4）工程类别：公共、民用等。

（5）结构类型：混合、框架、剪力墙、钢结构等。

（6）规划许可证号：按建设工程规划许可证填写。

（7）施工许可证号：按建筑工程施工许可证填写。

（8）监督注册号：按工程质量监督注册登记表填写。

（9）单位名称和负责人：建设单位、勘察单位、设计单位、施工单位、监理单位的名称均用法人单位名称，负责人即法人代表的姓名。质量监督机构填写监督室、站名称；负责人填写监督室、站负责人的姓名。

（10）备案理由：按实际情况填写后，在建设单位处加盖法人单位公章，在负责人处由法人代表签字。

（11）报送时间：填写工程竣工验收备案表等工程竣工验收备案文件初步验收符合要求的日期。

3）第2页

表内的工程竣工验收意见，即勘察单位意见、设计单位意见、施工单位意见、监理单位意见、建设单位意见均要有结论性评语,具体可参考如下内容。

(1)勘察单位意见:×× 工程地基为我院勘察,勘察报告编号为 ××,经验槽底土质为 ×× 土,与勘察报告相符,基底局部处理意见见洽商 ×× 号,同意竣工验收。

(2)设计单位意见:×× 工程为我院设计,现已施工完毕,经检查施工符合设计图纸和工程洽商要求,同意竣工验收。

(3)施工单位意见:×× 工程已按设计图纸、变更洽商和施工合同完成,符合国家施工验收规范、标准,工程质量等级自评为合格,同意竣工验收。

(4)监理单位意见:×× 工程为我公司监理,该工程施工符合设计图纸、变更洽商和国家施工验收规范、标准,工程质量等级为合格,同意竣工验收。

(5)建设单位意见:×× 工程经我单位组织勘察、设计、施工、监理等单位共同检查,满足设计要求,符合国家施工验收规范、标准,工程质量等级为合格,同意竣工验收。

在以上各栏中签字的可以是单位负责人,也可以是项目负责人,签字后须加盖公章。

4)第 3 页

(1)竣工验收备案文件清单:由建设单位提供。

(2)份数:由建设单位填写。

(3)验证情况:由备案室备案经办人填写,符合要求的加盖"符合要求"章。

(4)备注:由备案室备案经办人填写。

(5)备案意见:由备案室备案经办人填写备案文件收讫的日期,并加盖"备案文件收讫"章。

(6)备案管理部门负责人:由备案室主任签字。

(7)经办人:由备案室备案经办人签字。

(8)日期:备案管理部门负责人签字的时间,备案以此日期为准。

(9)公章:加盖备案管理部门"工程竣工验收备案专用章"。

5)第 4 页

备案管理部门处理意见:由备案室主任签署"同意备案"的意见后,填写日期,加盖"工程竣工验收备案专用章"。

6)总体填写要求

(1)工程竣工验收备案表一律用钢笔、签字笔填写。

(2)字迹清楚、工整。

(3)所有签字处一律由本人手写签字,不得代签。

(4)所填内容必须真实、准确,不得随意涂改。

2. 其他工程竣工验收备案文件及其说明

1)规划许可证及其他规划批复文件

规划许可证即由规划管理局颁发的建设工程规划许可证。

2)施工图和设计文件审查意见

3)工程质量监督手续

工程质量监督手续即由工程质量监督总站或区(县)监督站、专业监督站办理的工程质量监督注册登记表。

4)工程施工许可证或开工报告

工程施工许可证即由建设委员会颁发的建筑工程施工许可证(2000年12月31日以前为建设工程开工证)。

按照国务院规定的权限和程序批准开工的为开工报告。

5)消防部门出具的认可(批准使用)文件

该文件为由消防局对工程的消防工程验收合格后签发的建筑工程消防验收意见书或批复报告。

6)环保部门出具的认可(准许使用)文件

该文件为环保局依据《建设项目环境保护管理条例》为工厂、车间、住宅小区、商店、宾馆、饭店等出具的环境影响报告书或批复报告。

7)卫生部门出具的认可(准许使用)文件

在公共或民用建筑工程中,涉及生活饮用水的项目要有卫生防疫站出具的水质检验报告。

8)质量合格文件

(1)勘察部门对地基及其处理的验收文件。

隐蔽工程检查记录中的地基验槽记录要有齐全的建设、勘察、设计、监理、施工单位的签字,未了事项应有明确的结论。

(2)单位工程验收记录(须提供原件)。

该文件为由建设单位组织勘察、设计、监理、施工单位在工程竣工验收合格后签署的单位工程验收记录,各方签字要齐全,并加盖单位公章。

(3)单位工程质量评定文件。

依据《建筑工程施工质量验收统一标准》(GB 50300—2013),施工单位自评记录包括单位(子单位)工程安全和功能检验资料核查及主要功能抽查记录、单位(子单位)工程观感质量检查记录、室内环境检测报告。

(4)监理部门签署的竣工移交证书。

依据工程建设监理规程,由建设、监理单位共同办理竣工移交手续,竣工移交证书由总监理工程师和建设单位代表签字,并加盖双方公章。

9)地基基础、结构工程验收记录和检测报告

验收记录主要包括基础结构工程验收记录、主体结构工程验收记录。建设、设计、监理、施工单位四方签字要齐全,并加盖单位公章。

按照国家规范的要求,进行检测的应提交检测报告。如:复合地基要有复合地基检

测报告;工程因质量问题而实施检测,备案时要有检测报告。

10)工程竣工验收报告

(1)设计单位提供的工程质量检查报告;

(2)勘察单位提供的工程质量检查报告;

(3)监理单位提供的工程质量检查报告;

(4)施工单位提供的工程竣工报告;

(5)建设单位提供的单位工程竣工验收报告。

以上报告要经项目负责人签字,并加盖公章。

11)工程质量保修书

按照《建设工程质量管理条例》的规定,建设单位和施工单位应共同签署房屋建筑工程质量保修书,其内容包括以下方面。

(1)质量保修范围:地基基础工程,主体结构工程;屋面防水工程,有防水要求的卫生间、房间和外墙面的防渗漏;供热与供冷系统;电气管线,给排水管道,设备安装和装修工程;双方约定的其他项目。

(2)质量保修期:双方根据《建设工程质量管理条例》的规定约定工程的质量保修期。

(3)质量保修责任。

(4)质量保修费用。

(5)其他:由双方约定的一些具体事宜。

12)住宅质量保证书

住宅质量保证书由建设单位编写,其内容包括以下方面。

(1)工程质量监督部门检核的质量等级。

(2)在正常使用条件下,建设工程的最短保修期限:

①基础设施工程、房屋建筑的地基基础工程和主体结构工程为设计文件规定的该工程的合理使用年限;

②屋面防水工程,有防水要求的卫生间、房间和外墙面的防渗漏为5年;

③电气管线、给排水管道、设备安装和装修工程为2年;

④墙面、顶棚抹灰层脱落为1年;

⑤地面空鼓开裂、大面积起砂为1年;

⑥门窗翘裂、五金件损坏为1年;

⑦管道堵塞为2个月;

⑧供热与供冷系统、设备为2个采暖期、供冷期;

⑨卫生洁具为1年;

⑩灯具、电器开关为6个月;

⑪ 其他部位的保修期限由房地产开发企业与用户自行约定。

13)住宅使用说明书

住宅使用说明书由建设单位编写,应当对住宅的结构、性能和各部位(部件)的类型、性能、标准等作出说明,并明确使用时的注意事项。一般应当包括以下内容:

(1)开发单位、设计单位、施工单位,委托监理的应注明监理单位;

(2)结构类型;

(3)装修、装饰注意事项;

(4)上水、下水、电、燃气、热力、通信、消防等设施配置的说明;

(5)有关设备、设施安装预留位置的说明和安装注意事项;

(6)门、窗类型,使用时的注意事项;

(7)配电负荷;

(8)承重墙、保温墙、防水层、阳台等部位注意事项的说明;

(9)其他需说明的问题;

(10)住宅中的设备、设施,生产厂家另有使用说明书的,应将其附于住宅使用说明书中。

14)其他文件

凡属需要说明、报告的事项,但不能归到前13类资料中的,可归纳在其他文件中。

3. 备案文件要求

(1)所有备案文件应由建设单位收集、整理,符合要求后由建设单位报送备案。

(2)备案文件要真实、有效,不得提供虚假证明文件。

(3)备案文件应为原件,如为复印件应注明原件存放单位、复印日期,由复印人签名,并加盖建设单位公章。复印件应清晰、整洁,无黑斑、歪斜等缺陷。

(4)文件规格为A4(210 mm×297 mm),左部预留30 mm,上部预留25 mm。

模块八　建筑工程资料管理软件及其应用

项目1　常用建筑工程资料管理软件简介

筑业档案管理软件是北京筑业新技术有限责任公司和重庆渝中区城建档案服务部联合开发的一套建筑行业施工现场资料管理软件，其依据重庆市城市建设档案馆、重庆市建设工程质量监督总站编制的重庆市《建设工程技术用表》表式及填写说明和建筑工程施工质量验收规范用表及填表说明开发，建筑工程施工质量验收规范的全部配套表格涵盖了施工现场所需的所有资料。该软件工程资料管理系统的主要功能见表8-1。

表8-1　筑业档案管理软件工程资料管理系统的主要功能模块

序号	模块	功能
1	自动填表	自动导入工程常用信息；直接修改工程常用信息的内容
2	自动计算	所有包含计算的表格，用户只需填写基础数据，软件即可自动计算
3	自动编号	自动填写表格编号；对已编号的表格，可以重新编号
4	排序	上下移动，用来调整用户建立的表格的顺序；左右移动、拖拽移动，可以改变表格的从属关系
5	导入、导出	方便地导入、导出文本和E-mail文件
6	企业标准设置	用户可以修改检验批资料国家标准数据，形成企业标准
7	智能评定	软件根据国家标准或企业标准自动评定检验批质量验收表格中检测值的等级，自动添加“O”和“△”，标记不合格点
8	表格套打	套打表格
9	工程表格自定义打印	表格填写完成后，可以批量打印工程表格，也可以按照不同的要求设置打印条件，进行分批打印
10	电子组卷	工程竣工后，软件可对工程数据进行分类组卷
11	自动保存	用户只需把数据填写完成，软件会自动保存所填的内容
12	画图	软件自带画图工具，也可以直接调用CAD绘图
13	附件管理	可以对工程中的所有附件进行统一管理
14	用户管理	有权限的用户才能访问系统
15	自动生成分部、分项表	根据检验批表格自动生成分部、分项表
16	替换	工程通用信息统一替换
17	导入模板	用户可以增加Excel、Word文件作为系统模板表格

项目2　建筑工程资料管理软件的应用

一、计算机在工程内业资料管理中的作用

工程内业资料的编制是建筑工程资料管理的重要内容。围绕这一内容,利用计算机进行搜集、整理、计算、测算、项目划分、项目评定直至打印输出,是最基础的应用;利用专业软件根据施工图纸进行工程内业资料的编制和材料的整理归档,是目前计算机在工程内业资料管理中最直接的应用。工程内业资料专业应用软件可以为工程内业资料管理项目划分、工程试验数据采集提供方便,用户可通过施工组织管理系统了解工程进度,根据已完成的工程量对基本建设投资计划进行动态调整,在不影响工程进度的条件下调整施工管理模式,有效减少建设工程质量安全事故的发生等。通过计算机,施工单位可以积累大量的工程内业信息,形成经验数据库,而以往用手工方式进行如此大规模的统计、保存和管理几乎是不可能的。施工单位还可以借助计算机进行合同管理、质量安全管理、成本核算、材料和设备采购供应计划的编制、大量的单位内部管理工作,监理单位和施工单位可以通过计算机快速查阅工程数据,在工程建设市场中赢得主动权。因此,计算机在工程内业资料管理中起着举足轻重的作用。

二、工程内业资料管理软件的主要特点和功能

目前,软件企业开发的工程内业资料管理软件普遍提供的是比较简单的表格服务,且部分数据需在施工现场人为实测评定后输入计算机进行管理,表格打印生成后由各单位手写签字。这相比于传统的手工实测实签形成工程内业资料的过程,工作量增加了不少。但是由于工程内业资料表格用计算机打印输出比较整洁、美观,且工程内业资料管理软件具有数据有错可改、表格调取方便的特点,故得到了迅速的发展。

目前大部分软件企业提供的工程内业资料管理软件主要提供如下功能。

1. 智能评定

软件能自动根据国家标准或企业标准对检验批进行等级评定,对不合格点自动标记“△”或“○”。

2. 自动计算

所有包含计算的表格,软件能根据基础数据自动进行计算。

3. 验收数据逐级生成

检验批资料数据能自动生成分项工程评定表数据、分部工程评定表数据。

4. 填表示例

提供规范的填表示例,资料管理无师自通。用户可编辑示例资料形成新资料,大大提高资料填写效率。

5. 图形编辑器

用内嵌的图形编辑器可以灵活、方便地绘制建设行业常用的图形,直接嵌入表格。

6. 施工日志

略。

7. 电子档案

能为技术资料管理从纸质载体向光盘载体过渡提供优秀的解决方案。

模块九　建筑工程资料管理规范

项目1　相关法律与法规

一、《中华人民共和国建筑法》(节选)

第一章　总则

第一条　为了加强对建筑活动的监督管理,维护建筑市场秩序,保证建筑工程的质量和安全,促建筑业健康发展,制定本法。

第二条　在中华人民共和国境内从事建筑活动,实施对建筑活动的监督管理,应当遵守本法。

第二章　建筑许可

第七条　建筑工程开工前,建设单位应当按照国家有关规定向工程所在地县级以上人民政府建设行政主管部门申请领取施工许可证;但是,国务院建设行政主管部门确定的限额以下的小型工程除外。

按照国务院规定的权限和程序批准开工报告的建筑工程,不再领取施工许可证。

第八条　申请领取施工许可证,应当具备下列条件:

(一)已经办理该建筑工程用地批准手续;

(二)依法应当办理建设工程规划许可证的,已经取得建设工程规划许可证;

(三)需要拆迁的,其拆迁进度符合施工要求;

(四)已经确定建筑施工企业;

(五)有满足施工需要的资金安排、施工图纸及技术资料;

(六)有保证工程质量和安全的具体措施。

建设行政主管部门应当自收到申请之日起七日内,对符合条件的申请颁发施工许可证。

第九条　建设单位应当自领取施工许可证之日起三个月内开工。因故不能按期开工的,应当向发证机关申请延期;延期以两次为限,每次不超过三个月。既不开工又不申请延期或者超过延期时限的,施工许可证自行废止。

第十条　在建的建筑工程因故中止施工的,建设单位应当自中止施工之日起一个月内,向发证机关报告,并按照规定做好建筑工程的维护管理工作。

建筑工程恢复施工时，应当向发证机关报告；中止施工满一年的工程恢复施工前，建设单位应当报发证机关核验施工许可证。

第十一条　按照国务院有关规定批准开工报告的建筑工程，因故不能按期开工或者中止施工的，应当及时向批准机关报告情况。因故不能按期开工超过六个月的，应当重新办理开工报告的批准手续。

第三章　建筑工程发包与承包

第十五条　建筑工程的发包单位与承包单位应当依法订立书面合同，明确双方的权利和义务。

第二十九条　建筑工程总承包单位可以将承包工程中的部分工程发包给具有相应资质条件的分包单位；但是，除总承包合同中约定的分包外，必须经建设单位认可。施工总承包的，建筑工程主体结构的施工必须由总承包单位自行完成。

建筑工程总承包单位按照总承包合同的约定对建设单位负责；分包单位按照分包合同的约定对总承包单位负责。总承包单位和分包单位就分包工程对建设单位承担连带责任。

禁止总承包单位将工程分包给不具备相应资质条件的单位。禁止分包单位将其承包的工程再分包。

第四章　建筑工程监理

第三十一条　实行监理的建筑工程，由建设单位委托具有相应资质条件的工程监理单位监理。建设单位与其委托的工程监理单位应当订立书面委托监理合同。

第三十二条　建筑工程监理应当依照法律、行政法规及有关的技术标准、设计文件和建筑工程承包合同，对承包单位在施工质量、建设工期和建设资金使用等方面，代表建设单位实施监督。

工程监理人员认为工程施工不符合工程设计要求、施工技术标准和合同约定的，有权要求建筑施工企业改正。

工程监理人员发现工程设计不符合建筑工程质量标准或者合同约定的质量要求的，应当报告建设单位要求设计单位改正。

第三十三条　实施建筑工程监理前，建设单位应当将委托的工程监理单位、监理的内容及监理权限，书面通知被监理的建筑施工企业。

第五章　建筑安全生产管理

第三十八条　建筑施工企业在编制施工组织设计时，应当根据建筑工程的特点制定相应的安全技术措施；对专业性较强的工程项目，应当编制专项安全施工组织设计，并采取安全技术措施。

第四十二条　有下列情形之一的，建设单位应当按照国家有关规定办理申请批准手续：

（一）需要临时占用规划批准范围以外场地的；

（二）可能损坏道路、管线、电力、邮电通信等公共设施的；

（三）需要临时停水、停电、中断道路交通的；

（四）需要进行爆破作业的；

（五）法律、法规规定需要办理报批手续的其他情形。

第四十五条　施工现场安全由建筑施工企业负责。实行施工总承包的，由总承包单位负责。分包单位向总承包单位负责，服从总承包单位对施工现场的安全生产管理。

第四十六条　建筑施工企业应当建立健全劳动安全生产教育培训制度，加强对职工安全生产的教育培训；未经安全生产教育培训的人员，不得上岗作业。

第五十一条　施工中发生事故时，建筑施工企业应当采取紧急措施减少人员伤亡和事故损失，并按照国家有关规定及时向有关部门报告。

第六章　建筑工程质量管理

第五十八条　建筑施工企业对工程的施工质量负责。

建筑施工企业必须按照工程设计图纸和施工技术标准施工，不得偷工减料。工程设计的修改由原设计单位负责，建筑施工企业不得擅自修改工程设计。

第五十九条　建筑施工企业必须按照工程设计要求、施工技术标准和合同的约定，对建筑材料、建筑构配件和设备进行检验，不合格的不得使用。

第六十一条　交付竣工验收的建筑工程，必须符合规定的建筑工程质量标准，有完整的工程技术经济资料和经签署的工程保修书，并具备国家规定的其他竣工条件。

建筑工程竣工经验收合格后，方可交付使用；未经验收或者验收不合格的，不得交付使用。

二、《中华人民共和国安全生产法》（节选）

第一章　总则

第一条　为了加强安全生产工作，防止和减少生产安全事故，保障人民群众生命和财产安全，促进经济社会持续健康发展，制定本法。

第二条　在中华人民共和国领域内从事生产经营活动的单位（以下统称生产经营单位）的安全生产，适用本法；有关法律、行政法规对消防安全和道路交通安全、铁路交通安全、水上交通安全、民用航空安全以及核与辐射安全、特种设备安全另有规定的，适用其规定。

第二章　生产经营单位的安全生产保障

第十八条　生产经营单位的主要负责人对本单位安全生产工作负有下列职责：

（一）建立、健全本单位安全生产责任制；

（二）组织制定本单位安全生产规章制度和操作规程；

（三）组织制定并实施本单位安全生产教育和培训计划；

（四）保证本单位安全生产投入的有效实施；

（五）督促、检查本单位的安全生产工作，及时消除生产安全事故隐患；

（六）组织制定并实施本单位的生产安全事故应急救援预案；

（七）及时、如实报告生产安全事故。

第二十五条　生产经营单位应当对从业人员进行安全生产教育和培训，保证从业人员具备必要的安全生产知识，熟悉有关的安全生产规章制度和安全操作规程，掌握本岗位的安全操作技能，了解事故应急处理措施，知悉自身在安全生产方面的权利和义务。未经安全生产教育和培训合格的从业人员，不得上岗作业。

第二十六条　生产经营单位采用新工艺、新技术、新材料或者使用新设备，必须了解、掌握其安全技术特性，采取有效的安全防护措施，并对从业人员进行专门的安全生产教育和培训。

第二十七条　生产经营单位的特种作业人员必须按照国家有关规定经专门的安全作业培训，取得相应资格，方可上岗作业。

特种作业人员的范围由国务院安全生产监督管理部门会同国务院有关部门确定。

第三十条　建设项目安全设施的设计人、设计单位应当对安全设施设计负责。

第三十一条　矿山、金属冶炼建设项目和用于生产、储存、装卸危险物品的建设项目的施工单位必须按照批准的安全设施设计施工，并对安全设施的工程质量负责。

矿山、金属冶炼建设项目和用于生产、储存危险物品的建设项目竣工投入生产或者使用前，应当由建设单位负责组织对安全设施进行验收；验收合格后，方可投入生产和使用。安全生产监督管理部门应当加强对建设单位验收活动和验收结果的监督核查。

第三十二条　生产经营单位应当在有较大危险因素的生产经营场所和有关设施、设备上，设置明显的安全警示标志。

第三十三条　安全设备的设计、制造、安装、使用、检测、维修、改造和报废，应当符合国家标准或者行业标准。

生产经营单位必须对安全设备进行经常性维护、保养，并定期检测，保证正常运转。维护、保养、检测应当做好记录，并由有关人员签字。

第三十四条　生产经营单位使用的危险物品的容器、运输工具，以及涉及人身安全、危险性较大的海洋石油开采特种设备和矿山井下特种设备，必须按照国家有关规定，由专业生产单位生产，并经具有专业资质的检测、检验机构检测、检验合格，取得安全使用证或者安全标志，方可投入使用。检测、检验机构对检测、检验结果负责。

第三十五条　国家对严重危及生产安全的工艺、设备实行淘汰制度，具体目录由国务院安全生产监督管理部门会同国务院有关部门制定并公布。法律、行政法规对目录的制定另有规定的，适用其规定。

省、自治区、直辖市人民政府可以根据本地区实际情况制定并公布具体目录，对前款规定以外的危及生产安全的工艺、设备予以淘汰。

生产经营单位不得使用应当淘汰的危及生产安全的工艺、设备。

第三十六条　生产、经营、运输、储存、使用危险物品或者处置废弃危险物品的，由有关主管部门依照有关法律、法规的规定和国家标准或者行业标准审批并实施监督管理。

生产经营单位生产、经营、运输、储存、使用危险物品或者处置废弃危险物品，必须执行有关法律、法规和国家标准或者行业标准，建立专门的安全管理制度，采取可靠的安全措施，接受有关主管部门依法实施的监督管理。

第三十七条　生产经营单位对重大危险源应当登记建档，进行定期检测、评估、监控，并制定应急预案，告知从业人员和相关人员在紧急情况下应当采取的应急措施。

生产经营单位应当按照国家有关规定将本单位重大危险源及有关安全措施、应急措施报有关地方人民政府安全生产监督管理部门和有关部门备案。

第四十一条　生产经营单位应当教育和督促从业人员严格执行本单位的安全生产规章制度和安全操作规程；并向从业人员如实告知作业场所和工作岗位存在的危险因素、防范措施以及事故应急措施。

第四十二条　生产经营单位必须为从业人员提供符合国家标准或者行业标准的劳动防护用品，并监督、教育从业人员按照使用规则佩戴、使用。

第四十三条　生产经营单位的安全生产管理人员应当根据本单位的生产经营特点，对安全生产状况进行经常性检查；对检查中发现的安全问题，应当立即处理；不能处理的，应当及时报告本单位有关负责人，有关负责人应当及时处理。检查及处理情况应当如实记录在案。

第四十五条　两个以上生产经营单位在同一作业区域内进行生产经营活动，可能危及对方生产安全的，应当签订安全生产管理协议，明确各自的安全生产管理职责和应当采取的安全措施，并指定专职安全生产管理人员进行安全检查与协调。

第四十六条　生产经营单位不得将生产经营项目、场所、设备发包或者出租给不具备安全生产条件或者相应资质的单位或者个人。

生产经营项目、场所发包或者出租给其他单位的，生产经营单位应当与承包单位、承租单位签订专门的安全生产管理协议，或者在承包合同、租赁合同中约定各自的安全生产管理职责；生产经营单位对承包单位、承租单位的安全生产工作统一协调、管理，定期进行安全检查，发现安全问题的，应当及时督促整改。

第三章　从业人员的安全生产权利义务

第四十九条　生产经营单位与从业人员订立的劳动合同，应当载明有关保障从业人员劳动安全、防止职业危害的事项，以及依法为从业人员办理工伤保险的事项。

生产经营单位不得以任何形式与从业人员订立协议，免除或者减轻其对从业人员因生产安全事故伤亡依法应承担的责任。

第五十四条　从业人员在作业过程中，应当严格遵守本单位的安全生产规章制度和操作规程，服从管理，正确佩戴和使用劳动防护用品。

第五十五条　从业人员应当接受安全生产教育和培训，掌握本职工作所需的安全生产知识,提高安全生产技能,增强事故预防和应急处理能力。

第四章　安全生产的监督管理

第六十五条　安全生产监督检查人员应当将检查的时间、地点、内容、发现的问题及其处理情况,作出书面记录,并由检查人员和被检查单位的负责人签字;被检查单位的负责人拒绝签字的,检查人员应当将情况记录在案,并向负有安全生产监督管理职责的部门报告。

第六十六条　负有安全生产监督管理职责的部门在监督检查中,应当互相配合,实行联合检查;确需分别进行检查的,应当互通情况,发现存在的安全问题应当由其他有关部门进行处理的,应当及时移送其他有关部门并形成记录备查,接受移送的部门应当及时进行处理。

第五章　生产安全事故的应急救援与调查处理

第八十条　生产经营单位发生生产安全事故后,事故现场有关人员应当立即报告本单位负责人。

单位负责人接到事故报告后,应当迅速采取有效措施,组织抢救,防止事故扩大,减少人员伤亡和财产损失,并按照国家有关规定立即如实报告当地负有安全生产监督管理职责的部门,不得隐瞒不报、谎报或者迟报,不得故意破坏事故现场、毁灭有关证据。

第八十三条　事故调查处理应当按照科学严谨、依法依规、实事求是、注重实效的原则,及时、准确地查清事故原因,查明事故性质和责任,总结事故教训,提出整改措施,并对事故责任者提出处理意见。事故调查报告应当依法及时向社会公布。事故调查和处理的具体办法由国务院制定。

第六章　法律责任

第九十四条　生产经营单位有下列行为之一的,责令限期改正,可以处五万元以下的罚款;逾期未改正的,责令停产停业整顿,并处五万元以上十万元以下的罚款,对其直接负责的主管人员和其他直接责任人员处一万元以上二万元以下的罚款。

(一)未按照规定设置安全生产管理机构或者配备安全生产管理人员的;

(二)危险物品的生产、经营、储存单位以及矿山、金属冶炼、建筑施工、道路运输单位的主要负责人和安全生产管理人员未按照规定经考核合格的;

(三)未按照规定对从业人员、被派遣劳动者、实习学生进行安全生产教育和培训,或者未按照规定如实告知有关的安全生产事项的;

(四)未如实记录安全生产教育和培训情况的;

(五)未将事故隐患排查治理情况如实记录或者未向从业人员通报的;

(六)未按照规定制定生产安全事故应急救援预案或者未定期组织演练的;

(七)特种作业人员未按照规定经专门的安全作业培训并取得相应资格,上岗作业的。

第九十五条　生产经营单位有下列行为之一的,责令停止建设或者停产停业整顿,限期改正;逾期未改正的,处五十万元以上一百万元以下的罚款,对其直接负责的主管人员和其他直接责任人员处二万元以上五万元以下的罚款;构成犯罪的,依照刑法有关规定追究刑事责任:

(一)未按照规定对矿山、金属冶炼建设项目或者用于生产、储存、装卸危险物品的建设项目进行安全评价的;

(二)矿山、金属冶炼建设项目或者用于生产、储存、装卸危险物品的建设项目没有安全设施设计或者安全设施设计未按照规定报经有关部门审查同意的;

(三)矿山、金属冶炼建设项目或者用于生产、储存、装卸危险物品的建设项目的施工单位未按照批准的安全设施设计施工的;

(四)矿山、金属冶炼建设项目或者用于生产、储存危险物品的建设项目竣工投入生产或者使用前,安全设施未经验收合格的。

第九十六条　生产经营单位有下列行为之一的,责令限期改正,可以处五万元以下的罚款;逾期未改正的,处五万元以上二十万元以下的罚款,对其直接负责的主管人员和其他直接责任人员处一万元以上二万元以下的罚款;情节严重的,责令停产停业整顿;构成犯罪的,依照刑法有关规定追究刑事责任:

(一)未在有较大危险因素的生产经营场所和有关设施、设备上设置明显的安全警示标志的;

(二)安全设备的安装、使用、检测、改造和报废不符合国家标准或者行业标准的;

(三)未对安全设备进行经常性维护、保养和定期检测的;

(四)未为从业人员提供符合国家标准或者行业标准的劳动防护用品的;

(五)危险物品的容器、运输工具,以及涉及人身安全、危险性较大的海洋石油开采特种设备和矿山井下特种设备未经具有专业资质的机构检测、检验合格,取得安全使用证或者安全标志,投入使用的;

(六)使用应当淘汰的危及生产安全的工艺、设备的。

第一百条　生产经营单位将生产经营项目、场所、设备发包或者出租给不具备安全生产条件或者相应资质的单位或者个人的,责令限期改正,没收违法所得;违法所得十万元以上的,并处违法所得二倍以上五倍以下的罚款;没有违法所得或者违法所得不足十万元的,单处或者并处十万元以上二十万元以下的罚款;对其直接负责的主管人员和其他直接责任人员处一万元以上二万元以下的罚款;导致发生生产安全事故给他人造成损害的,与承包方、承租方承担连带赔偿责任。

生产经营单位未与承包单位、承租单位签订专门的安全生产管理协议或者未在承包合同、租赁合同中明确各自的安全生产管理职责,或者未对承包单位、承租单位的安全生产统一协调、管理的,责令限期改正,可以处五万元以下的罚款,对其直接负责的主管人员和其他直接责任人员可以处一万元以下的罚款;逾期未改正的,责令停产停业整顿。

第一百零一条　两个以上生产经营单位在同一作业区域内进行可能危及对方安全

生产的生产经营活动,未签订安全生产管理协议或者未指定专职安全生产管理人员进行安全检查与协调的,责令限期改正,可以处五万元以下的罚款,对其直接负责的主管人员和其他直接责任人员可以处一万元以下的罚款;逾期未改正的,责令停产停业。

第七章　附则

第一百一十二条　本法下列用语的含义:

危险物品,是指易燃易爆物品、危险化学品、放射性物品等能够危及人身安全和财产安全的物品;

重大危险源,是指长期地或者临时地生产、搬运、使用或者储存危险物品,且危险物品的数量等于或者超过临界量的单元(包括场所和设施)。

三、《建设工程质量管理条例》(节选)

第一章　总则

第一条　为了加强对建设工程质量的管理,保证建设工程质量,保护人民生命和财产安全,根据《中华人民共和国建筑法》,制定本条例。

第二条　凡在中华人民共和国境内从事建设工程的新建、扩建、改建等有关活动及实施对建设工程质量监督管理的,必须遵守本条例。

第二章　建设单位的质量责任和义务

第九条　建设单位必须向有关的勘察、设计、施工、工程监理等单位提供与建设工程有关的原始资料。

原始资料必须真实、准确、齐全。

第十一条 施工图设计文件审查的具体办法,由国务院建设行政主管部门、国务院其他有关部门制定。

施工图设计文件未经审查批准的,不得使用。

第十三条　建设单位在开工前,应当按照国家有关规定办理工程质量监督手续,工程质量监督手续可以与施工许可证或者开工报告合并办理。

第十四条　按照合同约定,由建设单位采购建筑材料、建筑构配件和设备的,建设单位应当保证建筑材料、建筑构配件和设备符合设计文件和合同要求。

建设单位不得明示或者暗示施工单位使用不合格的建筑材料、建筑构配件和设备。

第十五条　涉及建筑主体和承重结构变动的装修工程,建设单位应当在施工前委托原设计单位或者具有相应资质等级的设计单位提出设计方案;没有设计方案的,不得施工。

房屋建筑使用者在装修过程中,不得擅自变动房屋建筑主体和承重结构。

第十六条　建设单位收到建设工程竣工报告后,应当组织设计、施工、工程监理等有关单位进行竣工验收。

建设工程竣工验收应当具备下列条件:

（一）完成建设工程设计和合同约定的各项内容；

（二）有完整的技术档案和施工管理资料；

（三）有工程使用的主要建筑材料、建筑构配件和设备的进场试验报告；

（四）有勘察、设计、施工、工程监理等单位分别签署的质量合格文件；

（五）有施工单位签署的工程保修书。

建设工程经验收合格的，方可交付使用。

第十七条　建设单位应当严格按照国家有关档案管理的规定，及时收集、整理建设项目各环节的文件资料，建立、健全建设项目档案，并在建设工程竣工验收后，及时向建设行政主管部门或者其他有关部门移交建设项目档案。

第三章　勘察、设计单位的质量责任和义务

第十九条　勘察、设计单位必须按照工程建设强制性标准进行勘察、设计，并对其勘察、设计的质量负责。

注册建筑师、注册结构工程师等注册执业人员应当在设计文件上签字，对设计文件负责。

第二十条　勘察单位提供的地质、测量、水文等勘察成果必须真实、准确。

第二十一条　设计单位应当根据勘察成果文件进行建设工程设计。

设计文件应当符合国家规定的设计深度要求，注明工程合理使用年限。

第二十二条　设计单位在设计文件中选用的建筑材料、建筑构配件和设备，应当注明规格、型号、性能等技术指标，其质量要求必须符合国家规定的标准。

除有特殊要求的建筑材料、专用设备、工艺生产线等外，设计单位不得指定生产厂、供应商。

第二十三条　设计单位应当就审查合格的施工图设计文件向施工单位作出详细说明。

第二十四条　设计单位应当参与建设工程质量事故分析，并对因设计造成的质量事故，提出相应的技术处理方案。

第四章　施工单位的质量责任和义务

第二十七条　总承包单位依法将建设工程分发给其他单位的，分包单位应当按照分包合同的约定对其分包工程的质量向总承包单位负责，总承包单位与分包单位对分包工程的质量承担连带责任。

第二十八条　施工单位必须按照工程设计图纸和施工技术标准施工，不得擅自修改工程设计，不得偷工减料。

施工单位在施工过程中发现设计文件和图纸有差错的，应当及时提出意见和建议。

第二十九条　施工单位必须按照工程设计要求、施工技术标准和合同约定，对建筑材料、建筑构配件、设备和商品混凝土进行检验，检验应当有书面记录和专人签字；未经检验或检验不合格的，不得使用。

第三十条　施工单位必须建立、健全施工质量的检验制度，严格工序管理，做好隐蔽工程的质量检查和记录。隐蔽工程在隐蔽前，施工单位应当通知建设单位和建设工程质量监督机构。

第三十一条　施工人员对涉及结构安全的试块、试件以及有关材料，应当在建设单位或者工程监理单位监督下现场取样，并送具有相应资质等级的质量检测单位进行检测。

第三十二条　施工单位对施工中出现质量问题的建设工程或者竣工验收不合格的建设工程，应当负责返修。

第三十三条　施工单位应当建立、健全教育培训制度，加强对职工的教育培训；未经教育培训或者考核不合格的人员，不得上岗作业。

第五章　工程监理单位的质量责任和义务

第三十七条　工程监理单位应当选派具备相应资格的总监理工程师和监理工程师进驻施工现场。

未经监理工程师签字，建筑材料、建筑构配件和设备不得在工程上使用或者安装，施工单位不得进行下一道工序的施工。未经总监理工程师签字，建设单位不拨付工程款，不进行竣工验收。

第三十八条　监理工程师应当按照工程监理规范的要求，采取旁站、巡视和平行检验等形式，对建设工程实施监理。

第六章　建设工程质量保修

第三十九条　建设工程实行质量保修制度。

建设工程承包单位在向建设单位提交工程竣工验收报告时，应当向建设单位出具质量保修书。质量保修书中应当明确建设工程的保修范围、保修期限和保修责任等。

第七章　监督管理

第四十九条　建设单位应当自建设工程竣工验收合格之日起15日内，将建设工程竣工验收报告和规划、公安消防、环保等部门出具的认可文件或者准许使用文件报建设行政主管部门或者其他有关部门备案。

建设行政主管部门或者其他部门发现建设单位在竣工验收过程中有违反国家有关建设工程质量管理规定行为的，责令停止使用，重新组织竣工验收。

第五十条　有关单位和个人对县级以上人民政府建设行政主管部门和其他有关部门进行的监督检查应当支持与配合，不得拒绝或者阻碍建设工程质量监督检查人员依法执行职务。

第五十二条　建设工程发生质量事故，有关单位应当在24小时内向当地建设行政主管部门和其他有关部门报告。对重大质量事故，事故发生地的建设行政主管部门和其他有关部门应当按照事故类别和等级向当地人民政府和上级建设行政主管部门和其他有关部门报告。

特别重大质量事故的调查程序按照国务院有关规定办理。

第八章　罚则

第五十六条　违反本条例规定，建设单位有下列行为之一的，责令改正，处20万元以上50万元以下的罚款：

（一）迫使承包方以低于成本的价格竞标的；

（二）任意压缩合理工期的；

（三）明示或暗示设计单位或者施工单位违反工程建设强制性标准，降低工程质量的；

（四）施工图设计文件未经审查或者审查不合格，擅自施工的；

（五）建设项目必须实行工程监理而未实行工程监理的；

（六）未按照国家规定办理工程质量监督手续的；

（七）明示或者暗示施工单位使用不合格的建筑材料、建筑构配件和设备的；

（八）未按照国家规定将竣工验收报告、有关认可文件或者准许使用文件报送备案的。

第五十九条　违反本条例规定，建设工程竣工验收后，建设单位未向建设行政主管部门或者其他有关部门移交建设项目档案的，责令改正，处1万元以上10万元以下的罚款。

第六十七条　工程监理单位有下列行为之一的，责令改正，处50万元以上100万元以下的罚款，降低资质等级或者吊销资质证书；有违法所得的，予以没收，造成损失的，承担连带赔偿责任：

（一）与建设单位或者施工单位串通，弄虚作假、降低工程质量的；

（二）将不合格的建设工程、建筑材料、建筑构配件和设备按照合格签字的。

四、《建设工程安全生产管理条例》（节选）

第一章　总则

第一条　为了加强建设工程安全生产监督管理，保障人民群众生命和财产安全，根据《中华人民共和国建筑法》《中华人民共和国安全生产法》，制定本条例。

第二条　在中华人民共和国境内从事建设工程的新建、扩建、改建和拆除等有关活动及实施对建设工程安全生产的监督管理，必须遵守本条例。

第四条　建设单位、勘察单位、设计单位、施工单位、工程监理单位及其他与建设工程安全生产有关的单位，必须遵守安全生产法律、法规的规定，保证建设工程安全生产，依法承担建设工程安全生产责任。

第二章　建设单位的安全责任

第六条　建设单位应当向施工单位提供施工现场及毗邻区域内供水、排水、供电、供气、供热、通信、广播电视等地下管线资料，气象和水文观测资料，相邻建筑物和构筑物、地下工程的有关资料，并保证资料的真实、准确、完整。

建设单位因建设工程需要，向有关部门或者单位查询前款规定的资料时，有关部门或者单位应当及时提供。

第十条　建设单位在申请领取施工许可证时，应当提供建设工程有关安全施工措施的资料。

依法批准开工报告的建设工程，建设单位应当自开工报告批准之日起15日内，将保证安全施工的措施报送建设工程所在地的县级以上地方人民政府建设行政主管部门或者其他有关部门备案。

第十一条　建设单位应当将拆除工程发包给具有相应资质等级的施工单位。

建设单位应当在拆除工程施工15日前，将下列资料报送建设工程所在地的县级以上地方人民政府建设行政主管部门或者其他有关部门备案：

（一）施工单位资质等级证明；

（二）拟拆除建筑物、构筑物及可能危及毗邻建筑的说明；

（三）拆除施工组织方案；

（四）堆放、清除废弃物的措施。

第三章　勘察、设计、工程监理及其他有关单位的安全责任

第十二条　勘察单位应当按照法律、法规和工程建设强制性标准进行勘察，提供的勘察文件应当真实、准确，满足建设工程安全生产的需要。

第十三条　设计单位应当按照法律、法规和工程建设强制性标准进行设计，防止因设计不合理导致生产安全事故的发生。

设计单位应当考虑施工安全操作和防护的需要，对涉及施工安全的重点部位和环节在设计文件中注明，并对防范生产安全事故提出指导意见。

采用新结构、新材料、新工艺的建设工程和特殊结构的建设工程，设计单位应当在设计中提出保障施工作业人员安全和预防生产安全事故的措施建议。

设计单位和注册建筑师等注册执业人员应当对其设计负责。

第十四条　工程监理单位应当审查施工组织设计中的安全技术措施或者专项施工方案是否符合工程建设强制性标准。

工程监理单位在实施监理过程中，发现存在安全事故隐患的，应当要求施工单位整改；情况严重的，应当要求施工单位暂时停止施工，并及时报告建设单位。施工单位拒不整改或者不停止施工的，工程监理单位应当及时向有关主管部门报告。

工程监理单位和监理工程师应当按照法律、法规和工程建设强制性标准实施监理，并对建设工程安全生产承担监理责任。

第十六条　出租的机械设备和施工机具及配件，应当具有生产（制造）许可证、产品合格证。

出租单位应当对出租的机械设备和施工机具及配件的安全性能进行检测，在签订租赁协议时，应当出具检测合格证明。

禁止出租检测不合格的机械设备和施工机具及配件。

第十七条　在施工现场安装、拆卸施工起重机械和整体提升脚手架、模板等自升式架设设施，必须由具有相应资质的单位承担。

安装、拆卸施工起重机械和整体提升脚手架、模板等自升式架设设施，应当编制拆装方案、制定安全施工措施，并由专业技术人员现场监督。

施工起重机械和整体提升脚手架、模板等自升式架设设施安装完毕后，安装单位应当自检，出具自检合格证明，并向施工单位进行安全使用说明，办理验收手续并签字。

第十八条　施工起重机械和整体提升脚手架、模板等自升式架设设施的使用达到国家规定的检验检测期限的，必须经具有专业资质的检验检测机构检测。经检测不合格的，不得继续使用。

第十九条　检验检测机构对检测合格的施工起重机械和整体提升脚手架、模板等自升式架设设施，应当出具安全合格证明文件，并对检测结果负责。

第四章　施工单位的安全责任

第二十条　施工单位从事建设工程的新建、扩建、改建和拆除等活动，应当具备国家规定的注册资本、专业技术人员、技术装备和安全生产等条件，依法取得相应等级的资质证书，并在其资质等级许可的范围内承揽工程。

第二十一条　施工单位主要负责人依法对本单位的安全生产工作全面负责。施工单位应当建立健全安全生产责任制度和安全生产教育培训制度，制定安全生产规章制度和操作规程，保证本单位安全生产条件所需资金的投入，对所承担的建设工程进行定期和专项安全检查，并做好安全检查记录。

施工单位的项目负责人应当由取得相应执业资格的人员担任，对建设工程项目的安全施工负责，落实安全生产责任制度、安全生产规章制度和操作规程，确保安全生产费用的有效使用，并根据工程的特点组织制定安全施工措施，消除安全事故隐患，及时、如实报告生产安全事故。

第二十三条　施工单位应当设立安全生产管理机构，配备专职安全生产管理人员。

专职安全生产管理人员负责对安全生产进行现场监督检查。发现安全事故隐患，应当及时向项目负责人和安全生产管理机构报告；对违章指挥、违章操作的，应当立即制止。

第二十四条　建设工程实行施工总承包的，由总承包单位对施工现场的安全生产负总责。

总承包单位应当自行完成建设工程主体结构的施工。

总承包单位依法将建设工程分包给其他单位的，分包合同中应当明确各自的安全生产方面的权利、义务。总承包单位和分包单位对分包工程的安全生产承担连带责任。

分包单位应当服从总承包单位的安全生产管理，分包单位不服从管理导致生产安全事故的，由分包单位承担主要责任。

第二十五条　垂直运输机械作业人员、安装拆卸工、爆破作业人员、起重信号工、登高架设作业人员等特种作业人员，必须按照国家有关规定经过专门的安全作业培训，并取得特种作业操作资格证书后，方可上岗作业。

第二十六条　施工单位应当在施工组织设计中编制安全技术措施和施工现场临时用电方案，对下列达到一定规模的危险性较大的分部分项工程编制专项施工方案，并附具安全验算结果，经施工单位技术负责人、总监理工程师签字后实施，由专职安全生产管理人员进行现场监督：

（一）基坑支护与降水工程；

（二）土方开挖工程；

（三）模板工程；

（四）起重吊装工程；

（五）脚手架工程；

（六）拆除、爆破工程；

（七）国务院建设行政主管部门或者其他有关部门规定的其他危险性较大的工程。

对前款所列工程中涉及深基坑、地下暗挖工程、高大模板工程的专项施工方案，施工单位还应当组织专家进行论证、审查。

本条第一款规定的达到一定规模的危险性较大工程的标准，由国务院建设行政主管部门会同国务院其他有关部门制定。

第二十七条　建设工程施工前，施工单位负责项目管理的技术人员应当对有关安全施工的技术要求向施工作业班组、作业人员作出详细说明，并由双方签字确认。

第二十八条　施工单位应当在施工现场入口处、施工起重机械、临时用电设施、脚手架、出入通道口、楼梯口、电梯井口、孔洞口、桥梁口、隧道口、基坑边沿、爆破物及有害危险气体和液体存放处等危险部位，设置明显的安全警示标志。安全警示标志必须符合国家标准。

施工单位应当根据不同施工阶段和周围环境及季节、气候的变化，在施工现场采取相应的安全施工措施。施工现场暂时停止施工的，施工单位应当做好现场防护，所需费用由责任方承担，或者按照合同约定执行。

第二十九条　施工单位应当将施工现场的办公、生活区与作业区分开设置，并保持安全距离；办公、生活区的选址应当符合安全性要求。职工的膳食、饮水、休息场所等应当符合卫生标准。施工单位不得在尚未竣工的建筑物内设置员工集体宿舍。

施工现场临时搭建的建筑物应当符合安全使用要求。施工现场使用的装配式活动房屋应当具有产品合格证。

第三十条　施工单位对因建设工程施工可能造成损害的毗邻建筑物、构筑物和地下管线等，应当采取专项防护措施。

施工单位应当遵守有关环境保护法律、法规的规定，在施工现场采取措施，防止或者减少粉尘、废气、废水、固体废物、噪声、振动和施工照明对人和环境的危害和污染。

在城市市区内的建设工程，施工单位应当对施工现场实行封闭围挡。

第三十一条　施工单位应当在施工现场建立消防安全责任制度，确定消防安全责任人，制定用火、用电、使用易燃易爆材料等各项消防安全管理制度和操作规程，设置消防通道、消防水源，配备消防设施和灭火器材，并在施工现场入口处设置明显标志。

第三十二条　施工单位应当向作业人员提供安全防护用具和安全防护服装，并书面告知危险岗位的操作规程和违章操作的危害。

作业人员有权对施工现场的作业条件、作业程序和作业方式中存在的安全问题提出批评、检举和控告，有权拒绝违章指挥和强令冒险作业。

在施工中发生危及人身安全的紧急情况时，作业人员有权立即停止作业或者在采取必要的应急措施后撤离危险区域。

第三十三条　作业人员应当遵守安全施工的强制性标准、规章制度和操作规程，正确使用安全防护用具、机械设备等。

第三十四条　施工单位采购、租赁的安全防护用具、机械设备、施工机具及配件，应当具有生产(制造)许可证、产品合格证，并在进入施工现场前进行查验。

施工现场的安全防护用具、机械设备、施工机具及配件必须由专人管理，定期进行检查、维修和保养，建立相应的资料档案，并按照国家有关规定及时报废。

第三十五条　施工单位在使用施工起重机械和整体提升脚手架、模板等自升式架设设施前，应当组织有关单位进行验收，也可以委托具有相应资质的检验检测机构进行验收；使用承租的机械设备和施工机具及配件的，由施工总承包单位、分包单位、出租单位和安装单位共同进行验收。验收合格的方可使用。

《特种设备安全监察条例》规定的施工起重机械，在验收前应当经有相应资质的检验检测机构监督检验合格。

施工单位应当自施工起重机械和整体提升脚手架、模板等自升式架设设施验收合格之日起30日内，向建设行政主管部门或者其他有关部门登记。登记标志应当置于或者附着于该设备的显著位置。

第三十六条　施工单位的主要负责人、项目负责人、专职安全生产管理人员应当经建设行政主管部门或者其他有关部门考核合格后方可任职。

施工单位应当对管理人员和作业人员每年至少进行一次安全生产教育培训，其教育培训情况记入个人工作档案。安全生产教育培训考核不合格的人员，不得上岗。

第三十七条　作业人员进入新的岗位或者新的施工现场前，应当接受安全生产教育培训。未经教育培训或者教育培训考核不合格的人员，不得上岗作业。

施工单位在采用新技术、新工艺、新设备、新材料时，应当对作业人员进行相应的安全生产教育培训。

第五章　监督管理

第四十二条　建设行政主管部门在审核发放施工许可证时,应当对建设工程是否有安全施工措施进行审查,对没有安全施工措施的,不得颁发施工许可证。

第四十三条　县级以上人民政府负有建设工程安全生产监督管理职责的部门在各自的职责范围内履行安全监督检查职责时,有权采取下列措施:

(一)要求被检查单位提供有关建设工程安全生产的文件和资料;

(二)进入被检查单位施工现场进行检查;

(三)纠正施工中违反安全生产要求的行为;

(四)对检查中发现的安全事故隐患,责令立即排除,重大安全事故隐患排除前或者排除过程中无法保证安全的,责令从危险区域内撤出作业人员或者暂时停止施工。

第四十四条　建设行政主管部门或者其他有关部门可以将施工现场的监督检查委托给建设工程安全监督机构具体实施。

第六章　生产安全事故的应急救援和调查处理

第四十八条　施工单位应当制定本单位生产安全事故应急救援预案,建立应急救援组织或者配备应急救援人员,配备必要的应急救援器材、设备,并定期组织演练。

第四十九条　施工单位应当根据建设工程施工的特点、范围,对施工现场易发生重大事故的部位、环节进行监控,制定施工现场生产安全事故应急救援预案。实行施工总承包的,由总承包单位统一组织编制建设工程生产安全事故应急救援预案,工程总承包单位和分包单位按照应急救援预案,各自建立应急救援组织或者配备应急救援人员,配备救援器材、设备,并定期组织演练。

第五十条　施工单位发生生产安全事故,应当按照国家有关伤亡事故报告和调查处理的规定,及时、如实地向负责安全生产监督管理的部门、建设行政主管部门或者其他有关部门报告;特种设备发生事故的,还应当同时向特种设备安全监督管理部门报告。接到报告的部门应当按照国家有关规定,如实上报。

实行施工总承包的建设工程,由总承包单位负责上报事故。

第五十一条　发生生产安全事故后,施工单位应当采取措施防止事故扩大,保护事故现场。需要移动现场物品时,应当作出标记和书面记录,妥善保管有关证物。

第七章　法律责任

第五十七条　违反本条例的规定,工程监理单位有下列行为之一的,责令限期改正;逾期未改正的,责令停业整顿,并处 10 万元以上 30 万元以下的罚款;情节严重的,降低资质等级,直至吊销资质证书;造成重大安全事故,构成犯罪的,对直接责任人员,依照刑法有关规定追究刑事责任;造成损失的,依法承担赔偿责任:

(一)未对施工组织设计中的安全技术措施或者专项施工方案进行审查的;

(二)发现安全事故隐患未及时要求施工单位整改或者暂时停止施工的;

(三)施工单位拒不整改或者不停止施工,未及时向有关主管部门报告的;

（四）未依照法律、法规和工程建设强制性标准实施监理的。

第六十一条　违反本条例的规定，施工起重机械和整体提升脚手架、模板等自升式架设设施安装、拆卸单位有下列行为之一的，责令限期改正，处5万元以上10万元以下的罚款；情节严重的，责令停业整顿，降低资质等级，直至吊销资质证书；造成损失的，依法承担赔偿责任：

（一）未编制拆装方案、制定安全施工措施的；

（二）未由专业技术人员现场监督的；

（三）未出具自检合格证明或者出具虚假证明的；

（四）未向施工单位进行安全使用说明，办理移交手续的。

施工起重机械和整体提升脚手架、模板等自升式架设设施安装、拆卸单位有前款规定的第（一）项、第（三）项行为，经有关部门或者单位职工提出后，对事故隐患仍不采取措施，因而发生重大伤亡事故或者造成其他严重后果，构成犯罪的，对直接责任人员，依照刑法有关规定追究刑事责任。

第六十二条　违反本条例的规定，施工单位有下列行为之一的，责令限期改正；逾期未改正的，责令停业整顿，依照《中华人民共和国安全生产法》的有关规定处以罚款；造成重大安全事故，构成犯罪的，对直接责任人员，依照刑法有关规定追究刑事责任：

（一）未设立安全生产管理机构、配备专职安全生产管理人员或者分部分项工程施工时无专职安全生产管理人员现场监督的；

（二）施工单位的主要负责人、项目负责人、专职安全生产管理人员、作业人员或者特种作业人员，未经安全教育培训或者经考核不合格即从事相关工作的；

（三）未在施工现场的危险部位设置明显的安全警示标志，或者未按照国家有关规定在施工现场设置消防通道、消防水源、配备消防设施和灭火器材的；

（四）未向作业人员提供安全防护用具和安全防护服装的；

（五）未按照规定在施工起重机械和整体提升脚手架、模板等自升式架设设施验收合格后登记的；

（六）使用国家明令淘汰、禁止使用的危及施工安全的工艺、设备、材料的。

第六十四条　违反本条例的规定，施工单位有下列行为之一的，责令限期改正；逾期未改正的，责令停业整顿，并处5万元以上10万元以下的罚款；造成重大安全事故，构成犯罪的，对直接责任人员，依照刑法有关规定追究刑事责任：

（一）施工前未对有关安全施工的技术要求作出详细说明的；

（二）未根据不同施工阶段和周围环境及季节、气候的变化，在施工现场采取相应的安全施工措施，或者在城市市区内的建设工程的施工现场未实行封闭围挡的；

（三）在尚未竣工的建筑物内设置员工集体宿舍的；

（四）施工现场临时搭建的建筑物不符合安全使用要求的；

（五）未对因建设工程施工可能造成损害的毗邻建筑物、构筑物和地下管线等采取专项防护措施的。

施工单位有前款规定第（四）项、第（五）项行为，造成损失的，依法承担赔偿责任。

第六十五条　违反本条例的规定，施工单位有下列行为之一的，责令限期改正；逾期未改正的，责令停业整顿，并处10万元以上30万元以下的罚款；情节严重的，降低资质等级，直至吊销资质证书；造成重大安全事故，构成犯罪的，对直接责任人员，依照刑法有关规定追究刑事责任；造成损失的，依法承担赔偿责任：

（一）安全防护用具、机械设备、施工机具及配件在进入施工现场前未经查验或者查验不合格即投入使用的；

（二）使用未经验收或者验收不合格的施工起重机械和整体提升脚手架、模板等自升式架设设施的；

（三）委托不具有相应资质的单位承担施工现场安装、拆卸施工起重机械和整体提升脚手架、模板等自升式架设设施的；

（四）在施工组织设计中未编制安全技术措施、施工现场临时用电方案或者专项施工方案的。

第六十六条　违反本条例的规定，施工单位的主要负责人、项目负责人未履行安全生产管理职责的，责令限期改正；逾期未改正的，责令施工单位停业整顿；造成重大安全事故、重大伤亡事故或者其他严重后果，构成犯罪的，依照刑法有关规定追究刑事责任。

作业人员不服管理、违反规章制度和操作规程冒险作业造成重大伤亡事故或者其他严重后果，构成犯罪的，依照刑法有关规定追究刑事责任。

施工单位的主要负责人、项目负责人有前款违法行为，尚不够刑事处罚的，处2万元以上20万元以下的罚款或者按照管理权限给予撤职处分；自刑罚执行完毕或者受处分之日起，5年内不得担任任何施工单位的主要负责人、项目负责人。

项目2　相关标准与规范

一、《建设项目工程总承包管理规范》（GB/T 50358—2017）（节选）

15　项目沟通与信息管理

15.1　一般规定

15.1.1　工程总承包企业应建立项目沟通与信息管理系统，制定沟通与信息管理程序和制度。

15.1.2　工程总承包企业应利用现代信息及通信技术对项目全过程所产生的各种信息进行管理。

15.1.3　项目部应运用各种沟通工具及方法，采取相应的组织协调措施与项目干系人进行信息沟通。

15.1.4　项目部应根据项目规模、特点与工作需要，设置专职或兼职项目信息管理和文件管理控制岗位。

15.2　沟通管理

15.2.1　项目沟通管理应贯穿工程总承包项目管理的全过程。

15.2.2　项目部应制订项目沟通管理计划，明确沟通的内容和方式，并根据项目实施过程中的情况变化进行调整。

15.2.3　项目部应根据工程总承包项目的特点，以及项目相关方不同的需求和目标，采取协调措施。

15.3　信息管理

15.3.1　项目部应建立与企业相匹配的项目信息管理系统，实现数据的共享和流转，对信息进行分析和评估。

15.3.2　项目部应制订项目信息管理计划，明确信息管理的内容和方式。

15.3.3　项目信息管理系统应符合下列规定：

1. 应与工程总承包企业的信息管理系统相兼容；
2. 应便于信息的输入、处理和存储；
3. 应便于信息的发布、传递和检索；
4. 应具有数据安全保护措施。

15.3.4　项目部应制定收集、处理、分析、反馈和传递项目信息的管理规定，并监督执行。

15.3.5　项目部应依据合同约定和工程总承包企业有关规定，确定项目统一的信息结构、分类和编码规则。

15.4　文件管理

15.4.1　项目文件和资料应随项目进度收集和处理，并按项目统一规定进行管理。

15.4.2　项目部应按档案管理标准和规定，将设计、采购、施工和试运行阶段形成的文件和资料进行归档，档案资料应真实、有效和完整。

15.5　信息安全及保密

15.5.1　项目部应遵守工程总承包企业信息安全的有关规定，并应符合合同要求。

15.5.2　项目部应根据工程总承包企业信息安全和保密有关规定，采取信息安全与保密措施。

15.5.3　项目部应根据工程总承包企业的管理规定进行信息的备份和存档。

二、《建设工程项目管理规范》(GB/T 50326—2017)(节选)

4　项目管理责任制度

4.6　项目管理机构负责人职责、权限和管理

4.6.1　项目管理机构负责人应履行下列职责：

1. 项目管理目标责任书中规定的职责；

2. 工程质量安全责任承诺书中应履行的职责；

3. 组织或参与编制项目管理规划大纲、项目管理实施规划，对项目目标进行系统管理；

4. 主持制定并落实质量、安全技术措施和专项方案，负责相关的组织协调工作；

5. 对各类资源进行质量监控和动态管理；

6. 对进场的机械、设备、工器具的安全、质量和使用进行监控；

7. 建立各类专业管理制度，并组织实施；

8. 制定有效的安全、文明和环境保护措施并组织实施；

9. 组织或参与评价项目管理绩效；

10. 进行授权范围内的任务分解和利益分配；

11. 按规定完善工程资料，规范工程档案文件，准备工程结算和竣工资料，参与工程竣工验收；

12. 接受审计，处理项目管理机构解体的善后工作；

13. 协助和配合组织进行项目检查、鉴定和评奖申报；

14. 配合组织完善缺陷责任期的相关工作。

15 信息与知识管理

15.1 一般规定

15.1.1 组织应建立项目信息与知识管理制度，及时、准确、全面地收集信息与知识，安全、可靠、方便、快捷地存储、传输信息和知识，有效、适宜地使用信息和知识。

15.1.2 信息管理应符合下列规定：

1. 应满足项目管理要求；

2. 信息格式应统一、规范；

3. 应实现信息效益最大化。

15.1.3 信息管理应包括下列内容：

1. 信息计划管理；

2. 信息过程管理；

3. 信息安全管理；

4. 文件与档案管理；

5. 信息技术应用管理。

15.1.4 项目管理机构应根据实际需要设立信息与知识管理岗位，配备熟悉项目管理业务流程，并经过培训的人员担任信息与知识管理人员，开展项目的信息与知识管理工作。

15.1.5 项目管理机构可应用项目信息化管理技术，采用专业信息系统，实施知识管理。

15.2 信息管理计划

15.2.1 项目信息管理计划应纳入项目管理策划过程。

15.2.2 项目信息管理计划应包括下列内容：

1. 项目信息管理范围；
2. 项目信息管理目标；
3. 项目信息需求；
4. 项目信息管理手段和协调机制；
5. 项目信息编码系统；
6. 项目信息渠道和管理流程；
7. 项目信息资源需求计划；
8. 项目信息管理制度与信息变更控制措施。

15.2.3　项目信息需求应明确实施项目相关方所需的信息，包括：信息的类型、内容、格式、传递要求，并应进行信息价值分析。

15.2.4　项目信息编码系统应有助于提高信息的结构化程度，方便使用，并且应与组织信息编码保持一致。

15.2.5　项目信息渠道和管理流程应明确信息产生和提供的主体，明确该信息在项目管理机构内部和外部的具体使用单位、部门和人员之间的信息流动要求。

15.2.6　项目信息资源需求计划应明确所需的各种信息资源名称、配置标准、数量、需用时间和费用估算。

15.2.7　项目信息管理制度应确保信息管理人员以有效的方式进行信息管理，信息变更控制措施应确保信息在变更时进行有效控制。

18　收尾管理

18.2　竣工验收

18.2.1　项目管理机构应编制工程竣工验收计划，经批准后执行。工程竣工验收计划应包括下列内容：

1. 工程竣工验收工作内容；
2. 工程竣工验收工作原则和要求；
3. 工程竣工验收工作职责分工；
4. 工程竣工验收工作顺序与时间安排。

18.2.2　工程竣工验收工作按计划完成后，承包人应自行检查，根据规定在监理机构组织下进行预验收，合格后向发包人提交竣工验收申请。

18.2.3　工程竣工验收的条件、要求、组织、程序、标准、文档的整理和移交，必须符合国家有关标准和规定。

18.2.4　发包人接到工程承包人提交的工程竣工验收申请后，组织工程竣工验收，验收合格后编写竣工验收报告书。

18.2.5　工程竣工验收后，承包人应在合同约定的期限内进行工程移交。

18.6　项目管理总结

18.6.1　在项目管理收尾阶段，项目管理机构应进行项目管理总结，编写项目管理总结报告，纳入项目管理档案。

18.6.2 项目管理总结依据宜包括下列内容：

1. 项目可行性研究报告；
2. 项目管理策划；
3. 项目管理目标；
4. 项目合同文件；
5. 项目管理规划；
6. 项目设计文件；
7. 项目合同收尾资料；
8. 项目工程收尾资料；
9. 项目的有关管理标准。

18.6.3 项目管理总结报告应包括下列内容：

1. 项目可行性研究报告的执行总结；
2. 项目管理策划总结；
3. 项目合同管理总结；
4. 项目管理规划总结；
5. 项目设计管理总结；
6. 项目施工管理总结；
7. 项目管理目标执行情况；
8. 项目管理经验与教训；
9. 项目管理绩效与创新评价。

18.6.4 项目管理总结完成后，组织应进行下列工作：

1. 在适当的范围内发布项目总结报告；
2. 兑现在项目管理目标责任书中对项目管理机构的承诺；
3. 根据岗位责任制和部门责任制对职能部门进行奖罚。

三、《建设工程监理规范》(GB/T 50319—2013)(节选)

1 总则

1.0.1 为规范建设工程监理与相关服务行为，提高建设工程监理与相关服务水平，制定本规范。

1.0.2 本规范适用于新建、扩建、改建建设工程监理与相关服务活动。

1.0.3 实施建设工程监理前，建设单位应委托具有相应资质的工程监理单位，并以书面形式与工程监理单位订立建设工程监理合同，合同中应包括监理工作的范围、内容、服务期限和酬金，以及双方的义务、违约责任等相关条款。

在订立建设工程监理合同时，建设单位将勘察、设计、保修阶段等相关服务一并委托的,应在合同中明确相关服务的工作范围、内容、服务期限和酬金等相关条款。

1.0.4　工程开工前,建设单位应将工程监理单位的名称,监理的范围、内容和权限及总监理工程师的姓名书面通知施工单位。

1.0.5　在建设工程监理工作范围内,建设单位与施工单位之间涉及施工合同的联系活动,应通过工程监理单位进行。

1.0.6　实施建设工程监理应遵循下列主要依据:

1. 法律法规及工程建设标准;
2. 建设工程勘察设计文件;
3. 建设工程监理合同及其他合同文件。

1.0.7　建设工程监理应实行总监理工程师负责制。

1.0.8　建设工程监理宜实施信息化管理。

1.0.9　工程监理单位应公平、独立、诚信、科学地开展建设工程监理与相关服务活动。

1.0.10　建设工程监理与相关服务活动,除应符合本规范外,尚应符合国家现行有关标准的规定。

2　术语

2.0.1　工程监理单位

依法成立并取得建设主管部门颁发的工程监理企业资质证书,从事建设工程监理与相关服务活动的服务机构。

2.0.2　建设工程监理

工程监理单位受建设单位委托,根据法律法规、工程建设标准、勘察设计文件及合同,在施工阶段对建设工程质量、造价、进度进行控制,对合同、信息进行管理,对工程建设相关方的关系进行协调,并履行建设工程安全生产管理法定职责的服务活动。

2.0.3　相关服务

工程监理单位受建设单位委托,按照建设工程监理合同约定,在建设工程勘察、设计、保修等阶段提供的服务活动。

2.0.4　项目监理机构

工程监理单位派驻工程负责履行建设工程监理合同的组织机构。

2.0.5　注册监理工程师

取得国务院建设主管部门颁发的《中华人民共和国注册监理工程师注册执业证书》和执业印章,从事建设工程监理与相关服务等活动的人员。

2.0.6　总监理工程师

由工程监理单位法定代表人书面任命,负责履行建设工程监理合同、主持项目监理机构工作的注册监理工程师。

2.0.7　总监理工程师代表

经工程监理单位法定代表人同意,由总监理工程师书面授权,代表总监理工程师行使其部分职责和权力，具有工程类注册执业资格或具有中级及以上专业技术职称、3年及以上工程实践经验并经监理业务培训的人员。

2.0.8 专业监理工程师

由总监理工程师授权，负责实施某一专业或某一岗位的监理工作，有相应监理文件签发权，具有工程类注册执业资格或具有中级及以上专业技术职称、2年及以上工程实践经验并经监理业务培训的人员。

2.0.9 监理员

从事具体监理工作，具有中专及以上学历并经过监理业务培训的人员。

2.0.10 监理规划

项目监理机构全面开展建设工程监理工作的指导性文件。

2.0.11 监理实施细则

针对某一专业或某一方面建设工程监理工作的操作性文件。

2.0.12 工程计量

根据工程设计文件及施工合同约定，项目监理机构对施工单位申报的合格工程的工程量进行的核验。

2.0.13 旁站

项目监理机构对工程的关键部位或关键工序的施工质量进行的监督活动。

2.0.14 巡视

项目监理机构对施工现场进行的定期或不定期的检查活动。

2.0.15 平行检验

项目监理机构在施工单位自检的同时，按有关规定、建设工程监理合同约定对同一检验项目进行的检测试验活动。

2.0.16 见证取样

项目监理机构对施工单位进行的涉及结构安全的试块、试件及工程材料现场取样、封样、送检工作的监督活动。

2.0.17 工程延期

由于非施工单位原因造成合同工期延长的时间。

2.0.18 工期延误

由于施工单位自身原因造成施工期延长的时间。

2.0.19 工程临时延期批准

发生非施工单位原因造成的持续性影响工期事件时所作出的临时延长合同工期的批准。

2.0.20 工程最终延期批准

发生非施工单位原因造成的持续性影响工期事件时所作出的最终延长合同工期的批准。

2.0.21　监理日志

项目监理机构每日对建设工程监理工作及施工进展情况所作的记录。

2.0.22　监理月报

项目监理机构每月向建设单位提交的建设工程监理工作及建设工程实施情况等分析总结报告。

2.0.23　设备监造

项目监理机构按照建设工程监理合同和设备采购合同约定,对设备制造过程进行的监督检查活动。

2.0.24　监理文件资料

工程监理单位在履行建设工程监理合同过程中形成或获取的,以一定形式记录、保存的文件资料。

3　项目监理机构及其设施

3.1　一般规定

3.1.1　工程监理单位实施监理时,应在施工现场派驻项目监理机构。项目监理机构的组织形式和规模,可根据建设工程监理合同约定的服务内容、服务期限,以及工程特点、规模、技术复杂程度、环境等因素确定。

3.1.2　项目监理机构的监理人员应由总监理工程师、专业监理工程师和监理员组成,且专业配套、数量应满足建设工程监理工作需要,必要时可设总监理工程师代表。

3.1.3　工程监理单位在建设工程监理合同签订后,应及时将项目监理机构的组织形式、人员构成及对总监理工程师的任命书面通知建设单位。

3.1.4　工程监理单位调换总监理工程师时,应征得建设单位书面同意;调换专业监理工程师时,总监理工程师应书面通知建设单位。

3.1.5　一名注册监理工程师可担任一项建设工程监理合同的总监理工程师。当需要同时担任多项建设工程监理合同的总监理工程师时,应经建设单位书面同意,且最多不得超过三项。

3.1.6　施工现场监理工作全部完成或建设工程监理合同终止时,项目监理机构可撤离施工现场。

3.2　监理人员职责

3.2.1　总监理工程师应履行下列职责。

1. 确定项目监理机构人员及其岗位职责。
2. 组织编制监理规划,审批监理实施细则。
3. 根据工程进展及监理工作情况调配监理人员,检查监理人员工作。
4. 组织召开监理例会。
5. 组织审核分包单位资格。
6. 组织审查施工组织设计、(专项)施工方案。

7. 审查工程开复工报审表,签发工程开工令、暂停令和复工令。

8. 组织检查施工单位现场质量、安全生产管理体系的建立及运行情况。

9. 组织审核施工单位的付款申请,签发工程款支付证书,组织审核竣工结算。

10. 组织审查和处理工程变更。

11. 调解建设单位与施工单位的合同争议,处理工程索赔。

12. 组织验收分部工程,组织审查单位工程质量检验资料。

13. 审查施工单位的竣工申请,组织工程竣工预验收,组织编写工程质量评估报告,参与工程竣工验收。

14. 参与或配合工程质量安全事故的调查和处理。

15. 组织编写监理月报、监理工作总结,组织整理监理文件资料。

3.2.2 总监理工程师不得将下列工作委托给总监理工程师代表。

1. 组织编制监理规划,审批监理实施细则。

2. 根据工程进展及监理工作情况调配监理人员。

3. 组织审查施工组织设计、(专项)施工方案。

4. 签发工程开工令、暂停令和复工令。

5. 签发工程款支付证书,组织审核竣工结算。

6. 调解建设单位与施工单位的合同争议,处理工程索赔。

7. 审查施工单位的竣工申请,组织工程竣工预验收,组织编写工程质量评估报告,参与工程竣工验收。

8. 参与或配合工程质量安全事故的调查和处理。

3.2.3 专业监理工程师应履行下列职责。

1. 参与编制监理规划,负责编制监理实施细则。

2. 审查施工单位提交的涉及本专业的报审文件,并向总监理工程师报告。

3. 参与审核分包单位资格。

4. 指导、检查监理员工作,定期向总监理工程师报告本专业监理工作实施情况。

5. 检查进场的工程材料、构配件、设备的质量。

6. 验收检验批、隐蔽工程、分项工程,参与验收分部工程。

7. 处置发现的质量问题和安全事故隐患。

8. 进行工程计量。

9. 参与工程变更的审查和处理。

10. 组织编写监理日志,参与编写监理月报。

11. 收集、汇总、参与整理监理文件资料。

12. 参与工程竣工预验收和竣工验收。

3.2.4 监理员应履行下列职责。

1. 检查施工单位投入工程的人力、主要设备的使用及运行状况。

2. 进行见证取样。

3. 复核工程计量有关数据。

4. 检查工序施工结果。

5. 发现施工作业中的问题,及时指出并向专业监理工程师报告。

3.3　监理设施

3.3.1　建设单位应按建设工程监理合同约定,提供监理工作需要的办公、交通、通信、生活等设施。

项目监理机构宜妥善使用和保管建设单位提供的设施,并应按建设工程监理合同约定的时间移交建设单位。

3.3.2　工程监理单位宜按建设工程监理合同约定,配备满足监理工作需要的检测设备和工器具。

4　监理规划及监理实施细则

4.1　一般规定

4.1.1　监理规划应结合工程实际情况,明确项目监理机构的工作目标,确定具体的监理工作制度、内容、程序、方法和措施。

4.1.2　监理实施细则应符合监理规划的要求,并应具有可操作性。

4.2　监理规划

4.2.1　监理规划可在签订建设工程监理合同及收到工程设计文件后由总监理工程师组织编制,并应在召开第一次工地会议前报送建设单位。

4.2.2　监理规划编审应遵循下列程序。

1. 总监理工程师组织专业监理工程师编制。

2. 总监理工程师签字后由工程监理单位技术负责人审批。

4.2.3　监理规划应包括下列主要内容。

1. 工程概况。

2. 监理工作的范围、内容、目标。

3. 监理工作依据。

4. 监理组织形式、人员配备及进退场计划、监理人员岗位职责。

5. 监理工作制度。

6. 工程质量控制。

7. 工程造价控制。

8. 工程进度控制。

9. 安全生产管理的监理工作。

10. 合同与信息管理。

11. 组织协调。

12. 监理工作设施。

4.2.4 在实施建设工程监理过程中，实际情况或条件发生变化而需要调整监理规划时，应由总监理工程师组织专业监理工程师修改，并应经工程监理单位技术负责人批准后报建设单位。

4.3 监理实施细则

4.3.1 对专业性较强、危险性较大的分部分项工程，项目监理机构应编制监理实施细则。

4.3.2 监理实施细则应在相应工程施工开始前由专业监理工程师编制，并应报总监理工程师审批。

4.3.3 监理实施细则的编制应依据下列资料。

1. 监理规划。
2. 工程建设标准、工程设计文件。
3. 施工组织设计、(专项)施工方案。

4.3.4 监理实施细则应包括下列主要内容。

1. 专业工程特点。
2. 监理工作流程。
3. 监理工作要点。
4. 监理工作方法及措施。

4.3.5 在实施建设工程监理过程中，监理实施细则可根据实际情况进行补充、修改，并应经总监理工程师批准后实施。

5 工程质量、造价、进度控制及安全生产管理的监理工作

5.1 一般规定

5.1.1 项目监理机构应根据建设工程监理合同约定，遵循动态控制原理，坚持预防为主的原则，制定和实施相应的监理措施，采用旁站、巡视和平行检验等方式对建设工程实施监理。

5.1.2 监理人员应熟悉工程设计文件，并应参加建设单位主持的图纸会审和设计交底会议，会议纪要应由总监理工程师签认。

5.1.3 工程开工前，监理人员应参加由建设单位主持召开的第一次工地会议，会议纪要应由项目监理机构负责整理，与会各方代表应会签。

5.1.4 项目监理机构应定期召开监理例会，并组织有关单位研究解决与监理相关的问题。项目监理机构可根据工程需要，主持或参加专题会议，解决监理工作范围内工程专项问题。

监理例会以及由项目监理机构主持召开的专题会议的会议纪要，应由项目监理机构负责整理，与会各方代表应会签。

5.1.5 项目监理机构应协调工程建设相关方的关系。项目监理机构与工程建设相关方之间的工作联系，除另有规定外宜采用工作联系单形式进行。

5.1.6 项目监理机构应审查施工单位报审的施工组织设计，符合要求时，应由总监理工程师签认后报建设单位。项目监理机构应要求施工单位按已批准的施工组织设计组织施工。施工组织设计需要调整时,项目监理机构应按程序重新审查。

施工组织设计审查应包括下列基本内容。

1. 编审程序应符合相关规定。

2. 施工进度、施工方案及工程质量保证措施应符合施工合同要求。

3. 资金、劳动力、材料、设备等资源供应计划应满足工程施工需要。

4. 安全技术措施应符合工程建设强制性标准。

5. 施工总平面布置应科学合理。

5.1.7　施工组织设计或(专项)施工方案报审表,应按本规范表 B.0.1 的要求填写。

5.1.8　总监理工程师应组织专业监理工程师审查施工单位报送的工程开工报审表及相关资料;同时具备下列条件时,应由总监理工程师签署审核意见,并应报建设单位批准后,总监理工程师签发工程开工令。

1. 设计交底和图纸会审已完成。

2. 施工组织设计已由总监理工程师签认。

3. 施工单位现场质量、安全生产管理体系已建立,管理及施工人员已到位,施工机械具备使用条件,主要工程材料已落实。

4. 进场道路及水、电、通信等已满足开工要求。

5.1.9　工程开工报审表应按本规范表 B.0.2 的要求填写。工程开工令应按本规范表 A.0.2 的要求填写。

5.1.10　分包工程开工前,项目监理机构应审核施工单位报送的分包单位资格报审表,专业监理工程师提出审查意见后,应由总监理工程师审核签认。

分包单位资格审核应包括下列基本内容。

1. 营业执照、企业资质等级证书。

2. 安全生产许可文件。

3. 类似工程业绩。

4. 专职管理人员和特种作业人员的资格。

5.1.11　分包单位资格报审表应按本规范表 B.0.4 的要求填写。

5.1.12　项目监理机构宜根据工程特点、施工合同、工程设计文件及经过批准的施工组织设计对工程风险进行分析,并宜提出工程质量、造价、进度目标控制及安全生产管理的防范性对策。

5.2　工程质量控制

5.2.1　工程开工前,项目监理机构应审查施工单位现场的质量管理组织机构、管理制度及专职管理人员和特种作业人员的资格。

5.2.2　总监理工程师应组织专业监理工程师审查施工单位报审的施工方案,符合要求后应予以签认。

施工方案审查应包括下列基本内容。

1. 编审程序应符合相关规定。

2. 工程质量保证措施应符合有关标准。

5.2.3 施工方案报审表应按本规范表 B.0.1 的要求填写。

5.2.4 专业监理工程师应审查施工单位报送的新材料、新工艺、新技术、新设备的质量认证材料和相关验收标准的适用性，必要时，应要求施工单位组织专题论证，审查合格后报总监理工程师签认。

5.2.5 专业监理工程师应检查、复核施工单位报送的施工控制测量成果及保护措施，签署意见。专业监理工程师应对施工单位在施工过程中报送的施工测量放线成果进行查验。

施工控制测量成果及保护措施的检查、复核，应包括下列内容。

1. 施工单位测量人员的资格证书及测量设备检定证书。

2. 施工平面控制网、高程控制网和临时水准点的测量成果及控制桩的保护措施。

5.2.6 施工控制测量成果报验表应按本规范表 B.0.5 的要求填写。

5.2.7 专业监理工程师应检查施工单位为工程提供服务的实验室。

实验室的检查应包括下列内容：

1. 实验室的资质等级及试验范围。

2. 法定计量部门对试验设备出具的计量检定证明。

3. 实验室管理制度。

4. 试验人员资格证书。

5.2.8 施工单位的实验室报审表应按本规范表 B.0.7 的要求填写。

5.2.9 项目监理机构应审查施工单位报送的用于工程的材料、构配件、设备的质量证明文件，并应按有关规定、建设工程监理合同约定，对用于工程的材料进行见证取样、平行检验。

项目监理机构对已进场经检验不合格的工程材料、构配件、设备，应要求施工单位限期将其撤出施工现场。

工程材料、构配件、设备报审表应按本规范表 B.0.6 的要求填写。

5.2.10 专业监理工程师应审查施工单位定期提交影响工程质量的计量设备的检查和检定报告。

5.2.11 项目监理机构应根据工程特点和施工单位报送的施工组织设计，确定旁站的关键部位、关键工序，安排监理人员进行旁站，并应及时记录旁站情况。

旁站记录应按本规范表 A.0.6 的要求填写。

5.2.12 项目监理机构应安排监理人员对工程施工质量进行巡视。巡视应包括下列主要内容。

1. 施工单位是否按工程设计文件、工程建设标准和批准的施工组织设计、（专项）施工方案施工。

2. 使用的工程材料、构配件和设备是否合格。

3. 施工现场管理人员，特别是施工质量管理人员是否到位。

4. 特种作业人员是否持证上岗。

5.2.13　项目监理机构应根据工程特点、专业要求，以及建设工程监理合同约定，对施工质量进行平行检验。

5.2.14　项目监理机构应对施工单位报验的隐蔽工程、检验批、分项工程和分部工程进行验收，对验收合格的应给予签认；对验收不合格的应拒绝签认，同时应要求施工单位在指定的时间内整改并重新报验。

对已同意覆盖的工程隐蔽部位质量有疑问的，或发现施工单位私自覆盖工程隐蔽部位的，项目监理机构应要求施工单位对该隐蔽部位进行钻孔探测、剥离或其他方法进行重新检验。

隐蔽工程、检验批、分项工程报验表应按本规范表 B.0.7 的要求填写。分部工程报验表应按本规范表 B.0.8 的要求填写。

5.2.15　项目监理机构发现施工存在质量问题的，或施工单位采用不适当的施工工艺，或施工不当，造成工程质量不合格的，应及时签发监理通知单，要求施工单位整改。整改完毕后，项目监理机构应根据施工单位报送的监理通知回复单对整改情况进行复查，提出复查意见。

5.2.16　对需要返工处理或加固补强的质量缺陷，项目监理机构应要求施工单位报送经设计等相关单位认可的处理方案，并应对质量缺陷的处理过程进行跟踪检查，同时应对处理结果进行验收。

5.2.17　对需要返工处理或加固补强的质量事故，项目监理机构应要求施工单位报送质量事故调查报告和经设计等相关单位认可的处理方案，并应对质量事故的处理过程进行跟踪检查，同时应对处理结果进行验收。

项目监理机构应及时向建设单位提交质量事故书面报告，并应将完整的质量事故处理记录整理归档。

5.2.18　项目监理机构应审查施工单位提交的单位工程竣工验收报审表及竣工资料，组织工程竣工预验收。存在问题的，应要求施工单位及时整改；合格的，总监理工程师应签认单位工程竣工验收报审表。

5.2.19　工程竣工预验收合格后，项目监理机构应编写工程质量评估报告，并应经总监理工程师和工程监理单位技术负责人审核签字后报建设单位。

5.2.20　项目监理机构应参加由建设单位组织的竣工验收，对验收中提出的整改问题，应督促施工单位及时整改。工程质量符合要求的，总监理工程师应在工程竣工验收报告中签署意见。

5.3　工程造价控制

5.3.1　项目监理机构应按下列程序进行工程计量和付款签证。

1. 专业监理工程师对施工单位在工程款支付报审表中提交的工程量和支付金额进行复核,确定实际完成的工程量,提出到期应支付给施工单位的金额,并提出相应的支持性材料。

2. 总监理工程师对专业监理工程师的审查意见进行审核,签认后报建设单位审批。

3. 总监理工程师根据建设单位的审批意见,向施工单位签发工程款支付证书。

5.3.3 项目监理机构应编制月完成工程量统计表,对实际完成量与计划完成量进行比较分析,发现偏差的,应提出调整建议,并应在监理月报中向建设单位报告。

5.3.4 项目监理机构应按下列程序进行竣工结算款审核。

1. 专业监理工程师审查施工单位提交的竣工结算款支付申请,提出审查意见。

2. 总监理工程师对专业监理工程师的审查意见进行审核,签认后报建设单位审批,同时抄送施工单位,并就工程竣工结算事宜与建设单位、施工单位协商;达成一致意见的,根据建设单位审批意见向施工单位签发竣工结算款支付证书;不能达成一致意见的,应按施工合同约定处理。

5.4 工程进度控制

5.4.1 项目监理机构应审查施工单位报审的施工总进度计划和阶段性施工进度计划,提出审查意见,并应由总监理工程师审核后报建设单位。

施工进度计划审查应包括下列基本内容。

1. 施工进度计划应符合施工合同中工期的约定。

2. 施工进度计划中主要工程项目无遗漏,应满足分批投入试运、分批动用的需要,阶段性施工进度计划应满足总进度控制目标的要求。

3. 施工顺序的安排应符合施工工艺要求。

4. 施工人员、工程材料、施工机械等资源供应计划应满足施工进度计划的需要。

5. 施工进度计划应符合建设单位提供的资金、施工图纸、施工场地、物资等施工条件。

5.4.2 施工进度计划报审表应按本规范表 B.0.12 的要求填写。

5.4.3 项目监理机构应检查施工进度计划的实施情况,发现实际进度严重滞后于计划进度且影响合同工期时,应签发监理通知单,要求施工单位采取调整措施加快施工进度。总监理工程师应向建设单位报告工期延误风险。

5.4.4 项目监理机构应比较分析工程施工实际进度与计划进度,预测实际进度对工程总工期的影响,并应在监理月报中向建设单位报告工程实际进展情况。

5.5 安全生产管理的监理工作

5.5.1 项目监理机构应根据法律法规、工程建设强制性标准,履行建设工程安全生产管理的监理职责,并应将安全生产管理的监理工作内容、方法和措施纳入监理规划及监理实施细则。

5.5.2 项目监理机构应审查施工单位现场安全生产规章制度的建立和实施情况,并应审查施工单位安全生产许可证及施工单位项目经理、专职安全生产管理人员和特种作业人员的资格，同时应核查施工机械和设施的安全许可验收手续。

5.5.3　项目监理机构应审查施工单位报审的专项施工方案，符合要求的，应由总监理工程师签认后报建设单位。超过一定规模的危险性较大的分部分项工程的专项施工方案，应检查施工单位组织专家进行论证、审查的情况，以及是否附具安全验算结果。项目监理机构应要求施工单位按已批准的专项施工方案组织施工。专项施工方案需要调整时，施工单位应按程序重新提交项目监理机构审查。

专项施工方案审查应包括下列基本内容。

1. 编审程序应符合相关规定。

2. 安全技术措施应符合工程建设强制性标准。

5.5.5　项目监理机构应巡视检查危险性较大的分部分项工程专项施工方案实施情况。发现未按专项施工方案实施时，应签发监理通知单，要求施工单位按专项施工方案实施。

6　工程变更、索赔及施工合同争议处理

6.1　一般规定

6.1.1　项目监理机构应依据建设工程监理合同约定进行施工合同管理，处理工程暂停及复工、工程变更、索赔及施工合同争议、解除等事宜。

6.1.2　施工合同终止时，项目监理机构应协助建设单位按施工合同约定处理施工合同终止的有关事宜。

6.2　工程暂停及复工

6.2.1　总监理工程师在签发工程暂停令时，可根据停工原因的影响范围和影响程度，确定停工范围，并应按施工合同和建设工程监理合同的约定签发工程暂停令。

6.2.3　总监理工程师签发工程暂停令应事先征得建设单位同意，在紧急情况下未能事先报告时，应在事后及时向建设单位作出书面报告。

6.2.4　暂停施工事件发生时，项目监理机构应如实记录所发生的情况。

6.2.5　总监理工程师应会同有关各方按施工合同约定，处理因工程暂停引起的与工期、费用有关的问题。

6.2.6　因施工单位原因暂停施工时，项目监理机构应检查、验收施工单位的停工整改过程、结果。

6.2.7　当暂停施工原因消失、具备复工条件时，施工单位提出复工申请的，项目监理机构应审查施工单位报送的工程复工报审表及有关材料，符合要求后，总监理工程师应及时签署审查意见，并应报建设单位批准后签发工程复工令；施工单位未提出复工申请的，总监理工程师应根据工程实际情况指令施工单位恢复施工。

6.3　工程变更

6.3.1　项目监理机构可按下列程序处理施工单位提出的工程变更。

1. 总监理工程师组织专业监理工程师审查施工单位提出的工程变更申请，提出审查意见。对涉及工程设计文件修改的工程变更,应由建设单位转交原设计单位修改工程设计文件。必要时,项目监理机构应建议建设单位组织设计、施工等单位召开论证工程设计文件的修改方案的专题会议。

2. 总监理工程师组织专业监理工程师对工程变更费用及工期影响作出评估。

3. 总监理工程师组织建设单位、施工单位等共同协商确定工程变更费用及工期变化,会签工程变更单。

4. 项目监理机构根据批准的工程变更文件监督施工单位实施工程变更。

6.3.3 项目监理机构可在工程变更实施前与建设单位、施工单位等协商确定工程变更的计价原则、计价方法或价款。

6.3.4 建设单位与施工单位未能就工程变更费用达成协议时,项目监理机构可提出一个暂定价格并经建设单位同意,作为临时支付工程款的依据。工程变更款项最终结算时,应以建设单位与施工单位达成的协议为依据。

6.3.5 项目监理机构可对建设单位要求的工程变更提出评估意见,并应督促施工单位按会签后的工程变更单组织施工。

7 监理文件资料管理

7.1 一般规定

7.1.1 项目监理机构应建立完善监理文件资料管理制度,宜设专人管理监理文件资料。

7.1.2 项目监理机构应及时、准确、完整地收集、整理、编制、传递监理文件资料。

7.1.3 项目监理机构宜采用信息技术进行监理文件资料管理。

7.2 监理文件资料内容

7.2.1 监理文件资料应包括下列主要内容。

1. 勘察设计文件、建设工程监理合同及其他合同文件。

2. 监理规划、监理实施细则。

3. 设计交底和图纸会审会议纪要。

4. 施工组织设计、(专项)施工方案、施工进度计划报审文件资料。

5. 分包单位资格报审文件资料。

6. 施工控制测量成果报验文件资料。

7. 总监理工程师任命书,工程开工令、暂停令、复工令,工程开工或复工报审文件资料。

8. 工程材料、构配件、设备报验文件资料。

9. 见证取样和平行检验文件资料。

10. 工程质量检查报验资料及工程有关验收资料。

11. 工程变更、费用索赔及工程延期文件资料。

12. 工程计量、工程款支付文件资料。

13. 监理通知单、工作联系单与监理报告。

14. 第一次工地会议、监理例会、专题会议等会议纪要。

15. 监理月报、监理日志、旁站记录。

16. 工程质量或生产安全事故处理文件资料。

17. 工程质量评估报告及竣工验收监理文件资料。

18. 监理工作总结。

7.2.2　监理日志应包括下列主要内容。

1. 天气和施工环境情况。

2. 当日施工进展情况。

3. 当日监理工作情况,包括旁站、巡视、见证取样、平行检验等情况。

4. 当日存在的问题及处理情况。

5. 其他有关事项。

7.2.3　监理月报应包括下列主要内容。

1. 本月工程实施情况。

2. 本月监理工作情况。

3. 本月施工中存在的问题及处理情况。

4. 下月监理工作重点。

7.2.4　监理工作总结应包括下列主要内容。

1. 工程概况。

2. 项目监理机构。

3. 建设工程监理合同履行情况。

4. 监理工作成效。

5. 监理工作中发现的问题及其处理情况。

6. 说明和建议。

7.3　监理文件资料归档

7.3.1　项目监理机构应及时整理、分类汇总监理文件资料,并应按规定组卷,形成监理档案。

7.3.2　工程监理单位应根据工程特点和有关规定,保存监理档案,并应向有关单位、部门移交需要存档的监理文件资料。

8　设备采购与设备监造

8.1　一般规定

8.1.1　项目监理机构应根据建设工程监理合同约定的设备采购与设备监造工作内容配备监理人员,并明确岗位职责。

8.1.2　项目监理机构应编制设备采购与设备监造工作计划,并应协助建设单位编制设备采购与设备监造方案。

8.2 设备采购

8.2.1 采用招标方式进行设备采购时,项目监理机构应协助建设单位按有关规定组织设备采购招标。采用其他方式进行设备采购时,项目监理机构应协助建设单位进行询价。

8.2.2 项目监理机构应协助建设单位进行设备采购合同谈判,并应协助签订设备采购合同。

8.2.3 设备采购文件资料应包括下列主要内容。

1. 建设工程监理合同及设备采购合同。
2. 设备采购招投标文件。
3. 工程设计文件和图纸。
4. 市场调查、考察报告。
5. 设备采购方案。
6. 设备采购工作总结。

8.3 设备监造

8.3.1 项目监理机构应检查设备制造单位的质量管理体系,并应审查设备制造单位报送的设备制造生产计划和工艺方案。

8.3.2 项目监理机构应审查设备制造的检验计划和检验要求,并应确认各阶段的检验时间、内容、方法、标准,以及检测手段、检测设备和仪器。

8.3.3 专业监理工程师应审查设备制造的原材料、外购配套件、元器件、标准件,以及坯料的质量证明文件及检验报告,并应审查设备制造单位提交的报验资料,符合规定时应予以签认。

8.3.4 项目监理机构应对设备制造过程进行监督和检查,对主要及关键零部件的制造工序应进行抽检。

8.3.5 项目监理机构应要求设备制造单位按批准的检验计划和检验要求进行设备制造过程的检验工作,并应做好检验记录。项目监理机构应对检验结果进行审核,认为不符合质量要求时,应要求设备制造单位进行整改、返修或返工。当发生质量失控或重大质量事故时,应由总监理工程师签发暂停令,提出处理意见,并应及时报告建设单位。

8.3.6 项目监理机构应检查和监督设备的装配过程。

8.3.7 在设备制造过程中如需要对设备的原设计进行变更,项目监理机构应审查设计变更,并应协调处理因变更引起的费用和工期调整,同时应报建设单位批准。

8.3.8 项目监理机构应参加设备整机性能检测、调试和出厂验收,符合要求后应予以签认。

8.3.9 在设备运往现场前,项目监理机构应检查设备制造单位对待运设备采取的防护和包装措施,并应检查是否符合运输、装卸、储存、安装的要求,以及随机文件、装箱单和附件是否齐全。

8.3.10 设备运到现场后,项目监理机构应参加设备制造单位按合同约定与接收单位的交接工作。

8.3.11　专业监理工程师应按设备制造合同的约定审查设备制造单位提交的付款申请，提出审查意见，并应由总监理工程师审核后签发支付证书。

8.3.12　专业监理工程师应审查设备制造单位提出的索赔文件，提出意见后报总监理工程师，并应由总监理工程师与建设单位、设备制造单位协商一致后签署意见。

8.3.13　专业监理工程师应审查设备制造单位报送的设备制造结算文件，提出审查意见，并应由总监理工程师签署意见后报建设单位。

8.3.14　设备监造文件资料应包括下列主要内容。

1. 建设工程监理合同及设备采购合同。
2. 设备监造工作计划。
3. 设备制造工艺方案报审资料。
4. 设备制造的检验计划和检验要求。
5. 分包单位资格报审资料。
6. 原材料、零配件的检验报告。
7. 工程暂停令、开工或复工报审资料。
8. 检验记录及试验报告。
9. 变更资料。
10. 会议纪要。
11. 来往函件。
12. 监理通知单与工作联系单。
13. 监理日志。
14. 监理月报。
15. 质量事故处理文件。
16. 索赔文件。
17. 设备验收文件。
18. 设备交接文件。
19. 支付证书和设备制造结算审核文件。
20. 设备监造工作总结。

9　相关服务

9.1　一般规定

9.1.1　工程监理单位应根据建设工程监理合同约定的相关服务范围，开展相关服务工作，编制相关服务工作计划。

9.1.2　工程监理单位应按规定汇总整理、分类归档相关服务工作的文件资料。

9.2　工程勘察设计阶段服务

9.2.1　工程监理单位应协助建设单位编制工程勘察设计任务书和选择工程勘察设计单

位，并应协助签订工程勘察设计合同。

9.2.2　工程监理单位应审查勘察单位提交的勘察方案，提出审查意见，并应报建设单位。变更勘察方案时，应按原程序重新审查。

9.2.3　工程监理单位应检查勘察现场及室内试验主要岗位操作人员的资格，及所使用设备、仪器计量的检定情况。

9.2.4　工程监理单位应检查勘察进度计划执行情况、督促勘察单位完成勘察合同约定的工作内容、审核勘察单位提交的勘察费用支付申请表，以及签发勘察费用支付证书，并应报建设单位。

9.2.5　工程监理单位应检查勘察单位执行勘察方案的情况，对重要点位的勘探与测试应进行现场检查。

9.2.6　工程监理单位应审查勘察单位提交的勘察成果报告，并应向建设单位提交勘察成果评估报告，同时应参与勘察成果验收。

勘察成果评估报告应包括下列内容。

1. 勘察工作概况。

2. 勘察报告编制深度、与勘察标准的符合情况。

3. 勘察任务书的完成情况。

4. 存在问题及建议。

5. 评估结论。

9.2.8　工程监理单位应依据设计合同及项目总体计划要求审查各专业、各阶段设计进度计划。

9.2.9　工程监理单位应检查设计进度计划执行情况、督促设计单位完成设计合同约定的工作内容、审核设计单位提交的设计费用支付申请表，以及签认设计费用支付证书，并应报建设单位。

9.2.10　工程监理单位应审查设计单位提交的设计成果，并应提出评估报告。评估报告应包括下列主要内容。

1. 设计工作概况。

2. 设计深度、与设计标准的符合情况。

3. 设计任务书的完成情况。

4. 有关部门审查意见的落实情况。

5. 存在的问题及建议。

9.2.12　工程监理单位应审查设计单位提出的新材料、新工艺、新技术、新设备在相关部门的备案情况。必要时应协助建设单位组织专家评审。

9.2.13　工程监理单位应审查设计单位提出的设计概算、施工图预算，提出审查意见，并应报建设单位。

9.2.14　工程监理单位应分析可能发生索赔的原因，并应制定防范对策。

9.2.15　工程监理单位应协助建设单位组织专家对设计成果进行评审。

9.2.16　工程监理单位可协助建设单位向政府有关部门报审有关工程设计文件，并应根据审批意见，督促设计单位予以完善。

9.2.17　工程监理单位应根据勘察设计合同，协调处理勘察设计延期、费用索赔等事宜。

9.3　工程保修阶段服务

9.3.1　承担工程保修阶段的服务工作时，工程监理单位应定期回访。

9.3.2　对建设单位或使用单位提出的工程质量缺陷，工程监理单位应安排监理人员进行检查和记录，并应要求施工单位予以修复，同时应监督实施，合格后应予以签认。

9.3.3　工程监理单位应对工程质量缺陷原因进行调查，并应与建设单位、施工单位协商确定责任归属。对非施工单位原因造成的工程质量缺陷，应核实施工单位申报的修复工程费用，并应签认工程款支付证书，同时应报建设单位。

四、《建筑工程施工质量验收统一标准》（GB 50300—2013）（节选）

1　总则

1.0.1　为了加强建筑工程质量管理，统一建筑工程施工质量的验收，保证工程质量，制定本标准。

1.0.2　本标准适用于建筑工程施工质量的验收，并作为建筑工程各专业验收规范编制的统一准则。

1.0.3　建筑工程施工质量验收，除应符合本标准外，尚应符合国家现行有关标准的规定。

2　术语

2.0.1　建筑工程

通过对各类房屋建筑及其附属设施的建造和与其配套线路、管道、设备等的安装所形成的工程实体。

2.0.2　检验

对被检验项目的特征、性能进行量测、检查、试验等，并将结果与标准规定的要求进行比较，以确定项目每项性能是否合格的活动。

2.0.3　进场检验

对进入施工现场的建筑材料、构配件、设备及器具，按相关标准的要求进行检验，并对其质量、规格及型号等是否符合要求作出确认的活动。

2.0.4　见证检验

施工单位在工程监理单位或建设单位的见证下，按照有关规定从施工现场随机抽取试样，送至具备相应资质的检测机构进行检验的活动。

2.0.5　复验

建筑材料、设备等进入施工现场后，在外观质量检查和质量证明文件核查符合要求的基础上，按照有关规定从施工现场抽取试样送至实验室进行检验的活动。

2.0.6 检验批

按相同的生产条件或按规定的方式汇总起来供抽样检验用的,由一定数量样本组成的检验体。

2.0.7 验收

建筑工程质量在施工单位自行检查合格的基础上,由工程质量验收责任方组织,工程建设相关单位参加,对检验批、分项、分部、单位工程及其隐蔽工程的质量进行抽样检验,对技术文件进行审核,并根据设计文件和相关标准以书面形式对工程质量是否达到合格作出确认。

2.0.8 主控项目

建筑工程中对安全、节能、环境保护和主要使用功能起决定性作用的检验项目。

2.0.9 一般项目

除主控项目以外的检验项目。

2.0.10 抽样方案

根据检验项目的特性所确定的抽样数量和方法。

2.0.11 计数检验

通过确定抽样样本中不合格的个体数量,对样本总体质量作出判定的检验方法。

2.0.12 计量检验

以抽样样本的检测数据计算总体均值、特征值或推定值,并以此判断或评估总体质量的检验方法。

2.0.13 错判概率

合格批被判为不合格批的概率,即合格批被拒收的概率,用 α 表示。

2.0.14 漏判概率

不合格批被判为合格批的概率,即不合格批被误收的概率,用 β 表示。

2.0.15 观感质量

通过观察和必要的测试所反映的工程外在质量和功能状态。

2.0.16 返修

对施工质量不符合标准规定的部位采取的更换、重新制作、重新施工等措施。

2.0.17 返工

对施工质量不符合标准规定的部位采取的整修等措施。

3 基本规定

3.0.1 施工现场应具有健全的质量管理体系、相应的施工技术标准、施工质量检验制度和综合施工质量水平评定考核制度。施工现场质量管理可按本标准附录 A 的要求进行检查记录。

3.0.2 未实行监理的建筑工程,建设单位相关人员应履行本标准涉及的监理职责。

3.0.3 建筑工程的施工质量控制应符合下列规定。

1. 建筑工程采用的主要材料、半成品、成品、建筑构配件、器具和设备应进行进场检验。凡涉及安全、节能、环境保护和主要使用功能的重要材料、产品，应按各专业工程施工规范、验收规范和设计文件等规定进行复验，并应经监理工程师检查认可。

2. 各施工工序应按施工技术标准进行质量控制，每道施工工序完成后，经施工单位自检符合规定后，才能进行下道工序施工。各专业工种之间的相关工序应进行交接检验，并应记录。

3. 对于监理单位提出检查要求的重要工序，应经监理工程师检查认可，才能进行下道工序施工。

3.0.4 符合下列条件之一时，可按相关专业验收规范的规定适当调整抽样复验、试验数量，调整后的抽样复验、试验方案应由施工单位编制，并报监理单位审核确认。

1. 同一项目中由相同施工单位施工的多个单位工程，使用同一生产厂家的同品种、同规格、同批次的材料、构配件、设备；

2. 同一施工单位在现场加工的成品、半成品、构配件用于同一项目中的多个单位工程；

3. 在同一项目中，针对同一抽样对象已有检验成果可以重复利用。

3.0.5 当专业验收规范对工程中的验收项目未作出相应规定时，应由建设单位组织监理、设计、施工等相关单位制定专项验收要求。涉及安全、节能、环境保护等项目的专项验收要求应由建设单位组织专家论证。

3.0.6 建筑工程施工质量应按下列要求进行验收：

1. 工程质量验收均应在施工单位自检合格的基础上进行；

2. 参加工程施工质量验收的各方人员应具备相应的资格；

3. 检验批的质量应按主控项目和一般项目验收；

4. 对涉及结构安全、节能、环境保护和主要使用功能的试块、试件及材料，应在进场时或施工中按规定进行见证检验；

5. 隐蔽工程在隐蔽前应由施工单位通知监理单位进行验收，并应形成验收文件，验收合格后方可继续施工；

6. 对涉及结构安全、节能、环境保护和使用功能的重要分部工程，应在验收前按规定进行抽样检验；

7. 工程的观感质量应由验收人员现场检查，并应共同确认。

3.0.7 建筑工程施工质量验收合格应符合下列规定：

1. 符合工程勘察、设计文件的要求；

2. 符合本标准和相关专业验收规范的规定。

3.0.8 检验批的质量检验，可根据检验项目的特点在下列抽样方案中选取：

1. 计量、计数或计量-计数的抽样方案；

2. 一次、二次或多次抽样方案；

3. 对重要的检验项目，当有简易快速的检验方法时，选用全数检验方案；

4. 根据生产连续性和生产控制稳定性情况，采用调整型抽样方案；

5. 经实践证明有效的抽样方案。

3.0.9　检验批抽样样本应随机抽取，满足分布均匀、具有代表性的要求，抽样数量应符合有关专业验收规范的规定。当采用计数抽样时，最小抽样数量应符合表 3.0.9 的要求。

表 3.0.9　检验批最小抽样数量

检验批的容量	最小抽样数量	检验批的容量	最小抽样数量
2~15	2	151~280	13
16~25	3	281~500	20
26~90	5	501~1 200	32
91~150	8	1 201~3 200	50

明显不合格的个体可不纳入检验批，但应进行处理，使其满足有关专业验收规范的规定，对处理的情况应予以记录并重新验收。

3.0.10　计量抽样的错判概率 α 和漏判概率 β 可按下列规定采取：

1. 主控项目：对应于合格质量水平的 α 和 β 均不宜超过 5%；

2. 一般项目：对应于合格质量水平的 α 不宜超过 5%，β 不宜超过 10%。

4　建筑工程质量验收的划分

4.0.1　建筑工程施工质量验收应划分为单位工程、分部工程、分项工程和检验批。

4.0.2　单位工程应按下列原则划分：

1. 具备独立施工条件并能形成独立使用功能的建筑物或构筑物为一个单位工程；

2. 对于规模较大的单位工程，可将其能形成独立使用功能的部分划分为一个子单位工程。

4.0.3　分部工程应按下列原则划分：

1. 可按专业性质、工程部位确定；

2. 当分部工程较大或较复杂时，可按材料种类、施工特点、施工程序、专业系统及类别将分部工程划分为若干子分部工程。

4.0.4　分项工程可按主要工种、材料、施工工艺、设备类别进行划分。

4.0.5　检验批可根据施工、质量控制和专业验收的需要，按工程量、楼层、施工段、变形缝进行划分。

4.0.6　建筑工程的分部工程、分项工程划分宜按本标准附录 B 采用。

4.0.7　施工前，应由施工单位制定分项工程和检验批的划分方案，并由监理单位审核。对于附录 B 及相关专业验收规范未涵盖的分项工程和检验批，可由建设单位组织监理、施工等单位协商确定。

4.0.8　室外工程可根据专业类别和工程规模按本标准附录 C 的规定划分子单位工程、分部工程和分项工程。

5　建筑工程质量验收

5.0.1　检验批质量验收合格应符合下列规定。

1. 主控项目的质量经抽样检验均应合格。

2. 一般项目的质量经抽样检验合格。当采用计数抽样时,合格点率应符合有关专业验收规范的规定,且不得存在严重缺陷。对于计数抽样的一般项目,正常检验一次、二次抽样可按本标准附录 D 判定。

3. 具有完整的施工操作依据、质量验收记录。

5.0.2　分项工程质量验收合格应符合下列规定:

1. 所含检验批的质量均应验收合格;

2. 所含检验批的质量验收记录应完整。

5.0.3　分部工程质量验收合格应符合下列规定:

1. 所含分项工程的质量均应验收合格;

2. 质量控制资料应完整;

3. 有关安全、节能、环境保护和主要使用功能的抽样检验结果应符合相应规定;

4. 观感质量应符合要求。

5.0.4　单位工程质量验收合格应符合下列规定:

1. 所含分部工程的质量均应验收合格;

2. 质量控制资料应完整;

3. 所含分部工程中有关安全、节能、环境保护和主要使用功能的检验资料应完整;

4. 主要使用功能的抽查结果应符合相关专业验收规范的规定;

5. 观感质量应符合要求。

5.0.5　建筑工程施工质量验收记录可按下列规定填写;

1. 检验批质量验收记录可按本标准附录 E 填写,填写时应具有现场验收检查原始记录;

2. 分项工程质量验收记录可按本标准附录 F 填写;

3. 分部工程质量验收记录可按本标准附录 G 填写;

4. 单位工程质量竣工验收记录、质量控制资料核查记录、安全和功能检验资料核查及主要功能抽查记录、观感质量检查记录应按本标准附录 H 填写。

5.0.6　当建筑工程施工质量不符合要求时,应按下列规定进行处理:

1. 经返工或返修的检验批,应重新进行验收;

2. 经有资质的检测机构检测鉴定能够达到设计要求的检验批,应予以验收;

3. 经有资质的检测机构检测鉴定达不到设计要求、但经原设计单位核算认可能够满足安全和使用功能的检验批,可予以验收;

4. 经返修或加固处理的分项、分部工程,满足安全及使用功能要求时,可按技术处理方案和协商文件的要求予以验收。

5.0.7 工程质量控制资料应齐全完整。当部分资料缺失时,应委托有资质的检测机构按有关标准进行相应的实体检验或抽样试验。

5.0.8 经返修或加固处理仍不能满足安全或重要使用要求的分部工程及单位工程,严禁验收。

6 建筑工程质量验收的程序和组织

6.0.1 检验批应由专业监理工程师组织施工单位项目专业质量检查员、专业工长等进行验收。

6.0.2 分项工程应由专业监理工程师组织施工单位项目专业技术负责人等进行验收。

6.0.3 分部工程应由总监理工程师组织施工单位项目负责人和项目技术负责人等进行验收。

勘察、设计单位项目负责人和施工单位技术、质量部门负责人应参加地基与基础分部工程的验收。

设计单位项目负责人和施工单位技术、质量部门负责人应参加主体结构、节能分部工程的验收。

6.0.4 单位工程中的分包工程完工后,分包单位应对所承包的工程项目进行自检,并应按本标准规定的程序进行验收。验收时,总包单位应派人参加。分包单位应将所分包工程的质量控制资料整理完整,并移交给总包单位。

6.0.5 单位工程完工后,施工单位应组织有关人员进行自检。总监理工程师应组织各专业监理工程师对工程质量进行竣工预验收。存在施工质量问题时,应由施工单位整改。整改完毕后,由施工单位向建设单位提交工程竣工报告,申请工程竣工验收。

6.0.6 建设单位收到工程竣工报告后,应由建设单位项目负责人组织监理、施工、设计、勘察等单位项目负责人进行单位工程验收。

五、《建设工程文件归档规范(2019年版)》(GB/T 50328—2014)(节选)

1 总则

1.0.1 为加强建设工程文件归档工作,统一建设工程档案的验收标准,建立真实、完整、准确的工程档案,制定本规范。

1.0.2 本规范适用于建设工程文件的整理、归档,以及建设工程档案的验收与移交。

1.0.3 建设工程文件的整理、归档以及建设工程档案的验收与移交除应符合本规范外,尚应符合国家现行有关标准的规定。

2 术语

2.0.1 建设工程

经批准按照一个总体设计进行施工,经济上实行统一核算,行政上具有独立组织形式,实行统一管理的建设工程基本单位。它由一个或若干个具有内在联系的单位工程所组成。

2.0.2　建设工程文件

在工程建设过程中形成的各种形式的信息记录，包括工程准备阶段文件、监理文件、施工文件、竣工图和竣工验收文件，简称为工程文件。

2.0.3　工程准备阶段文件

工程开工以前，在立项、审批、用地、勘察、设计、招投标等工程准备阶段形成的文件。

2.0.4　监理文件

监理单位在工程设计、施工等监理过程中形成的文件。

2.0.5　施工文件

施工单位在施工过程中形成的文件。

2.0.6　竣工图

工程竣工验收后，真实反映建设工程施工结果的图样。

2.0.7　竣工验收文件

建设工程项目竣工验收活动中形成的文件。

2.0.8　建设工程档案

在工程建设活动中直接形成的具有归档保存价值的文字、图纸、图表、声像、电子文件等各种形式的历史记录，简称工程档案。

2.0.9　建设工程电子文件

在工程建设过程中通过数字设备及环境生成，以数码形式存储于磁带、磁盘或光盘等载体，依赖计算机等数字设备阅读、处理，并可在通信网络上传送的文件。

2.0.10　建设工程电子档案

工程建设过程中形成的，具有参考和利用价值并作为档案保存的电子文件及其元数据。

2.0.11　建设工程声像档案

记录工程建设活动，具有保存价值的，用照片、影片、录音带、录像带、光盘、硬盘等记载的声音、图片和影像等历史记录。

2.0.12　整理

按照一定的原则，对工程文件进行挑选、分类、组合、排列、编目，使之有序化的过程。

2.0.13　案卷

由互有联系的若干文件组成的档案保管单位。

2.0.14　立卷

按照一定的原则和方法，将有保存价值的文件分门别类整理成案卷，亦称组卷。

2.0.15　归档

文件形成部门或形成单位完成其工作任务后，将形成的文件整理立卷后，按规定向本单位档案室或向城建档案管理机构移交的过程。

2.0.16　城建档案管理机构

管理本地区城建档案工作的专门机构，以及接收、收集、保管和提供利用城建档案的城建档案馆、城建档案室。

2.0.17　永久保管

工程档案保管期限的一种，指工程档案无限期地、尽可能长远地保存下去。

2.0.18　长期保管

工程档案保管期限的一种，指工程档案保存到该工程被彻底拆除。

2.0.19　短期保管

工程档案保管期限的一种，指工程档案保存10年以下。

3　基本规定

3.0.1　工程文件的形成和积累应纳入工程建设管理的各个环节和有关人员的职责范围。

3.0.2　工程文件应随工程建设进度同步形成，不得事后补编。

3.0.3　每项建设工程应编制一套电子档案，随纸质档案一并移交城建档案管理机构。电子档案签署了具有法律效力的电子印章或电子签名的，可不移交相应纸质档案。

3.0.4　建设单位应按下列流程开展工程文件的整理、归档、验收、移交等工作。

1. 在工程招标及与勘察、设计、施工、监理等单位签订协议、合同时，应明确竣工图的编制单位、工程档案的编制套数、编制费用及承担单位、工程档案的质量要求和移交时间等内容。

2. 收集和整理工程准备阶段形成的文件，并进行立卷归档。

3. 组织、监督和检查勘察、设计、施工、监理等单位的工程文件的形成、积累和立卷归档工作。

4. 收集和汇总勘察、设计、施工、监理等单位立卷归档的工程档案。

5. 收集和整理竣工验收文件，并进行立卷归档。

6. 在组织工程竣工验收前，应按本规范的要求将全部文件材料收集齐全并完成工程档案的立卷；在组织竣工验收时，应组织对工程档案进行验收，验收结论应在工程竣工验收报告、专家组竣工验收意见中明确。

7. 对列入城建档案管理机构接收范围的工程，工程竣工验收备案前，应向当地城建档案管理机构移交一套符合规定的工程档案。

3.0.5　勘察、设计、施工、监理等单位应将本单位形成的工程文件立卷后向建设单位移交。

3.0.6　建设工程项目实行总承包管理的，总包单位应负责收集、汇总各分包单位形成的工程档案，并应及时向建设单位移交；各分包单位应将本单位形成的工程文件整理、立卷后及时移交总包单位。建设工程项目由几个单位承包的，各承包单位应负责收集、整理立卷其承包项目的工程文件，并应及时向建设单位移交。

3.0.6A　建设工程档案的验收应纳入建设工程竣工联合验收环节。

3.0.7　城建档案管理机构应对工程文件的立卷归档工作进行指导和服务，并按本规范的要求对建设单位移交的建设工程档案进行联合验收。

3.0.8　工程资料管理人员应经过工程文件归档整理的专业培训。

4　归档文件及其质量要求

4.1　归档文件范围

4.1.1　对与工程建设有关的重要活动、记载工程建设主要过程和现状、具有保存价值的各种载体的文件，均应收集齐全、整理立卷后归档。

4.1.2　工程文件的具体归档范围应符合本规范附录 A 和附录 B 的要求。

4.1.3　声像资料的归档范围和质量要求应符合现行行业标准《城建档案业务管理规范》CJJ/T 158 的要求。

4.1.4　不属于归档范围、没有保存价值的工程文件，文件形成单位可自行组织销毁。

4.2　归档文件质量要求

4.2.1　归档的纸质工程文件应为原件。

4.2.2　工程文件的内容及其深度应符合国家现行有关工程勘察、设计、施工、监理等标准的规定。

4.2.3　工程文件的内容必须真实、准确，应与工程实际相符合。

4.2.4　计算机输出文字、图件以及手工书写材料，其字迹的耐久性和耐用性应符合现行国家标准《信息与文献　纸张上书写、打印和复印字迹的耐久性和耐用性　要求与测试方法》GB/T 32004 的规定。

4.2.5　工程文件应字迹清楚，图样清晰，图表整洁，签字盖章手续应完备。

4.2.6　工程文件中文字材料幅面尺寸规格宜为 A4 幅面（297 mm × 210 mm）。图纸宜采用国家标准图幅。

4.2.7　工程文件的纸张，其耐久性和耐用性应符合现行国家标准《信息与文献　档案纸　耐久性和耐用性要求》GB/T 24422 的规定。

4.2.8　所有竣工图均应加盖竣工图章，并应符合下列规定。

1. 竣工图章的基本内容应包括："竣工图"字样、施工单位、编制人、审核人、技术负责人、编制日期、监理单位、现场监理、总监。

2. 竣工图章尺寸应为：50 mm × 80 mm。

3. 竣工图章应使用不易褪色的印泥，应盖在图标栏上方空白处。

4.2.9　竣工图的绘制与改绘应符合国家现行有关制图标准的规定。

4.2.10　归档的建设工程电子文件应采用或转换为表 4.2.10 所列文件格式。

表 4.2.10　工程电子文件归档格式表

文件类别	格式
文本（表格）文件	OFD、DOC、DOCX、XLS、XLSX、PDF/A、XML、TXT、RTF
图像文件	JPEG、TIFF
图形文件	DWG、PDF/A、SVG
视频文件	AVS、AVI、MPEG2、MPEG4

续表

文件类别	格式
音频文件	AVS、WAV、AIF、MID、MP3
数据库文件	SQL、DDL、DBF、MDB、ORA
虚拟现实/3D 图像文件	WRL、3DS、VRML、X3D、IFC、RVT、DGN
地理信息数据文件	DXF、SHP、SDB

4.2.11　归档的建设工程电子文件应包含元数据，保证文件的完整性和有效性。元数据应符合现行行业标准《建设电子档案元数据标准》CJJ/T 187 的规定。

4.2.12　归档的建设工程电子文件应采用电子签名等手段，所载内容应真实和可靠。

4.2.13　归档的建设工程电子文件的内容必须与其纸质档案一致。

4.2.14　建设工程电子文件离线归档的存储媒体，可采用移动硬盘、闪存盘、光盘、磁带等。

4.2.15　存储移交电子档案的载体应经过检测，应无病毒、无数据读写故障，并应确保接收方能通过适当设备读出数据。

5　工程文件立卷

5.1　立卷流程、原则和方法

5.1.1　立卷应按下列流程进行：

1. 对属于归档范围的工程文件进行分类，确定归入案卷的文件材料；
2. 对卷内文件材料进行排列、编目、装订（或装盒）；
3. 排列所有案卷，形成案卷目录。

5.1.2　立卷应遵循下列原则：

1. 立卷应遵循工程文件的自然形成规律和工程专业的特点，保持卷内文件的有机联系，便于档案的保管和利用；
2. 工程文件应按不同的形成、整理单位及建设程序，按工程准备阶段文件、监理文件、施工文件、竣工图、竣工验收文件分别进行立卷，并可根据数量多少组成一卷或多卷；
3. 一项建设工程由多个单位工程组成时，工程文件应按单位工程立卷；
4. 不同载体的文件应分别立卷。

5.1.3　立卷应采用下列方法：

1. 工程准备阶段文件应按建设程序、形成单位等进行立卷；
2. 监理文件应按单位工程、分部工程或专业、阶段等进行立卷；
3. 施工文件应按单位工程、分部（分项）工程进行立卷；
4. 竣工图应按单位工程分专业进行立卷；
5. 竣工验收文件应按单位工程分专业进行立卷；
6. 电子文件立卷时，每个工程（项目）应建立多级文件夹，应与纸质文件在案卷设置上一致，并应建立相应的标识关系；
7. 声像资料应按建设工程各阶段立卷，重大事件及重要活动的声像资料应按专题立卷，声像档案与纸质档案应建立相应的标识关系。

5.1.4　施工文件的立卷应符合下列要求：

1. 专业承（分）包施工的分部、子分部（分项）工程应分别单独立卷；

2. 室外工程应按室外建筑环境和室外安装工程单独立卷；

3. 当施工文件中部分内容不能按一个单位工程分类立卷时，可按建设工程立卷。

5.1.5　不同幅面的工程图纸，应统一折叠成 A4 幅面（297 mm × 210 mm）。应图面朝内，首先沿标题栏的短边方向以 W 形折叠，然后沿标题栏的长边方向以 W 形折叠，并使标题栏露在外面。

5.1.6　案卷不宜过厚，文字材料卷厚度不宜超过 20 mm，图纸卷厚度不宜超过 50 mm。

5.1.7　案卷内不应有重份文件。印刷成册的工程文件宜保持原状。

5.1.8　建设工程电子文件的组织和排序可按纸质文件进行。

5.2　卷内文件排列

5.2.1　卷内文件应按本规范附录 A 和附录 B 的类别和顺序排列。

5.2.2　文字材料应按事项、专业顺序排列。同一事项的请示与批复、同一文件的印本与定稿、主体与附件不应分开，并应按批复在前、请示在后，印本在前、定稿在后，主体在前、附件在后的顺序排列。

5.2.3　图纸应按专业排列，同专业图纸应按图号顺序排列。

5.2.4　当案卷内既有文字材料又有图纸时，文字材料应排在前面，图纸应排在后面。

5.3　案卷编目

5.3.1　编制卷内文件页号应符合下列规定。

1. 卷内文件均应按有书写内容的页面编号。每卷单独编号，页号从“1”开始。

2. 页号编写位置：单面书写的文件在右下角；双面书写的文件，正面在右下角，背面在左下角。折叠后的图纸一律在右下角。

3. 成套图纸或印刷成册的文件材料，自成一卷的，原目录可代替卷内目录，不必重新编写页码。

4. 案卷封面、卷内目录、卷内备考表不编写页号。

5.3.2　卷内目录的编制应符合下列规定：

1. 卷内目录排列在卷内文件首页之前，式样宜符合本规范附录 C 的要求。

2. 序号应以一份文件为单位编写，用阿拉伯数字从 1 依次标注。

3. 责任者应填写文件的直接形成单位或个人。有多个责任者时，应选择两个主要责任者，其余用“等”代替。

4. 文件编号应填写文件形成单位的发文号或图纸的图号，或设备、项目代号。

5. 文件题名应填写文件标题的全称。当文件无标题时，应根据内容拟写标题，拟写标题外应加“[ ]”符号。

6. 日期应填写文件的形成日期或文件的起止日期，竣工图应填写编制日期。日期中

“年”应用四位数字表示,“月”和“日”应分别用两位数字表示。

7. 页次应填写文件在卷内所排的起始页号,最后一份文件应填写起止页号。

8. 备注应填写需要说明的问题。

5.3.3 卷内备考表的编制应符合下列规定:

1. 卷内备考表应排列在卷内文件的尾页之后,式样宜符合本规范附录 D 的要求;

2. 卷内备考表应标明卷内文件的总页数、各类文件页数或照片张数及立卷单位对案卷情况的说明;

3. 立卷单位的立卷人和审核人应在卷内备考表上签名,年、月、日应按立卷、审核时间填写。

5.3.4 案卷封面的编制应符合下列规定。

1. 案卷封面应印刷在卷盒、卷夹的正表面,也可采用内封面形式。案卷封面的式样宜符合本规范附录 E 的要求。

2. 案卷封面的内容应包括档号、案卷题名、编制单位、起止日期、密级、保管期限、本案卷所属工程的案卷总量、本案卷在该工程案卷总量中的排序。

3. 档号应由分类号、项目号和案卷号组成。档号由档案保管单位填写。

4. 案卷题名应简明、准确地揭示卷内文件的内容。

5. 编制单位应填写案卷内文件的形成单位或主要责任者。

6. 起止日期应填写案卷内全部文件形成的起止日期。

7. 保管期限应根据卷内文件的保存价值在永久保管、长期保管、短期保管三种保管期限中选择划定。当同一案卷内有不同保管期限的文件时,该案卷保管期限应从长。

8. 密级应在绝密、机密、秘密三个级别中选择划定。当同一案卷内有不同密级的文件时,应以高密级为本卷密级。

5.3.5 编写案卷题名,应符合下列规定。

1. 建筑工程案卷题名应包括工程名称(含单位工程名称)、分部工程或专业名称及卷内文件概要等内容;当房屋建筑有地名管理机构批准的名称或正式名称时,应以正式名称为工程名称,建设单位名称可省略;必要时可增加工程地址内容。

2. 道路、桥梁工程案卷题名应包括工程名称(含单位工程名称)、分部工程或专业名称及卷内文件概要等内容;必要时可增加工程地址内容。

3. 地下管线工程案卷题名应包括工程名称(含单位工程名称)、专业管线名称和卷内文件概要等内容;必要时可增加工程地址内容。

4. 卷内文件概要应符合本规范附录 A、附录 B 中所列案卷内容(标题)的要求。

5. 外文资料的题名及主要内容应译成中文。

5.3.6 案卷脊背应由档号、案卷题名构成,由档案保管单位填写;式样宜符合本规范附录 F 的规定。

5.3.7 卷内目录、卷内备考表、案卷内封面宜采用 70 g 以上白色书写纸制作,幅面应统一采用 A4 幅面。

5.4　案卷装订与装具

5.4.1　案卷可采用装订与不装订两种形式。文字材料必须装订。装订时不应破坏文件的内容,并应保持整齐、牢固,便于保管和利用。

5.4.2　案卷装具可采用卷盒、卷夹两种形式,并应符合下列规定:

1. 卷盒的外表尺寸应为 310 mm × 220 mm,厚度可为 20、30、40、50 mm。

2. 卷夹的外表尺寸应为 310 mm × 220 mm,厚度宜为 20 ～ 30 mm。

3. 卷盒、卷夹应采用无酸纸制作。

5.5　案卷目录编制

5.5.1　案卷应按本规范附录 A 和附录 B 的类别和顺序排列。

5.5.2　案卷目录的编制应符合下列规定:

1. 案卷目录式样宜符合本规范附录 G 的要求;

2. 编制单位应填写负责立卷的法人组织或主要责任者;

3. 编制日期应填写完成立卷工作的日期。

6　工程文件归档

6.0.1　归档应符合下列规定:

1. 归档文件范围和质量应符合本规范第 4 章的规定;

2. 归档的文件必须经过分类整理,并应符合本规范第 5 章的规定。

6.0.2　电子文件归档应包括在线式归档和离线式归档两种方式。可根据实际情况选择其中一种或两种方式进行归档。

6.0.3　归档时间应符合下列规定:

1. 根据建设程序和工程特点,归档可分阶段分期进行,也可在单位或分部工程通过竣工验收后进行;

2. 勘察、设计单位应在任务完成后,施工、监理单位应在工程竣工验收前,将各自形成的有关工程档案向建设单位归档。

6.0.4　勘察、设计、施工单位在收齐工程文件并整理立卷后,建设单位、监理单位应根据城建档案管理机构的要求,对归档文件完整、准确、系统情况和案卷质量进行审查。审查合格后方可向建设单位移交。

6.0.5　工程档案的编制不得少于两套,一套应由建设单位保管,一套(原件)应移交当地城建档案管理机构保存。

6.0.6　勘察、设计、施工、监理等单位向建设单位移交档案时,应编制移交清单,双方签字、盖章后方可交接。

6.0.7　设计、施工及监理单位需向本单位归档的文件,应按国家有关规定和本规范附录 A、附录 B 的要求立卷归档。

参考文献

[1] 中华人民共和国住房和城乡建设部. 建筑工程施工质量验收统一标准：GB 50300—2013[S]. 北京:中国建筑工业出版社,2014.

[2] 中华人民共和国住房和城乡建设部. 建设工程文件归档规范：GB/T 50328—2014[S]. 北京:中国建筑工业出版社,2014.

[3] 中华人民共和国住房和城乡建设部. 建筑工程资料管理规程:JGJ/T 185—2009[S]. 北京:中国建筑工业出版社,2010.

[4] 张珍. 建筑工程资料管理[M]. 武汉:武汉理工大学出版社,2010.

[5] 谢咸颂,陈锦平. 建筑工程资料管理[M]. 北京:化学工业出版社,2009.

[6] 吴金华. 资料员专业管理实务[M]. 北京:中国电力出版社,2011.

[7] 刘尊明,张永平,朱峰. 建筑工程资料管理[M]. 北京:北京理工大学出版社,2013.

[8] 李建梁. 建筑工程资料管理[M]. 厦门:厦门大学出版社,2013.

[9] 王辉,刘启顺. 建筑工程资料管理[M]. 北京:机械工业出版社,2009.

[10] 陈年和. 建筑工程竣工验收与资料管理[M]. 北京:中国建筑工业出版社,2010.